W0001483

Gebrauchsanweisung für Potsdam und Brandenburg

Antje Rávic Strubel

Gebrauchsanweisung für Potsdam und Brandenburg

Piper München Zürich

Mehr über unsere Autoren und Bücher:
www.piper.de

ISBN 978-3-492-27604-7

Karte: cartomedia, Karlsruhe
Satz: le-tex publishing services GmbH, Leipzig
FSC-Papier: Munken Premium von Arctic Paper
Munkedals AB, Schweden
Druck und Bindung: CPI – Clausen & Bosse, Leck
Printed in Germany

Inhalt

Preußen und Märker 9
Wege und Wasser 19
Gärtner und Schweiger 36
Militär und Natur 46
Großer Stolz und kleine Städte 62
Der ewige Vorposten 67
Ran an die Buletten! 91
Bebauter Raum 106
Leeres Land 132
Künstler und Autodidakten 150
Harte Gegenwart und weiche Eier 165
Ohne Sorge! 174
Schlösser und Frauen 190
Sauna und Tropen 206
Lausitzer Karnickelsand 213
Kartoffel, Hering und Gurke 229
Glossar Brandenburgisch-Deutsch 242
Nachlese 249

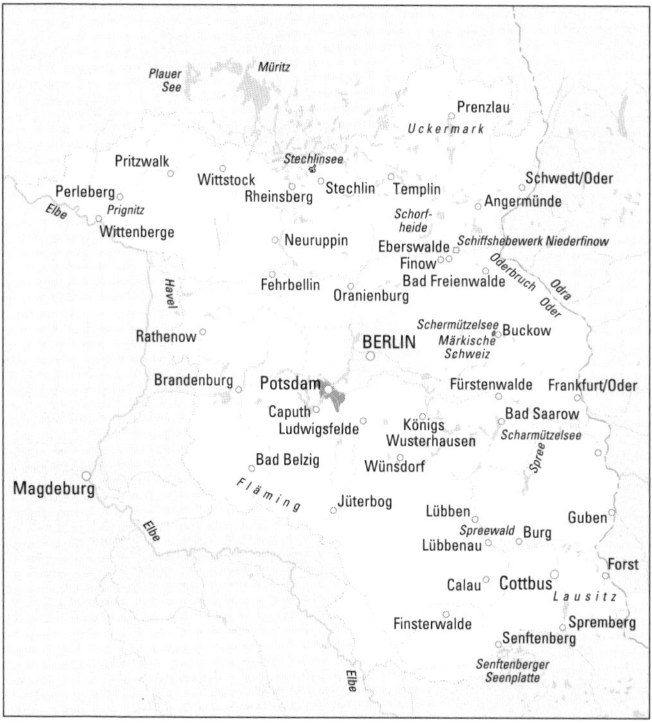

Plauer See
Müritz
Prenzlau
Uckermark
Pritzwalk
Stechlinsee
Wittstock
Stechlin
Templin
Schwedt/Oder
Perleberg
Rheinsberg
Angermünde
Elbe
Prignitz
Schorfheide
Wittenberge
Neuruppin
Eberswalde
Schiffshebewerk Niederfinow
Finow
Oderbruch
Odra
Havel
Fehrbellin
Bad Freienwalde
Oranienburg
Oder
Schermützelsee
Buckow
Rathenow
BERLIN
Märkische Schweiz
Brandenburg
Potsdam
Fürstenwalde
Frankfurt/Oder
Caputh
Bad Saarow
Ludwigsfelde
Königs Wusterhausen
Scharmützelsee
Bad Belzig
Wünsdorf
Spree
Magdeburg
Fläming
Jüterbog
Lübben
Guben
Elbe
Spreewald
Burg
Lübbenau
Forst
Calau
Cottbus
Lausitz
Finsterwalde
Spremberg
Senftenberg
Senftenberger Seenplatte
Elbe

Preußen und Märker

Märkische Heide, märkischer Sand
Sind des Märkers Freude, sind sein Heimatland.
Steige hoch, du roter Adler, hoch über Sumpf und Sand,
Hoch über dunkle Kiefernwälder, Heil dir mein Brandenburger Land.

(Lied vom Roten Adler, 1923, Gustav Büchsenschütz)

Machen Sie sich keine Illusionen: Ich bin kein Fan von Brandenburg. – Ich wurde hier geboren. Ich lebe hier. Das ist alles. Von meiner Geburt bis zu meinem sechzehnten Geburtstag hatte ich vom Land Brandenburg noch nicht einmal gehört, obwohl ich in der Automobilwerkerstadt Ludwigsfelde am Rand des Fläming groß wurde.

Nach der Wende ging ich weg. Und als ich zurückkehrte, stellte ich fest, dass der Landstrich, in dem ich aufgewachsen war, mittlerweile einen Namen bekommen hatte. Dieses Land, das sich zwischen Elbe und Oder, vom Stechlin bis zur Senftenberger Seenplatte erstreckt, das mehr Sand als Menschen hat und mehr Seen als Städte, in dem man Radio »nur für Erwachsene« hört, Weißwein aus dem Tagebau trinkt, im Scherri badet und saure Gurken aus der Dose isst, das Land, in dem es Pyramiden, verbotene Städte und Atombunker gibt, dieses Land mit den meisten Naturschutzgebieten und den meisten militärischen Altlasten aller deutschen Bundesländer, was manchmal dasselbe ist, hieß jetzt Brandenburg.

Ich erinnere mich nicht, wann ich den Namen zum ersten Mal hörte. Vielleicht benutzte der ehemalige Ministerpräsident Manfred Stolpe diese Bezeichnung, als er versuchte, Schwung in die Sache mit den blühenden Landschaften zu bringen. Oder die »Mutter Courage des Ostens«, Regine Hildebrandt, ließ den roten Adler in einer ihrer protestantisch-preußischen Motivationsansprachen aufsteigen. Vielleicht hörte ich den Namen zum ersten Mal in einer Radiosendung des rbb, in der Menschen auf der Straße gefragt wurden, was sie mit dem Land Brandenburg verbinden würden. Die Antworten waren wenig befriedigend. Während die Einheimischen anderer Landstriche bei solchen Fragen fröhlich zu regionalen Glaubensbekenntnissen ansetzen oder ernst die Vorzüge und Nachteile ihrer Heimat abwägen, blieben die Befragten ganz bei sich: »Brannenborch? Na, det iss, wo ich lebe!« Sehen Sie, das meinte ich.

Ich bin gebürtige Potsdamerin. Das habe ich meiner Mutter zu verdanken. Sie fand, das Krankenhaus einer Bezirkshauptstadt mache für die Geburt eines Kindes mehr her als ein lumpiges Kreiskrankenhaus, in dem sie mich korrekterweise hätte zur Welt bringen sollen. So lautete jedenfalls in den Siebzigerjahren die Anordnung für Mütter, die im Kreis Zossen ihren Wohnsitz hatten. Aber meine Mutter kommt aus Sachsen. Das erklärt den laschen Umgang mit Behörden. Einer pflichtbewussten Preußin wäre es nie in den Sinn gekommen, das staatlich verordnete Krankenhaus durch ein selbst gewähltes zu ersetzen. Meine Mutter sah in der querulanten Entscheidung für Potsdam ein letztes Glimmen ihrer sächsischen Herkunft. An diesem Glimmen hielt sie fest, nachdem sie mit einem Niederlausitzer eine Mischehe eingegangen war und sich fleißig das Hochdeutsche antrainierte. Das Brandenburgische zu beherrschen, versuchte sie erst gar nicht. Diesen knackigen, bodenständigen Slang, der sachlich trocken hingerotzt wird und dann zerstäubt wie ein Spuckefleck im Sand, der sich durch das Weglassen ganzer Konsonantengruppen am Ende eines Wortes auszeichnet, bevorzugt das »ch« wie in »weeßickni« und »Lass do' ma«, beherrsche nicht einmal ich. Ich habe zwar mit den Kindern waschechter Einheimischer im Sandkasten gespielt. Aber zu Hause wurde aus Rücksicht auf meine Mutter Hochdeutsch gesprochen.

Bis zu meinem sechzehnten Geburtstag lebte ich also im Kreis Zossen, Bezirk Potsdam. Vom Land Brandenburg keine Spur. Sie sehen, wie jung das Land ist, in das ich Sie einweihen möchte. Heute erinnert schon nichts mehr daran, dass es erst 1990 auf dem Territorium von drei Bezirken entstand. Potsdam grenzte im Süden an den Bezirk Cottbus und im Osten an Frankfurt/Oder. Cottbus, Frankfurt und Potsdam sind die drei wichtigsten und größten Städte, die das heutige Bundesland vorweisen kann. In meinen jugendlichen Ohren hatten sie den gleichen fahlgrauen, fern-industriellen Klang wie Eisenhüttenstadt, Schwedt, Perleberg oder Guben, weshalb es mich schon damals nicht gewundert hätte, wären sie alle unter einen Hut gesteckt worden. Aber noch zeichnete sich nirgendwo ab, dass der Geburtsort Potsdam mich eines Tages zu einer Brandenburgerin machen würde. Die SED-Führung der DDR ließ nur kurz, zwischen 1946 und 1952, die Bezeichnung Land Brandenburg zu, leistete dadurch aber Pionierarbeit; Brandenburg war vorher schon alles Mögliche gewesen, aber noch nie ein Land. Für die restlichen siebenunddreißig Jahre Sozialismus wurden solche regionalen Bezeichnungen gestrichen, weil in ihnen nach sozialistischem Glauben ein ungewolltes Erbe deutscher Kleinstaaterei zum Ausdruck kam. Die Thüringer oder die Sachsen begegneten dieser ideologischen Engstirnigkeit mit einem gefestigten Regionalstolz. Den Brandenburgern dagegen saß der preußische Untertanengehorsam noch zu tief in den Knochen, um sich gegen die von feudalen Spuren gereinigte Kartografie der neuen Befehlshaber zu wehren. Der Soldatenkönig Friedrich Wilhelm I. hatte seinen Untertanen die Pflicht zum Gehorsam eingebläut. Der Gehorsam hielt mehrere Jahrhunderte lang an. Und die Hymne mit dem roten Adler, dem Wappentier Brandenburgs, blieb den Brandenburgern bis zur Wende im Halse stecken.

Nun ist es mit nationalen und selbst mit regionalen Identifikationen immer etwas heikel. Sie verschwimmen, sobald man beginnt, historisch nachzuforschen. Schon die Nachnamen vieler Brandenburger haben flämische, wendische, polnische, russische oder französische Wurzeln. Ihre Vorfahren sind aus vielen Richtungen eingewandert. Zwei große Migrationswellen haben die brandenburgische Gegend geprägt. Zwischen 1000 und 1200, nach der Eroberung des von Slawen besiedelten Landes durch den Askanier Albrecht den Bären, ließen sich Siedler aus den verschiedensten deutschen Gebieten hier nieder. Und nach dem Dreißigjährigen Krieg strömten unzählige Menschen aus der Schweiz, der Pfalz oder Böhmen ins Land, herbeigelockt von einer Politik, die es sich zum Ziel gesetzt hatte, die stark verwüstete Region neu zu bevölkern. Eine der größten und prägendsten Einwanderergruppen waren die Hugenotten, protestantische Gläubige, die im Frankreich des 17. Jahrhunderts verfolgt wurden. Auch die geografischen und politischen Grenzen Brandenburgs veränderten sich während der Jahrhunderte ständig, abhängig von Kriegen und Eroberungsfeldzügen. So variabel wie die Grenzverläufe, so vage ist auch der Name »Brandenburg«. Noch heute bin ich unsicher hinsichtlich seiner Dimension.

Da gibt es die Stadt Brandenburg und das Land Brandenburg. Da Stadt und Land gleich heißen, unterteilen sich die Brandenburger in Städter und Landeskinder, wobei die Stadtbewohner natürlich auch Land-Brandenburger sind, was ihnen immer noch eine zusätzliche Erklärung abverlangt. Die Neubrandenburger wiederum gehören nicht dazu. Sie können sich hierzulande jede Erklärung sparen, müssen aber im Nachbarland Mecklenburg-Vorpommern für die missverständliche Bezeichnung ihres Herkunftsortes einstehen.

Dann gibt es die Bezeichnungen »Mark Brandenburg« und »Kurmark«. Beides hat nichts mit Geld zu tun. Geld war in diesem ärmlichen Landstrich ohnehin nie ein Thema, außer wenn man es sich borgen musste wie Friedrich II. einst von einem am österreichischen Hof lebenden Prinzen (Prinz Eugen), weil der eigene Vater ihm das Taschengeld strich. Die Mark bedeutet so viel wie Grenzland. Damit ist das an die Stadt Brandenburg grenzende Land gemeint. Als die Stadt 948 gegründet wurde, hieß sie allerdings Brendanburg. Zur Kurmark, auch Churmark, wurde Brandenburg dann ab dem 14. Jahrhundert unter den Hohenzollern. Sie bezeichneten damit das Land, das die brandenburgische Kurfürstenwürde repräsentierte.

Und natürlich gab es Preußen. Preußen war ursprünglich ein Herzogtum in der Gegend des späteren Ostpreußen, bis sich der »Schiefe Fritz« 1701 die Krone selbst aufs Haupt drückte und aus seinem Kurfürstentum auf brandenburgischem Boden einen Staat machte. Innerhalb des Königreichs Preußen wurde die Mark zur Provinz. Außerdem gab es die Altmark und die Neumark. Beide gehören heute allerdings nicht mehr zur Mark. Dabei stammten die ersten Märker aus der Altmark, genauer gesagt, aus Havelberg, das neben Brandenburg die erste deutsche Stadt auf märkischem Boden war. Heute liegt Havelberg in Sachsen-Anhalt und muss sich die märkische Vergangenheit irgendwie ins Sachsen-Anhaltinische zurechtbiegen. Die Neumark östlich der Oder, die mittlerweile polnisch ist, hat ein ähnliches Identitätsproblem, und die Niederlausitz kam überhaupt erst so spät zu Brandenburg hinzu – im frühen 19. Jahrhundert –, dass sie ihrem früheren sächsischen Frohsinn noch immer nachtrauert (was man an der Entscheidung meines Vaters für eine Sächsin gut ablesen kann). Das alles zeigt, wie unzuverlässig solche scheinbar klaren Selbstverortungen sind. Folgt man dem im Spreeland ansässigen märkischen Autor Günter de Bruyn, lässt sich die Sache noch weiter verkomplizieren, denn »märkisch sind, wie es im Liede vom roten Adler heißt, die Heide, der Sand und der Sumpf, die westlichen Tore Berlins und Potsdams dagegen heißen Brandenburger und nicht märkische Tore, weil früher durch sie hindurch musste, wer in die Stadt Brandenburg wollte …«

Sie sehen: Es ist nicht so einfach, eine Märkerin zu sein. Und dennoch gibt es bei vielen Brandenburgern heute eine große Lust, sich regional zu verorten. Vor Kurzem hörte ich eine junge Unternehmerin aus Fürstenberg sagen, sie verstehe sich als Urpreußin und wolle in ihrer Familie das preußische Erbe pflegen. Ich sah sofort die Zinnsoldaten vor mir, wie sie in preußischer Truppenstärke in den Glaskästen des Zinnsoldatenmuseums Potsdam-Bornstedt Aufstellung genommen hatten. Aber im post-postmodernen 21. Jahrhundert läuft wohl selbst der Preußenkult subtiler ab: Da wird kein lebensgroßer Pappaufsteller eines Langen Kerls im Flur stehen, und das Abziehbild eines gegrätschten Adlers klebt auch nicht auf dem Zahnputzbecher. Preußen war nicht nur der selbstgerechte, größenwahnsinnige Militärstaat, dem Verhärtung, Gier und blinder Gehorsam seiner Bürger schließlich zum Verhängnis wurden. Preußen war zunächst einer der ersten europäischen Staaten, der eine allgemeine Volksbildung und regelmäßige Arbeitszeiten für Staatsdiener einführte; die Grundlage des modernen Beamten. Fleiß, Zähigkeit und Toleranz gehörten hier zu den Tugenden, und unter Friedrich dem Großen legte die erste Frau, die Ärztin Dorothea Christiana Erxleben, 1754 ihr Doktorexamen ab.

In trüben Stunden verbinde ich mit Brandenburg strapazierfähige Blusen, weiße Turnschuhe und Lurex-Tücher, wie ich sie mir als Jugendliche um den Hals schlang. Ich verbinde damit eine Düsternis, wie sie eine Kleinstadt im Novemberwetter hervorruft, aus der ich mich mit achtzehn schleunigst davonmachte. Nichts jedenfalls, was Eleganz, Weltläufigkeit und Esprit versprühen würde. Um den Witz der Brandenburger zu verstehen, muss man beide Beine fest auf der Scholle haben. Es ist ein dem rauen Leben auf kargem Boden abgerungener Humor. Aber hat man das einmal verstanden, leuchtet einem der Impuls eines Gastwirtes in Gransee ein, seine Lokalität »Huckeduster« zu nennen. Und der zündende Gedanke der Imbissbudenbesitzerin in Teschendorf, ihre Bude »Karins Kanonenfutter« zu taufen, springt vielleicht ebenfalls über. Beim Biss in die Currywurst fragt man sich nur besser nicht, ob damit das in die Pelle gestopfte Fleisch gemeint ist oder die Kundschaft…

Die Stadt, aus der ich floh, war eine sozialistische Autowerkerstadt, in der achtzig Prozent der Einwohner im IFA- Automobilwerk arbeiteten und LKWs herstellten, die in sozialistische Bruderländer auf der ganzen Welt verschifft wurden. Ich floh aus einer Stadt, in der es für achtundzwanzigtausend Einwohner einen Schuhladen, einen Bäcker und ein Kaufhaus gab. (Für die Nachtbar im Klubhaus war ich noch zu jung. Und die Bücher aus der Bibliothek über dem Kino hatte ich schon alle gelesen.) Ich floh, weil Ludwigsfelde zwar auf märkischem Sand stand, nahe eines Pechpfuhl genannten Hochmoors, das seinen Namen einer Pechhütte aus dem 17. Jahrhundert verdankt und Lebensraum seltener Pflanzen und Vögel war, man von diesem Hochmoor aber nicht mehr viel sah. Jeder Anflug von natürlicher oder kultureller Schönheit wurde den Erfordernissen der werktätigen Produktion oder militärischen Zwecken untergeordnet. Das Wollgras war eingegangen. In den Erlenbruchwald hatte man Plattenbauten für Streitkräfte der Nationalen Volksarmee (NVA) gesetzt. Kettenfahrzeuge hatten quadratische Abdrücke in die Sandwege gestanzt, und der Zaunkönig war längst auf und davon. Im Herbst stieg der Geruch von Rieselfeldern am Stadtrand auf.

Damals hätte ich mir nicht vorstellen können, dass Ludwigsfelde einmal typisch brandenburgisch sein würde. Ich ahnte nicht, dass die Stadt alles enthalten würde, was das heutige Brandenburg auszeichnet: Zentrum und Plattenbausiedlung sind durch Progamme der Städtebauförderung aufgehübscht worden. Es gibt Landschaftsschutzgebiete, die einst militärische Sperrgebiete waren. Es gibt sanierte und verschlankte Industrieanlagen und Industrieruinen, die zu Filmkulissen werden. Es gibt Seen, Kiesgruben und Sanddünen. Es gibt Felder mit Kartoffeln, Getreide und Mais. Es gibt Kuhställe, Kirchen und Kneipen. Und es gibt Landadel. Der Ludwigsfelder Landadel residierte einst in Schloss Genshagen. Das ist, wie viele Schlösser in Brandenburg heute, eine Tagungsstätte.

So gesehen hätte ich gar nicht brandenburgischer aufwachsen können. Um wirklich jeden Zweifel an meiner Identität auszuräumen, erbringt Ludwigsfelde auch den letzten Beweis: vor einigen Jahren eröffnete die Kristalltherme, ein Thermalbad mit ausgedehnter Saunalandschaft. Saunen, Schwimmen und gesundes Baden gehören in Brandenburg zu den beliebtesten Freizeitbeschäftigungen. Mithilfe großzügig gefüllter Nachwende-Fördertöpfe wurden unzählige Wellness-, Spaß- oder Thermalbäder auf den Acker gesetzt. Man sollte jetzt nicht der irrigen Vorstellung erliegen, der märkische Sand sitze besonders hartnäckig hinter den Ohren. Auch die Vorstellung, die ehemaligen Mitarbeiter der Staatssicherheit oder überzeugte SED-Genossen im Land hätten eine Möglichkeit gesucht, sich reinzuwaschen, ist falsch. Wahr ist, dass die Landeshauptstadt Potsdam neben der Hochschule für Staatssicherheit eine juristische Fakultät besaß, in der ausschließlich Marxismus-Leninismus unterrichtet wurde, und dass sich in Strausberg noch immer alte Herren aus Stasi-Seilschaften zum Kaffeekränzchen treffen. Wahr ist auch Wandlitz. Das heute beliebte Ausflugsziel beherbergte einst die Wohnsiedlung der SED-Führung. Aber dass man sich ausgerechnet von Bädern nach der Wende Arbeitsplätze versprach, deutet auf etwas anderes hin: Erstens musste man sich nach der industriellen Bankrotterklärung schnell etwas einfallen lassen. Zweitens sind die Brandenburger beim Baden besonders bei sich. Baden berauscht. Und der Rausch ist in diesen Breitengraden, kommt er nicht vom Alkohol, ein seltener Zustand.

Wie Sie bereits bemerkt haben, ist Brandenburg also ein sehr junges und gleichzeitig ein sehr altes Land. Außerdem ist es ein Land mit einem starken Nord-Süd-Unterschied. Seine Bewohner des Nordens, die Prignitzer oder die Uckermärker, erkennt man an ihrer norddeutschen Zurückhaltung und einer zarten Herbheit. Die Niederlausitzer und die Fläminger aus dem Süden, die dem Preußischen weniger lange ausgesetzt waren, legen die sanfte Gangart von Mittelgebirgsmenschen an den Tag. Ein Riss geht auch beim Wetter durchs Land. Der Nordwesten steht unter dem milden Einfluss des atlantisch-maritimen Klimas, der Südosten befindet sich in der rauen Kontinentalklimazone. So gesehen kann man in Brandenburg von Sibirien nach Italien reisen. König Wilhelm IV., der einzige Romantiker auf dem preußischen Thron, der dummerweise auf der sibirischen Seite stand, glaubte, die Wetterverhältnisse ändern zu können. Gotteshäuser im italienischen Stil wie die Friedenskirche im Potsdamer Park Sanssouci sollten den Himmel gnädig stimmen.

Auch das Brandenburger Tourismusmarketing hat sich des magischen Denkens bedient. Auf den rot-blauen Schildern, die an der Autobahn die Landesgrenze zu Sachsen-Anhalt oder Mecklenburg-Vorpommern markieren, steht: »Brandenburg. Neue Perspektiven entdecken«. Diese Formulierung, die es nicht bis zu einem vollständigen Satz, aber in einen hoffnungsfrohen Imperativ schafft, in dem das preußische Echo nur leise nachhallt, passt zu den spargelstangendünnen Kiefern, die rechts und links der Fahrbahn stramm in den Himmel schießen: Man ist auf dem Weg nach oben. Nur die landesunkundige Autofahrerin mag nun unsicher nach den Perspektiven Ausschau halten, wobei ihr ein Reh auf offenem Feld, ein im Licht gleißender Birkenstamm oder ein trunken stiller See ins Blickfeld gerät. Die Landesbewohner wissen, dass es sich hier um eine Beschwörungsformel handelt: Man entwickelt sich noch. Die Gegenwart ist vielleicht noch etwas trübe, aber anders betrachtet lässt sich darin schon die Zukunft erblicken.

Nun ist von den Bewohnern an den äußeren Grenzen des Landes rein gar nichts zu sehen. Weshalb die kluge Unkundige sich wieder auf die Landschaft konzentriert, auf die Weite des Horizonts, die sanften Wellen der Wiesen, das Gestolper der feldsteinübersäten Äcker, bis sie schließlich immer weiter in die Endlosigkeit vom Wind bewegter Getreideähren hineingezogen wird. Sie fährt durch Lindenalleen und Straßendörfer, über Katzenkopfpflaster, durch Blumenfelder zum Selbstschneiden mit Gladiolen, Rosen und Sonnenblumen, sie fährt an verfallenen Scheunen und an aufgemotzten Garagen vorbei, und ein Storch hebt ab. Am Straßenrand hockt ein Junge mit Zigarette, zwischen den Beinen kein Bier, sondern eine große Flasche Coca-Cola, die im Nachbardorf abgefüllt wurde, im Gewerbegebiet mit Containerbauten und Tankstellen und Billigmärkten, und da tritt sie etwas kräftiger aufs Gas, bis sie zu Sonnenuntergang Pferde in den Schilfgürteln von Flüsschen stehen sieht und Äpfel am Baum, einen Buchenwald, eine lichtdurchströmte Klosterruine, vor der ein Holzfeuer brennt, und wenig später einen Stier, der eine ganze Wiese allein begrast; ein weißer Koloss vor goldenem Mais. Und in der Ferne scheint ein Herrenhaus so barock wie die Sonne im Rückspiegel auf, während im Kulturradio Ian Shaw »Last Night, When We Were Young« zu hören ist, bis sie glauben wird, den Blues habe man in Brandenburg erfunden …

Wege und Wasser

Im Westen schwimmt ein falber Strich, / Der Abendstern entzündet sich, / Schwer haucht der Dunst vom nahen Moore; / Schlaftrunkne Schwäne streifen sacht / An Wasserbinsen und am Rohre.

(Annette von Droste-Hülshoff)

Die Reise

Wer das erste Mal nach Brandenburg kommt, hat entweder berufliche Gründe, fährt gern Fahrrad oder ist auf der Fahrt an die Ostsee aus Versehen falsch abgebogen. Vor der Wende soll es Menschen gegeben haben, die in Ermangelung eines Zeltplatzes an der Ostsee kurzerhand das von Kiefern umstandene Ufer eines brandenburgischen Sees zum begehrten Meeresstrand erklärten. Heute reist selten jemand an, um in der Prignitz, der Schorfheide, der Zauche, im Havelland, im Barnim oder dem Hohen Fläming Strandurlaub zu machen. Es gibt Wochenendausflügler, die sich den Spreewald begucken oder den Stechlin, den berühmtesten See der Mark. Es gibt Kulturinteressierte, die sich für ein, zwei Tage in einer der drei Preußenstädte Potsdam, Rheinsberg oder Neuruppin aufhalten, es gibt Jachtbesitzer, die von der Spree in die Havel und weiter in die Elbe fahren, es gibt Paddler auf den Fließen des Spreewalds, Radler in der Uckermark und Wanderer im Schlaubetal, aber sie alle sind unterwegs irgendwohin. Auf die eine oder andere Weise fährt man als Urlauber meistens durch Brandenburg durch. (Die einzigen Strandurlauber Brandenburgs, die ich kenne, sind Verwandte aus Cottbus, die einen Dauerzeltplatz in Großkoschen gemietet haben, aber Großkoschen liegt schon so gut wie in Sachsen).

Als Kurt Tucholsky auf dem Weg von Berlin nach Schweden durch Brandenburg fuhr, beschrieb er dieses Vergnügen in seinem Roman *Schloss Gripsholm* so: »Es war ein heller, windiger Junitag – recht frisch, und diese Landschaft sah gut aufgeräumt und gereinigt aus – sie wartete auf den Sommer und sagte: Ich bin karg.«

»Well in order«, sagte eine englische Freundin zu mir, als wir durch die Buchenallee spazierten, die im Park Sanssouci von der Orangerie zum Belvedere auf dem Klausberg führt. Auch sie war von Oxford nach Berlin auf der Durchreise und fand die Natur »gut in Schuss, aufgereiht und ordentlich«.

»Ödes Grün«, nannte Theodor Fontane das Linumer Bruch, durch das er ebenfalls nur durchfuhr. Der berühmteste Chronist Brandenburgs war mit Kahn und Kutsche unterwegs auf seinen *Wanderungen durch die Mark Brandenburg*. »Nichts Lebendes wird hörbar als die Pelotons der von rechts und links her ins Wasser springenden Frösche«.

Die Allee

Das wichtigste Markenzeichen für Brandenburgs Natur eignet sich auch am besten zum Durchfahren: die Allee. Die Alleen sind neben den Neonazis und Schloss Sanssouci oft das Einzige, wovon Uneingeweihte gehört haben, bevor sie zum ersten Mal nach Brandenburg kommen, und zwar auf eine Weise, die gewöhnlich im Märchen Verwendung findet. Das Märchen über Brandenburg geht so: Um das Schloss-ohne-Sorgen, das güldene Lustschlösschen auf dem Weinberg, zu erreichen, das tief im Inneren des Landes verborgen liegt, muss man erst ein paar Gefahren bestehen. Im Labyrinth der Kiefernwälder treiben haarlose Männer mit straff geschnürten Stiefeln und Fliegerjacken ihr Unwesen. Wenn man unbeschadet zuerst ihnen und dann dem Labyrinth entkommt, gelangt man auf Straßen, auf denen dauernd Leute gegen Bäume fahren: die Allee. Nur die Mutigen, Tapferen und Schönen erreichen schließlich Schloss-ohne-Sorgen.

Die brandenburgische Polizei griff die Grusel-Freude der Menschen dankbar auf. Da auf den zehntausend Kilometern Allee tatsächlich gelegentlich Kollisionen stattfinden, was bei den Ordnungshütern Überstunden und Stress verursacht, half das Verkehrsministerium sich und seinen Beamten aus. Man schaltete hammerharte pädagogische Werbespots im Kino. In einem dieser Spots fährt eine junge Frau mit dem Rad eine luftig durchsponnene, sommerlich stille Allee entlang. Sie radelt so dahin, das Lüftchen lüpft ihr Kleidchen, die Hollerbüsche wiegen sich, die Schmetterlinge schaukeln, aber als sie absteigt, klonkt ihre Beinprothese auf den Asphalt. Nur mit Mühe legt sie eine Blume vor das weiße Kreuz am Straßenrand.

Unterwegs in den grünen Tunneln wird man den Grusel schnell vergessen. Wer in die schattige Überdachung der in den Kronen ineinandergewachsenen Eschen, Buchen oder Linden eintaucht, wird tatsächlich verzaubert, nur anders als erwartet. Wenn der betäubende Geruch der Blütenfülle durch die Klimaanlage ins Auto sickert und das grüngold flackernde Alleenlicht auch das staubigste Amaturenbrett aussehen lässt wie eine Antiquität, spüren die Reisenden einen merkwürdigen Sog. Sie möchten immer weiterfahren. Und das ist seltsam. Denn es passiert nichts. Kein spektakulärer Berg taucht vor der Windschutzscheibe auf. Keine Steilküste, kein Meer verziert die im Quartär während der Weichseleiszeit entstandenen Grundmoränenplatten und Endmoränenzüge, die Sanderflächen und Urstromtäler. Noch nicht einmal eine Höhe gibt es, von der eine atemberaubende Aussicht zu haben wäre. Nur Ebene, nur Talsandflächen, über die eine gelegentlich an- und abfallende Straße führt, auf der sich Schlaglöcher und Kopfsteinpflaster abwechseln. (Der höchste Punkt Brandenburgs, der Hagelberg bei Belzig im Hohen Fläming, bringt es gerade mal auf zweihundertundeinen Meter.) Links und rechts liegen Felder mit Roggen und Mais. Die Wälder des Fläming. Die Wiesen im Löwenberger Land. Die Weizen- und Zuckerrübenäcker der Lehmböden des Oderbruch. Die urwaldartigen Ufer am Flusslauf der Alten Oder, in deren umgestürzten Bäumen Vögel nisten. Die schilfumrankten Seen des Ländchens Glien. Die niedrigwüchsigen, knorrigen Apfel-, Kirsch- und Birnbäume auf den Plantagen des Westhavellands. In der Ferne glänzen rot die Dächer, weiß die Schwingen der Windräder, das Blau der Kornblumen wird vom roten Klatschmohn abgelöst, gelb knallt später der Raps dazwischen. Die Fahrt ist stetig unterlegt mit dem Blättergeflacker des grünen Lichts.

Wird das Geflacker heller, sind die Reisenden in die Uckermark gelangt, auf eine Birkenallee, die es nur hier gibt, denn, so heißt es großspurig auf dem Schild, das an der Grenze zur Uckermark willkommen heißt: »Jetzt wird's schön!« Und das wird es tatsächlich. Das karge Land, das öde Grün entwickeln mit der Zeit einen Reiz. Die Reisenden sind angerührt, sei es vom flirrenden Straßenstaub, vom Widerschein eines Sees, von der Weite des Himmels, dem blassen, flächigen Licht, von Farnen in der Mittagsstille oder Kranichen im Abendlicht. Sie ahnen, dass die Schlichtheit der Landschaft Schönheiten birgt und das »öde Grün« ein Geheimnis, das dazu verlocken könnte, abzubiegen, sich eine noch kleinere Allee, eine stillere Dorfstraße, einen löchrigen Waldweg, eine sandige Piste zu suchen und schließlich anzuhalten. Um auszusteigen und zu bleiben. (Dass die meisten dann für immer bleiben, steht in einem anderen Kapitel.).

»Ein matter Luftzug geht und nur matter noch geht und klappert die Mühle. Die Wasserente taucht auf, und aus der Tannenschonung steigt ein Habicht, um die letzten Sonnenstrahlen einzusaugen – jetzt aber flimmert es rot und golden im Gewölk und im selben Augenblicke schießt er wieder ins Dunkel seiner Jungtannen nieder. Auch die Mühle schweigt und der Wind. Und alles ist still.« So schrieb es Theodor Fontane, nachdem er selbst dem Sog der märkischen Landschaft erlegen war, dieser »Schwermut, die ihr Zauber ist«.

Reisenden die Reise zu erleichtern ist ein Gedanke aus dem 18. Jahrhundert. Schon damals kam man auf die Idee, die Wege mit Bäumen zu bepflanzen. Sie sollten Schatten spenden und Obst. Zur Aufstockung des Reiseproviants säumte man die Handelsstraßen von Berlin nach Frankfurt/Oder und Küstrin mit Birnen-, Maulbeer- und Apfelbäumen. Friedrich der Große (Friedrich II.) hatte mit den Straßenbäumen noch etwas anderes vor. Um seinen Hofstaat von teuren Seidenimporten unabhängig zu machen, ließ er die Maulbeerbäume auf eine Million aufstocken und von nun an preußische Seidenraupen züchten. Einige der Maulbeerbäume stehen heute noch in Kummersdorf und Alt-Töplitz. Der DDR ist es zu verdanken, dass es die Alleen noch gibt. Wo der sozialistische Staat sonst so gründlich war in der Beseitigung feudaler Überreste, ließ er die Bäume stehen. Das Verkehrsaufkommen war so gering und die Finanzlage so schlecht, dass man es sich nicht wie im Westen Deutschlands leisten konnte, die alten Kopfsteinpflasterstraßen mitsamt ihrer Bepflanzung zugunsten eines massiven Straßenausbaus wegzureißen. Heute sind die Alleen weniger durch die Politik, als durch Überalterung der Bäume bedroht, was übrigens die Lage vieler Orte Brandenburgs schön spiegelt; ihre Einwohner sterben langsam aus. Die Bäume immerhin kann man nachpflanzen. Ein neuer Alleebaum kostete zur Drucklegung dieses Buches vierhundertsiebzig Euro.

Die Kiefer

Damit ist nicht die Kiefer gemeint. Kiefern stehen selten einzeln und noch seltener am Straßenrand. Sie kommen nur in der Gruppe, in der Schonung und als Begriff aus der Forstwirtschaft vor, immer jedoch in der Mehrzahl. Die Kiefer gehört zu Brandenburg wie der Sandboden. Sie ist pflegeleicht, sie wächst schnell, und sie ist der perfekte Holzlieferant. Die Kiefer bringt Geld in Kassen, die in Brandenburg meistens leer sind. Seit dem Mittelalter wurden Brandenburgs Mischwälder dezimiert. Und als das Land mit Köhlereien, Pechsiedereien, später auch mit Ziegeleien und Glashütten den Anschluss ans Industriezeitalter gefunden hatte, setzte ein massiver Raubbau am Wald ein. Die Gewerke brauchten Holz. Berlin machte zur vorletzten Jahrhundertwende ebenfalls einen enormen Wachstumsschub durch, die explodierende Stadt musste beheizt werden. »Der gesamte Menzer Forst«, schrieb Fontane, »flog durch Berliner Schornsteine.« Nach dem Kahlschlag heizte Berlin notgedrungen mit Linumer Torf. War die Kiefer also ursprünglich ein Gewächs unter vielen gewesen, machte sie um 1900 bereits vierundneunzig Prozent des gesamten brandenburgischen Waldbestandes aus. Auf den Kahlschlägen brachte man Kiefersetzlinge eng nebeneinander in den Boden. Unter den jungen Pflanzen brach ein Kampf um Luft und Licht aus. Es kam darauf an, möglichst schnell und astlos in die Höhe zu schießen. So entstand der militarisierte Wald, den man in Reinform noch im Naturpark Nuthe-Nieplitz und im Niederen Fläming besichtigen kann.

Als Kind war das für mich der Inbegriff von Wald: auf Linie stehende Stangen mit Borke, an deren fernem oberen Ende ein Toupet von dünnen Nadeln sitzt. Noch heute befällt mich in einem gedankenlos aufgeforsteten Baumghetto ein starkes

Zugehörigkeitsgefühl. Ich möchte mein Zelt aufschlagen und bleiben. Dabei ist mir klar, dass der Wald, an dessen Rändern ich aufwuchs, eigentlich ein Erlenbruchwald hätte sein sollen, typisch für Niederungen und den Spreewald. Im Nordosten bestimmten der Buchenmischwald, Eichen und Birken einmal die Landschaft, im Süden und Osten der Traubeneichenwald. Von diesem ursprünglichen Zustand des Waldes lässt sich heute nur noch in der Schorfheide etwas erahnen. Für Menschen ohne Orientierungssinn eignet sich der militarisierte Kiefernwald allerdings prima zum Wandern. Da es so gut wie kein Unterholz gibt und die Wege schnurgeradeaus und rechtwinkling zueinander verlaufen, findet man auf jeden Fall wieder heraus. Die höchste Kiefer Brandenburgs ist übrigens knapp einundvierzig Meter hoch. Seit hundertsechzig Jahren ist sie der Abholzung entgangen und genießt mittlerweile Exotenschutz: Sie darf weiterhin im Forstrevier Gühlen-Glienicke westlich des Kalksees ungefällt in den Himmel ragen.

Die Wege

Einmal aus dem Auto ausgestiegen, in der Nase den Nadelgeruch, bleibt den Reisenden die Wahl, wie sie bei der Erforschung des Landes weiter vorgehen wollen. Für alle Arten der Fortbewegung wurden in den letzten zwanzig Jahren die Wege und Straßen ausgebaut, ausgenommen das Schienennetz (auch das steht in einem anderen Kapitel). Sie können sich aufs Rad oder ins Boot setzen, auf die Draisine oder aufs Pferdefuhrwerk, sie können sich Skates anschnallen oder zu Fuß losmarschieren. Gemessen an den Tourismusprospekten gehört Brandenburg zu jenen Ländern, in denen es darum geht, unentwegt voranzukommen.

Die Straßengräben der Alleen und die Deichanlagen an Flüssen, die Sandpisten von Tagebaurevieren wurden zu asphaltierten Radler- oder Skaterpisten ausgebaut. Auf einspurigen Schienentrassen entstanden Draisinestrecken. Aus ehemaligen

Panzerstraßen wurden Reitwege. Die Kanäle möchte man für die Schifffahrt am liebsten noch tiefer ausbaggern und die Flüsse verbreitern, und nur die Untere Oder, die Stepenitz und das Nonnenfließ dürfen noch natürlich vor sich hin mäandern. Bei schmaleren begradigten Flüsschen und Fließen wird seit einigen Jahren die entgegengesetzte Vorgehensweise eingeschlagen. Hier möchte man, dass sich die Schlinggewächse enger schlingen, die Schmetterlingsraupen verpuppen und die Seerosen miteinander kopulieren, um dem romantischen Vorankommer im Paddelboot verträumte Sonnenuntergänge und kreisende Reiher bieten zu können.

Die Wasserstraßen

Das Image von der »Streusandbüchse des Heiligen Römischen Reiches«, das Brandenburg seit Jahrhunderten anhaftet, wird von den Wasserläufen und Wässerchen, die sich durch Brandenburg ziehen, jedenfalls gehörig unterwandert. Ein zweiunddreißigtausend Kilometer langes Gewässernetz, das auch gern mal über die Ufer tritt und für Auen und Brüche, Lüche und Moore sorgt, ergänzt um über dreitausend Seen machen Brandenburg zum wasserreichsten deutschen Bundesland. Da wird der Streusand aus der Büchse höchstens zum Trocknen der überschwemmten Felder benötigt. Die mächtigen Flüsse Oder und Elbe treten regelmäßig über die Ufer und bescheren dem jeweils amtierenden Ministerpräsidenten vor laufenden Kameras heldische Momente auf brechenden Deichen. Die Spree trullert dagegen gemächlich und in vielen Verzweigungen durchs Land. Ihr Gefälle ist so gering, dass sie hin und wieder auch rückwärts fließen soll. Sie kommt zwar nur langsam voran, hält aber ein ganzes Erholungsgebiet am Leben; den Spreewald. Sobald sie sich in die Havel ergießt, wird das Tempo rasanter. Das etwas stärkere Gefälle der Havel macht den dritten großen Fluss Brandenburgs zum lukrativsten, wie man an den fünfzig angeschlossenen Kanälen und etwa zwölf

Schleusen sehen kann. Die Stadt Brandenburg, die »Wiege der Mark«, im Mittelalter eines der wichtigsten politischen und wirtschaftlichen Zentren, liegt mitten in diesem Fluss.

Stockungen und Stauungen

Schon Ende des 14. Jahrhunderts entstanden an der Havel so viele Wassermühlen, dass es einen Rückstau gab und das Wasser sich andere Wege suchen musste. Der Flusslauf verbreiterte sich stellenweise bis auf hundertsechzig Meter. Es entstand ein starker Strom. Aber im Grunde ist der »märkische Amazonas« ein kapriziöser Fluss; zuerst fließt er von Mecklenburg-Vorpommern aus nach Süden ins Brandenburgische hinein, dann fließt er nach Westen und schließlich nach Norden. Es hätte nicht viel gefehlt, und er hätte sich im Kreis gedreht, womit er eine Eigenart der Brandenburger schön illustriert: Man geht vorsichtig durchs Leben. Risiken werden selten eingegangen. Dafür, so das Urgefühl der Brandenburger, ist die eigene Position zu wacklig. Man streckt seine Fühler erst einmal nach allen Seiten aus, bevor eine Entscheidung gefällt wird. Man nimmt Umwege in Kauf. Das kann manchmal tatsächlich so wirken, als drehe man sich im Kreis. Der Grund dafür ist einfach: Man ist der tiefen Überzeugung, dass jede Entscheidung zum eigenen Nachteil ausfällt. Das Ziel steht beharrlich vor Augen, aber ein Grundmisstrauen hindert daran, es auf direktem Wege zu erreichen.

Das hat Auswirkungen auf die Freundlichkeit. Das Misstrauen mildert die Freundlichkeit gewissermaßen ab, was Sie als Landesfremde wissen sollten. Wenn das Hotelpersonal Ihnen auf eine ganz normale Frage eine beleidigte Antwort gibt, ist das nicht persönlich gemeint. Lächeln Sie, bleiben Sie gelassen. Was sich hier zeigt, ist nur die Wirkmächtigkeit eines kollektiven Traumas. Das brandenburgische Misstrauen stammt noch aus vorpreußischer Zeit. Brandenburg musste sich als schwaches Land zwischen großen Mächten wie Schweden, Polen oder Habsburg behaupten. Die Hohenzollern waren seit Beginn ihrer Herrschaft im 15. Jahrhundert abhängig von Bündnispartnern. Immer wieder mussten sie die enttäuschende Erfahrung machen, dass die Partner sie betrogen. Ein gesundes Misstrauen war also angebracht. Da sich dieses kollektive Phänomen schon Jahrhunderte gehalten hat, können Sie nicht davon ausgehen, dass es ausgerechnet im Laufe Ihres Urlaubs verschwindet ...

Die Windmühle

Neben den Wassermühlen, die auch an der Spree, der Schlaube, der Schwarzer Elster, der Dahme und der Ucker seit dem Mittelalter klapperten, kommen Reisende durchs Brandenburgische auch an Windmühlen vorbei. Auf den märkischen Ebenen konnte der Wind genug Anlauf holen, um mit voller Kraft in die Mühlenblätter zu fahren. Als Preußen in der ersten Hälfte des 19. Jahrhunderts die Gewerbefreiheit einführte, erlebte das Mühlengeschäft einen Aufschwung, die Mühle wurde zu einem weiteren Wahrzeichen Brandenburgs. Es gab Bockwindmühlen, Holländerwindmühlen, Paltrockwindmühlen, Scheunenwindmühlen und Dreifachmühlen. Berühmt sind heute noch die Hochzeitsmühle in Dennewitz, die Mühle des selbstbewussten Müllers neben dem Schloss Sanssouci, der Friedrich II. erfolgreich die Stirn bot, als dieser die Mühle wegen Lärmbelästigung schließen wollte, und eine der letzten produzierenden Dreifachwindmühlen in Straupitz. An den meisten Orten haben Windparks die Mühlen ersetzt. Nachts blinken ihre Warnlichter rot und scheinbar frei schwebend ins Dunkel wie sich öffnende und schließende Augen. Sie bringen so manchen Einwohner um den Schlaf, aus Angst, Brandenburg könne sich zur Steckdose der Bundesrepublik entwickeln.

Die Fortbewegungsmittel

Dass Brandenburger in der Lage sind, ihre Gewässer mit allem zu befahren, was sich einigermaßen an der Wasseroberfläche halten kann, beweisen die Vehikel, die in den Häfen vor Anker liegen. Da gibt es neben Motorbooten, Segeljachten und Ruderkähnen auch Bungalows, Wohnwagen und Zweiräder auf schwimmenden Tonnen. Man kann sich in Tretboote setzen, die wie ein Schwan aussehen, wie eine Colabüchse und manchmal auch wie ein Tretboot. Manche Flöße mit Elektromotor haben eine voll ausgestattete Bar oder eine Tischtennisplatte an Bord. Im Spreewald bevorzugt man den Spreewaldkahn. Und im Lokalfernsehen wurde ein schwimmender Trabant vorgestellt, der sogenannte Schwimmtrabi, gebaut von zwei Männern aus Fürstenberg.

Reisende können diese Gefährte mieten und beispielsweise die älteste Wasserstraße Deutschlands, den Finowkanal, entlangschippern. Schon Anfang des 17. Jahrhunderts wurde diese künstliche Verbindung zwischen Havel und Oder angelegt. Dass die älteste Wasserstraße ausgerechnet in Brandenburg zu finden ist, hat einen Grund. In einem Land mit unberechenbaren Wegen bewegte man sich am sichersten auf dem Wasser fort. Noch bis ins vorletzte Jahrhundert waren Reisen ins Brandenburgische bei Ortsfremden verhasst, weil die Kutschen dauernd im Zuckersand stecken blieben, die Räder im Schlamm versanken, ganze Wegstrecken wegen Überflutung unpassierbar waren. Da stieg, wer konnte, ins Boot.

Und manchmal kommt man mit so einem Boot auch direkt in den Himmel; von unten aus gesehen. Wenn der fünfundachtzig Meter lange, viertausenddreihundert Tonnen schwere, wassergefüllte Trog des Schiffshebewerks Niederfinow auf dem Oder-Havel-Kanal die Boote sechsunddreißig Meter in die Luft hebt, sieht das allemal so aus, als verschwänden sie im Firmament. Die Fahrt dauert nur fünf Minuten. Aber sie verläuft innerhalb einer Stahlkonstruktion, die mit ihren fünf Millionen beeindruckenden Nieten auch locker das

Himmelszelt tragen könnte. Bis 2014 soll das alte Hebewerk durch eine moderne Version ersetzt werden, die noch mehr Tonnen in noch kürzerer Zeit noch höher, also über Gott hinaus heben kann, und das zeigt, was Brandenburger alles leisten können, worauf sie, auch wenn sie es nicht offen sagen, sehr stolz sind. Schließlich war Brandenburg bis vor Kurzem und für etwa hundert Jahre eine Industrieregion. Das Land besaß ein Stahlkraftwerk, ein Chemiefaserwerk, ein Dieselkraftwerk, ein Lkw-Werk, ein Nähmaschinenwerk, Raffinerien, Hochöfen und einen Direktanschluss an die Erdöltrasse »Druschba-Freundschaft«. Böse Zungen behaupten, von der herstellenden Industrie sei heute nur das Plastinarium übrig geblieben, und in dem werden Leichen konserviert. Weniger böse Zungen reden davon, dass die Flüsse jetzt unvergiftet durch die Wiesen schießen, während rechts und links im öden Grün, auf kargem Land, auf geordnetem Boden friedlich die Ökokühe weiden.

Verlorenwasser

Auf Verlorenwasser sollte man keinen Bootsausflug machen, nicht einmal mit dem Kanu. Dieses Flüsschen verschwindet gleich an der Quelle. Es geht verloren und taucht erst am Mittelpunkt der DDR wieder auf. Was erneut klingt wie ein Märchen, ist einer Unterhaltungssendung des DDR-Fernsehens zu verdanken. Aufgrund der Zensur herrschte ein solcher Themenmangel, dass der Moderator auf die Idee kam, die Landkarte der DDR auszuschneiden, sie auf Pappe zu kleben, diese mit der Nadel aufzuspießen und so auszutarieren, dass sie im Gleichgewicht hing. Wo die Nadel saß, war der Massemittelpunkt der DDR: Verlorenwasser. Damals befand sich dieser Ort in einem Truppenübungsgelände der Nationalen Volksarmee. Heute befindet er sich in einer Wüstenei, für die nach der Wende große Pläne geschmiedet wurden. Man wollte mit einem Golfplatz den »Breitentourismus« etablieren. Leider gibt es in Brandenburg zu viel Breite und zu wenig Menschen, die sich das Golfen leisten könnten.

Die Nähe zu Amerika

Um das leidige Image von der trockenen Ödnis endgültig loszuwerden, legt man gewässermäßig noch eins drauf: Man flutet alte Tagebaue. Das ehemalige Braunkohlegebiet der Lausitz soll mit vierzehntausend Hektar die größte Seenlandschaft Europas werden. Dann wird Brandenburg sogar eine eigene Ostsee haben: die Cottbusser Ostsee, in der heute noch Abraumbagger stehen. Allerdings hat Brandenburg darauf nicht den Alleinanspruch. Es muss sich die See im Süden mit Sachsen teilen. Für die Bewohner der Dörfer, die die Tagebaukrater verschlungen haben, wird das geflutete Braunkohlerevier eines Tages zu Vineta, der sagenumwobenen Ostseestadt, die einst bei Sturmhochwasser untergegangen sein soll: An der Reling eines Fahrgastschiffs stehend, werden die Heimatlosen ihre alte Kirchturmglocke vom Grund des Ilsesees (offiziell: Großräschener See) herauf läuten hören. Es wird das gleiche sagenhafte Läuten sein wie am Scharmützelsee. Auch dort soll am Grund eine Kirche stehen. Als der zweitgrößte natürliche See Brandenburgs einst entstand, soll er ein ganzes Dorf mitsamt seinen Bewohnern verschlungen haben. Böse Zungen behaupten, selbst das Schicksal wäre von Brandenburg so gelangweilt, dass es sich gelegentlich wiederholt.

Das Braunkohlegebiet veranschaulicht übrigens die große Nähe Brandenburgs zur amerikanischen Prärie. Das Image vom wilden Osten ist nichts Neues. Es entstand mit jenen Besuchern aus den westlichen Regionen Deutschlands, die sich eine Lenkradsperre und Kampfgas kauften, bevor sie ihre Verwandten im Speckgürtel von Berlin besuchten, und wird von Generation zu Generation weiter tradiert. In der Niederlausitz findet dieses Image nun in ein landschaftliches Bild: Wer es sich nicht leisten kann, in die kalifornische Wüste zu reisen, kann die kalifornische Wüste auch in Welzow oder Lakoma erleben. Jedenfalls sagte mein Vater, kaum stand er auf dem Gebirgszug oberhalb des Death Valley, enttäuscht: »Da hätten wir auch zu Hause bleiben können. Hier sieht's aus wie im Tagebau!«

Die Erlebniswege

Eine Prärie braucht Indianer. Da die Ortsansässigen nicht gewillt sind, zum Bild von Ureinwohnern etwas beizutragen, sondern lieber den Kies vor dem frisch gestrichenen Gartenzaun harken und ihre Fensterbretter mit lilafarbenen Orchideen dekorieren, ist dieser Landstrich auf Touristen angewiesen, die das Auto mit dem Pferd, respektive dem Rad, vertauschen. Von April bis Oktober erkennt man die Teilzeitindianer am bunten Kopfschmuck, prallen Satteltaschen, an hautverträglicher Mückenschutzausrüstung, Sonnencreme und windschnittigen, rollbaren Bienenkörben, in denen sie den Nachwuchs befördern. Für sie hat man extra ein Netz schmaler Asphaltwege angelegt, das auf der Radwanderkarte des ADFC eine Dichte aufweist, die mit dem radwanderbewegten Westfalen locker mithalten kann. Da der radelnde Indianer während des Radelns keine Bären erlegt, aber trotzdem etwas erleben möchte, nennt man diese Wege Erlebnisradwege. Und damit niemand das Erlebnis unterwegs verpasst, weisen die Namen darauf hin: Gurken beispielsweise kann man auf dem Gurkenradweg erleben, Störche auf dem Storchenradweg, Mönche oder ihre Gebeine auf dem Mönchsradweg. Die Mauer auf dem Mauerradweg kann man nur in der Phantasie erleben, da sich das betreffende Bauwerk mittlerweile in kleinen Bröckchen um die ganze Welt verteilt hat. Auch die auf der Gänseroute zu erwartenden Gänse werden ihrer Rolle nicht gerecht. Der Name stammt nicht vom Federvieh, sondern vom menschlichen Adelsgeschlecht der »Edlen Herren Gans zu Putlitz«, die die Städte Wittenberge, Perleberg und Putlitz gründeten. Ob die Teufel auf der Großen Teufelstour mitspielen, habe ich nicht herausfinden können, dafür aber, und das ist beinahe genauso wichtig, dass es auf den Erlebnisradwegen auch eine *Erlebnisgastronomie* gibt. Dort hat man sich auf die bunt behelmte Klientel eingestellt, was so viel bedeutet wie: Man weiß, die fahren nur durch. Die kommen nie wieder. Deshalb wird selten gutes Essen serviert, dafür aber, Sie werden's erraten: viele Erlebnisse.

Die Belehrung

Damit Sie die Erlebnisse entlang der Radwege auskosten können, muss ich Sie über eine weitere wichtige brandenburgische Eigenart informieren. Brandenburg ist ein Land der Belehrung. Egal, ob Sie in den Zoo wollen oder auf die öffentliche Toilette; immer wird Ihnen mit auf den Weg gegeben, wie Sie sich zu verhalten haben. »Der Kunde ist König« mag sich in anderen Regionen als Grundidee des Dienstleistungsgewerbes durchgesetzt haben. In Brandenburg heißt es: »der Kunde ist Kind.« Deshalb ist hier jeder, von dem Sie eine Leistung wünschen, zunächst Ihr Erzieher. Das ist nicht unbedingt so entmündigend gemeint, wie es den Anschein hat. Wenn Sie beim Bäcker darüber belehrt werden, dass Sie das gewünschte Vollkornbrot einen Tag im Voraus zu bestellen hätten, weil das hier so üblich sei, wenn Sie im Café darüber belehrt werden, dass der Latte macchiato Ihren Wünschen zum Trotz nun mal im Glas und nicht in der Tasse getrunken wird, wenn man Sie im Restaurant wissen lässt, dass der Zander schon immer so zubereitet werde und den Gästen vor einer halben Stunde nicht zu kalt gewesen sei, möchte man nur Ihr Bestes. Sie sollen wissen, wie der Hase läuft. Während in anderen Ländern Lokale mit einem so forschen pädagogischen Drive spätestens nach zwei Monaten wegen mangelnder Kundschaft eingehen würden, scheint man in Brandenburg diese altväterliche Fürsorge zu begrüßen. Sie regelt das soziale Zusammenleben. Ich habe jedenfalls noch nie gehört, dass sich ein Einheimischer über eine solche Behandlung beschwert hätte. Im Gegenteil. Man zeigt sich einsichtig und hört ziemlich schnell auf zu fragen.

Die großzügige Spielart der Belehrung ist übrigens das Einräumen einer Ausnahme. Über die Ausnahme äußert sich die Nachsicht, die man Ihnen als Unwissende gegenüber an den Tag legt. Als ich beispielsweise im Café den Tisch aus dem Schatten in die Sonne rücken wollte, gestattete man mir nach einem strafenden Blick eine Ausnahme. Als ich den Zander mit Reis statt Kartoffeln bestellte, musste erst der Koch befragt werden, ob er eine Ausnahme mache. Selbst mein Kater wurde schon belehrt. Als er forsch in einen Laden hineinlief, wurde er von der Angestellten zwar herzlich und auf Knien begrüßt, allerdings erst, nachdem sie ihn auf die Ausnahme hingewiesen hatte, weil Katern das Betreten von Geschäften gewöhnlich verboten sei.

Wenn Sie in brandenburgische Erlebniswelten vorstoßen wollen, brauchen Sie also nur um ein Glas Leitungswasser zu bitten. Oder Sie fordern den Verkäufer der Imbissbude auf, das belegte Brötchen nicht mit bloßen Händen anzufassen. Es hält sich hartnäckig der Glaube, Bazillen und Viren würden allein vom Anblick brandenburgischen Sandes verenden. Es gibt zwar die Gewohnheit, sich beim Niesen die Hand vor den Mund zu halten. Das ist aber nicht wie im Rest der Welt mit dem Vermeiden von Ansteckung zu begründen. Man hat vielmehr Angst, die Seele beim Niesen zu verlieren. Sie könnte mit der Explosion durch Nase und Mund entweichen und böse Geister hineinlassen, wie ein Aberglaube aus der Niederlausitz verrät.

Wie ungewohnt das Verlangen nach einem keimfreien Handschuh manchmal noch sein kann, zeigte sich beim Kauf einer Makrele. Nachdem der Verkäufer den Fisch aus dem Kühltresen geholt hatte, fuhr er sich mit der Hand durch die Haare, um flink eine lästige Fliege zu verscheuchen. Als ich ihn bat, einen Handschuh zu verwenden, schritt er gutwillig und diesmal ohne Belehrung zum Wasserhahn. Er wusch sich gründlich die Hände, um mir dann nicht etwa eine neue Makrele einzupacken, sondern, schön gereinigt, das Wechselgeld herauszugeben.

Wie Sie sehen, gibt es viele Wege, sich Brandenburg und die Brandenburger zu erschließen.

Die Seltenheit

Manche Gegend bleibt vom Erlebnisversprechen verschont. Dann liegt sie romantisch und so zeitvergessen da, als seien Gehöfte, Deichhäuser, Pflaumengärten und Scheunen unbewohnt, nie bewohnt gewesen, als könnte diese Schönheit nur ohne Menschen entstanden sein. Der Mann, der vor dem schiefen Schuppen einer Obstplantage sitzt, reglos und seit Stunden, mit einem weißen Kakadu auf dem Arm, kann nur eine Erfindung aus einem Fontane-Roman sein. Auch das improvisierte Café, für das ein paar Meter weiter ein Holzschild wirbt, wirkt mit seinen eisernen Gartentischen wie lange nicht besucht. Der Geruch nach selbst gebackenem Pflaumenstreuselkuchen muss Einbildung sein. Er täuscht Betriebsamkeit vor, wo es nur eine Frau auf der grasüberwucherten Terrasse gibt, die im kurzärmeligen weißen Strickpulli, im karierten Rock und in blickdichten braunen Strumpfhosen unsichtbare Gäste in ihr Selbstgespräch verwickelt. Die Kuchenkrümel vor ihr auf dem Teller sind längst eingetrocknet.

P. S. Für Skater gibt es übrigens auch Erlebnisstrecken. Entlang der Fläming-Skate, der längsten Inlineskaterbahn Deutschlands, im Baruther Urstromtal kommt man an speziellen Skater-Restaurants vorbei, und in Petkus steht ein Hotel, in dem man mit den Inline-Skates auch unter die Dusche und ins Bett rollen kann, und keine Angst: Es wird Ihnen vorher genau gesagt, wie.

Gärtner und Schweiger

Es schien das Abendrot / Auf diese sumpfgewordne Urwaldstätte / wo ungestört das Leben mit dem Tod / Jahrtausendlang gekämpfet um die Wette.

(Nikolaus Lenau)

An einem sonnigen Samstag im Oktober, das Laub der Obstbäume färbt sich, Apfelrot leuchtet weit über die Plantagen im Havelland, verkündet der Sprecher im rbb-Radio gut gelaunt: »Was immer Sie heute auch machen, ob Sie die Hecke verschneiden, die Rosen anhäufeln, ob Sie auf Ihrem Grundstück das Laub harken oder Holz für den Winter schlagen; hören Sie uns!«

Die Märker hören das, stopfen sich ein kleines Radio in die Tasche ihrer Wattejacken, die Füße in erdverklebte Gummistiefel und marschieren auf's brache Feld. In anderen Regionen gehen die Leute an einem milden, sonnigen Herbsttag spazieren, sammeln Kastanien oder sitzen bei heißer Schokolade mit Rum in Decken gewickelt auf ihrer Veranda; in Brandenburg können sich selbst Radiomoderatoren ihre Hörer an einem solchen Tag nur beim Werkeln in Garten oder Hof vorstellen.

Für Neulinge ist das nicht so einfach. Stellen Sie sich vor, Sie haben ein schönes Grundstück erworben, wollen Ihren ersten ruhigen Samstag an der frischen Landluft genießen, und dann kreischen rechts und links die Sägen los. Der Nachbar hinter ihnen schmeißt seinen benzinbetriebenen Rasenmäher an, in den Hecken klappern die Scheren, ein Häxler frisst kiloweise totes Holz, und sogar die distinguierten Leute auf der anderen Straßenseite haben sich in ihre alten Jeans gesteckt und hocken in den Bäumen, um Äste auszusägen. Das Laub rieselt Ihnen direkt in die Schokolade. Und schon ist es da, das schlechte Gewissen! Sie werden die Schokolade schneller trinken, und ehe zwei Wochen vergehen, werden Sie glauben, dass auch Ihre Hecke dringend verschnitten werden muss. Ich würde aus diesem Grund anregen, dass alle, die in Brandenburg ihren Wohnsitz anmelden, zur Begrüßung eine Heckenschere oder eine Kreissäge geschenkt bekommen. Das wäre ein erster Schritt in Richtung Integration.

Ein Kurs in Gartenarbeit könnte zusätzlich angeboten werden, ist aber nicht unbedingt nötig. Das lässt sich auch nachbarschaftlich regeln. Da kommt gern der Dirk von nebenan »ma auf'n Sprung vorbei« und erklärt den Einsatz von ökologischem Düngemittel oder den Gebrauch einer Bügelsäge. Man darf nur keine ausgefeilten Gebrauchsanweisungen erwarten. Es geht hier nicht wie in anderen Landstrichen um die Freude am Reden oder um die Selbstdarstellung des Redners, sondern allein um die Sache. Was, wie, wozu. Dafür reichen gewöhnlich Drei-Wort-Sätze. Die aber haben es in sich. Sie enthalten die Essenz langjähriger Erfahrung und werden von Nachbar zu Nachbar ganz im Sinne der alten Weisheit tradiert: »Nich labern, ranklotzen.«

Sich kurz zu fassen, ist eines der wesentlichen Prinzipien eines brandenburgischen Gesprächs. Die Themenvielfalt ist so groß wie überall; worauf es ankommt, ist, sie mit dem kleinstmöglichen Wortaufwand zu bewältigen. Schließlich hat der Mensch ja noch andere Sachen zu tun. »Jeht allet seinen jeordneten Gang, wa. Na denn: rinnjehaun!«

Sich kurz zu fassen, bedeutet auch, sich nicht aufzudrängen. Die größte Peinlichkeit der nicht mehr ganz jungen Brandenburger wäre es, im Mittelpunkt zu stehen. Bei den ganz Jungen, die übers Internet mittlerweile an die internationale Selbstdarstellungsplattform Facebook angeschlossen sind, ist diese Art der Zurückhaltung zwar schon verwässert, aber wenn sie das Internet mal ausschalten, löst auch bei ihnen zu viel Aufmerksamkeit für die eigene Person noch Schamgefühle aus. Diese charakterliche Eigenart reicht weit in die feudalen Zeiten zurück. Schon der Soldatenkönig (Friedrich Wilhelm I.) schwieg vornehm über seine Taten, wie die ausländische Presse nach einer bekannt gewordenen Geldspende des Königs an die Armen lobend bemerkte. Taten zählen mehr als Worte, Handgriffe mehr als Bekenntnisse. Brandenburger halten ihre Taten sowieso für die besten und sind überzeugt, dass alle anderen das auch so sehen (wenn nicht, sind sie ihrer Taten nicht wert). Wozu es also an die große Glocke hängen? Das ist auch Fontane schon aufgefallen: Die Märker »haben in hervorragender Weise den ridikülen Zug, alles, was sie besitzen oder leisten für etwas ganz Ungeheures anzusehen. Eine natürliche Folge früherer Ärmlichkeit, wo das Kleinste für wertvoll galt.«

Treue, Ehre und Pflichterfüllung, das sind Tugenden, die sich den Menschen in preußischen Landstrichen eingeprägt haben. Stilles Rackern, statt lautes Deklamieren. Schweigen und Arbeiten. Diese Maxime hatte der Soldatenkönig vorgegeben. Seinen Sohn (Friedrich II.) ließ er wissen: »Der liebe Gott hat Euch auf den Thron gesetzt nicht zum Faulenzen, sondern zum Arbeiten.« Marlene Dietrich war ebenfalls der Überzeugung, dass ihr Erfolg nicht ihrer Schönheit zu verdanken sei, sondern dem zähen preußischen Arbeitsethos. Ohne Disziplin kein Star. Dass sie sich, als die Schönheit allmählich verflog, in die eigenen vier Wände zurückzog, können nur Ahnungslose für Eitelkeit halten. Für Preußen ist klar: Sich vierzig Jahre Exil aufzuerlegen, zeugt von eiserner Charakterstärke. Die Pflicht zu unterhalten beinhaltet eben auch, das Publikum nicht mit eigenen Schwächen zu belästigen.

Manche mögen sich fragen, wo da der Spaß bleibt. »Watt jibt's n hier zu lachen?« war eine Formulierung, die eine befreundete amerikanische Übersetzerin schlagartig verstummen ließ, nachdem sie in lockerer Runde in ein für hiesige Verhältnisse ungewohnt lautes Lachen ausgebrochen war. Dass der Urheber dieses Kommentars das keinesfalls aggressiv, sondern vielmehr als gutherzige Erwiderung gemeint haben könnte, dass er etwa hatte sagen wollen: »Wie schön, dass du dich so freust« oder »Es mag zwar nicht so aussehen, aber auch ich lache gerade aus Leibeskräften«, bezweifelt sie bis heute.

Betrachtet man Inschriften auf Grabsteinen der vorletzten Jahrhundertwende, die gelegentlich noch auf alten Dorffriedhöfen zu finden sind, kann tatsächlich der Gedanke aufkommen, die Menschen dieser Region hatten rein gar nichts zu lachen gehabt. Das Leben der Verblichenen scheint die reine Qual gewesen zu sein. Abgerackert und geschunden, finden sie erst in ihrem unterirdischen Bretterverschlag ein bisschen Ruhe.

»Wer in Beruf und Pflicht wie du gestorben / Hat Leben sich durch seinen Tod erworben«, heißt es. Oder: »Mühe und Arbeit war ihr Leben, / Ruhe hat ihr Gott gegeben.« Selbst die Liebe ist ans Sterben gekoppelt: »Wer treu gewirkt / Bis ihm die Kraft gebricht / Und liebend stirbt, / Ach, den vergisst man nicht.«

Bei Menschen aus genussverwöhnteren Landstrichen kann da schon die Frage aufkommen, was eigentlich so schlimm sei an der Entvölkerung Brandenburgs, wenn die Leute sich hier sowieso nur zu Tode schuften. Da hocken diese Eigenbrötler auf ihrem Stück Land, so die Idee der Ortsfremden, werfen die Trecker an, lassen die Kreissägen kreischen und bezwecken damit im Grunde nur eines: das Schweigen nicht hören zu müssen, das dröhnend über der Landschaft liegt. Die Leute sind unempfindlich, reisefaul, stur und kommunikativ so karg wie ihre märkischen Felder.

Solcherart üble Nachrede müssen sich die Bewohner des Märkischen schon jahrhundertelang gefallen lassen. In einer Schrift aus dem 17. Jahrhundert heißt es, die Märker wären »unfreundliche Leute.« Und ein Jahrhundert später wird ihnen ein »Hang zum Räsonieren« nachgesagt. Noch Peter Ensikat glaubte sich in Brandenburg in einem »Flachland der Gefühle«.

Das Einzige, was an all diesen Einschätzungen deutlich wird: Sie kommen von Leuten, die keine Ahnung haben.

Als Insider weiß man um die tiefe Skepsis, die den Brandenburgern eigen ist. Die Skepsis gilt allem Menschlichen, speziell seinem Ausdruck, der Sprache. In der Melkanlage, am Hochofen oder auf dem Gurkenflieger wird nicht gequatscht, denn Quatschen kostet Energie. Und fürs Zwischenmenschliche taugt die Sprache nicht, weil die Worte nie so tief reichen, wie beim Brandenburger die Gefühle sitzen. »Da redet der Mund dahin, und das Herz weiß nichts davon.« So lautet eine Weisheit aus der Gegend von Prenzlau. Small Talk beherrscht hier niemand. Das Ideal heißt: wortloses Verstehen. Je wortloser zwei Menschen beieinander sind, desto inniger ist ihr Verhältnis. Wortkargheit ist also weder ein Zeichen für Stumpfsinn noch ein Zeichen dafür, dass die potenzielle Gesprächspartnerin für unsymphatisch befunden würde. Es ist ein Zeichen von Glück. Erst im gemeinsamen Schweigen sind die Missverständnisse aufgehoben, gibt es keine Unsicherheit und keine Skepsis mehr. Nur ein Zugereister kann auf den nutzlosen Gedanken kommen, alles auszudiskutieren. Man macht die Dinge doch gemeinsam durch, wozu also noch groß drüber reden? Was sich zusammenschweigt, hält ewig. »Keiner ist in Treue stärker als der alte Uckermärker.« So sagt es der Volksmund.

In der Ehe sind die Brandenburger erfrischend pragmatisch. Meine jungen Nachbarn sind ein gutes Beispiel. Sofort nach der Heirat beschlossen sie, mit dem gegenseitigen Beschenken aufzuhören. Weder zu Weihnachten noch zum Geburtstag machen sie sich Geschenke. Sich ohne Anlass zu beschenken, wäre ihnen sowieso nicht in den Sinn gekommen. Andere mögen das für unromantisch halten. Hier entspricht das einer klaren Logik: Wenn man zusammen lebt, kauft man auch alles zusammen ein. Wozu sollte man sich also noch mal allein auf den Weg machen, bloß um etwas zu kaufen, das nicht gebraucht wird. Und dass es nicht gebraucht wird, ist klar; sonst hätte man es längst vorrätig. Geschenke, die man sich vor der Hochzeit machte, waren dazu da, einander über die Zuneigung in Kenntnis zu setzen. Nach der Hochzeit ist die bekannt.

Eine Floristin aus Staffelde bei Kremmen hat da allerdings eine Marktlücke entdeckt. In ihrer Kornblumenscheune hat sie Ehemänner nicht nur davon überzeugt, ihren Frauen wenigstens zum Geburtstag Blumen zu schenken, sondern auch davon, dass es den Frauen gefallen könnte, wenn die Blumenauswahl von Jahr zu Jahr etwas variierte. »Wollen Sie Ihre Frau denn in diesem Jahr nicht mal überraschen?«, fragt die Floristin beispielsweise mit dem Gedanken an die fünf roten Rosen, die diese Männer ihren Frauen zu den letzten fünf Geburtstagen geschenkt haben. Bei den Männern Schulterzucken. »Welche Blumen könnten Ihrer Frau denn gefallen?« Gucken. Schulterzucken. »Was ist denn die Lieblingsfarbe Ihrer Frau?« Langes Überlegen. Schulterzucken. »Also, wie ich Ihre Frau kenne, mag sie Gladiolen sehr gern. Das würde in der hübschen Bodenvase auf Ihrer Terrasse sicher sehr schön …«. Kurzes körperliches Aufwachen: »Ham wa selba.« »Wie wäre es dann mit einem Strauß Lilien? Ich hätte weiße, orangefarbene, gelbe.« Bedächtiges Nicken. Leuchten der Augen. Dann: »Machense fünf.«

Der pragmatische Ansatz kann Außenstehende, wie gesagt, leicht über die Tiefe der Gefühlswelt hinwegtäuschen. Aber ich versichere Ihnen: Da ist was! Sie dürfen es bloß nicht herbeireden wollen. Sie müssen es *erspüren.* Das gilt auch für die Freundschaft. Denken Sie nicht, dass Ihnen jemand seine Freundschaft anbietet oder gar *erklärt.* Und versuchen Sie nicht, Ihrerseits das Ganze aufzulockern, indem Sie schwärmerisch die gute Nachbarschaft belobhudeln. Sie würden bloß das Gegenteil erreichen; die tief fühlenden Wesen würden erschrecken. Sie kämen sich entblößt vor. Hier geht es um ein inneres Erleben, und das hat an der Oberfläche des Tages nichts zu suchen. Lauthalses Verkünden von Freundschaft zeugt von Falschheit. Packen Sie also stumm zu, wenn Sie es ernst meinen. Schwitzen Sie wortlos. Wenn Sie als gesprächsgewöhnter Mensch eine Äußerung beim besten Willen nicht unterdrücken können, pusten Sie laut oder rufen Sie heiser »Scheiße!« in den Tag, das kann immer noch als Zeichen körperlicher Anstrengung durchgehen. Der Moment, in dem Sie es geschafft haben, die Karre mit ihrem Nachbarn gemeinsam aus dem Dreck zu ziehen, wird Sie für immer zutiefst verbinden.

Dass es Ihnen gelungen ist, sich Respekt und Zutritt ins soziale Netzwerk zu verschaffen, erkennen Sie daran, dass sie sich hundertprozentig auf ihre neuen Freunde verlassen können. Man steht Ihnen von nun an vorurteilsfrei bei, auch wenn Sie beim nächsten Nachbarschaftsbesuch lobheischend auf ihre eigenhändig beschnittene Hecke hinweisen (ganz grober Fehler!). Man wird Sie ein wenig bemitleiden – Ihre Gefühle sind noch nicht ausdifferenziert, Sie hängen noch zu sehr von der Bestätigung durch Ihre Mitmenschen ab –, man wird Sie vielleicht auf die Schippe nehmen; im Stich lassen wird man Sie nicht. Dass Sie sozial angekommen sind, erkennen Sie auch am Herumfrotzeln. Das Herumfrotzeln ist die beliebteste Spielart der brandenburgischen Kommunikation. Plötzlich geht Ihnen auf, dass das, was sich bisher wie ein Murren anhörte, eine nicht abreißende Flut von Witzen und Sprüchen ist, die in der Summe ein Ausdruck starker Zuneigung sind. (Keine Sorge also, sollten Sie selbst zum Gegenstand werden.)

Zum Zwecke gegenseitiger Verständigung setzt man hier auf die Pointe. Je härter sie ist, umso besser. Das gebietet die gegenseitige Achtung. Wenn man schon die Energie aufbringt, sich zu äußern, sollte das für alle Beteiligten auch einen Mehrwert haben. Und dieser Mehrwert besteht darin, sich das Leben leichter zu machen. Fangen Ihre neuen Freunde also an, in Ihrer Gegenwart Witze zu machen, kommt das einem Liebesgeständnis gleich. Sind die Witze fies oder sogar beinhart, wurden Sie soeben geadelt. Man hat Sie an der jahrhundertelang eingeübten Kunst teilnehmen lassen, die ganze Unbill des Lebens über einen einzigen, geballten Witz abzuleiten. Ich würde es das Prinzip des heilsamen Schockers nennen. »Strom macht Locken«, kommentierte ein gut gelaunter Hobbyschäfer, als sich der Nachbar an seinem Elektrozaun einen kleinen Schlag holte.

Die Kunst dieser klugen Druckableitung kombiniert mit einem hammerharten Pragmatismus ist nicht vom Himmel gefallen. Die Brandenburger mussten sich das – wie das meiste im Leben – erst hart erarbeiten. Im Bauern- und Soldatenland Brandenburg, dessen Sumpf- und Sandböden sich jahrhundertelang besser zum Marschieren und Verwüsten als zum Säen und Ernten eigneten, auf dem munter die Seiten wechselnde Herrscher das Blut ihrer Armeen vergossen, auf dem immer wieder die schwersten Kämpfe der Kriege ausgetragen wurden, kann es schnell ums Ganze gehen, um Leben und Tod.

Heute ist das Leben leichter geworden, und harte Arbeit fällt meistens nicht auf dem eigenen Hof, sondern in einer weit entfernten, größeren Stadt an. Häufig fällt auch nichts mehr an. Die Buslinie in die größere Stadt ist eingestellt. Der alte Tante-Emma-Laden ist mit Brettern vernagelt. Graffiti ist das einzige Schmuckelement an den Häusern, Alkoholkonsum manchmal die einzig optimistisch stimmende Freizeitbeschäftigung.

Zarte, nett gemeinte Späße für Empfindsame sind im Land der abgehärteten Seelen selten. Schallendes, befreites Lachen kommt auch nicht gut an. Man pariert den Witz mit steinerner Miene, um ihn jedoch gleich darauf zu überbieten. Ein Beispiel aus meinem Potsdamer Friseursalon: Das Schnippeln und Schneiden ging eine Weile wortlos vor sich, untermalt vom einheimischen Radiosender. Als nur noch Stammkunden anwesend waren, ließ meine Friseurin über meinen nassen Kopf hinweg ihrem aktuellen Gedanken freien Lauf: »Ich bin morgen zu einer Grillparty eingeladen. Was bringt man eigentlich auf Grillpartys so mit?« Kurze Pause, das Radio dudelte, dann sagte der Kollege neben ihr, föhnend: »Prostituierte. Kommt imma jut.« Ungerührtes Herumwerkeln der Friseurin an meinem Kopf. »Nimm am besten welche aus Rumänien«, ergänzte ein zweiter Kollege. »Mit Bart.«

Auch am friderizianischen Hof waren die Witze gern derb, mitunter frivol. Pubertäre Pickel bei einem seiner liebsten Lustknaben soll Friedrich II. damit kommentiert haben, dass die Franzosen gekommen wären; als Anspielung auf die Syphilis.

Sollten Sie also überlegen, ins Brandenburgische einzuheiraten oder sich hier anzusiedeln, weil die Wiesen im Frühjahr so verlockend duften oder der Pirol so schön singt, testen Sie bitte vorher zwei Dinge:

1. Ab wann bleibt Ihnen ein Lachen im Halse stecken?
2. Haben Sie das Zeug zum Eremiten?

Sie sollten nicht vergessen, dass Ihre Entscheidung eine Entscheidung für immer sein wird. Ein Zurück gibt es nicht. Denn haben Sie erst einmal gespürt, wie tief Ihr eigenes Wesen reicht, wenn es sich ungestört entfalten kann (nachdem Ihnen nach tagelangem Schweigen die Idee gekommen ist, in sich hineinzulauschen, ob da nicht ein Echo heraufklinge, das Ihnen wenigstens das Gefühl geben möge, da sei noch wer); haben Sie diese Entdeckung einer stillen inneren Fülle erst einmal gemacht, wird jede Reise in die Ferne, sei es ins verschnatterte Sachsen oder ins lärmig-trunkene Bayern, zum Schock, zu einem Anschlag auf Ihre Nerven. Ein Jahr Brandenburg, und schon werden Sie völlig ausgelaugt sein, wenn Sie auch nur einmal durchs Zentrum von, sagen wir, Leipzig schlendern.

Ich habe es versucht: Im sächsischen Restaurant wurde ich tatsächlich drei Mal gefragt, ob ich noch etwas wünsche. In der Bäckerei wurde mir freundlich der Unterschied zwischen Dinkel- und Buchweizenmehl erklärt. Im Café erhielt ich auf meine Frage, ob im Cappuccino ein doppelter Espresso sei, eine ausführliche Erläuterung des Mischverhältnisses sämtlicher Kaffeegetränke statt der mir vertrauten Antwort »Steht doch dran!« – Mir taten vom Lächeln die Mundwinkel weh …

Militär und Natur

Der Krieg ist gut! Er ruft aus feigem Schlummer / Den trägen Weichling auf / Er lohnt Verdienst, und schafft er manchen Kummer / Löst er auch manchen auf.

(Aus: »Lob des Krieges«, Carl Christoph Johann von Knesebeck)

Wie Sie schon ahnen, hat Brandenburg keine anspruchsvolle Natur. Sie ist nicht spektakulär. Keine Zweitausender ragen in den Himmel, kein Meer rollt gegen Brandenburgs Ufer. Die Landschaft ist weder besonders lieblich oder rau, noch hält sie dem Vergleich mit der Natur jener Regionen stand, in denen die Menschen gern über ihre Erhabenheit staunen. Es ist noch nicht einmal eine dem Menschen besonders nützliche Natur. Fruchtbare Äcker oder Bodenschätze sind eine Seltenheit.

Die Braunkohle der Niederlausitz spielte eine Zeit lang eine Rolle, machte das Land aber nicht reich. Im 19. Jahrhundert konnte man eine Weile mit dem Torf punkten, den Lüche und Brüche zur Verfügung stellten, und den vielen Sand nutzte man mancherorts zur Herstellung von Glas oder Ziegeln.

Aber nicht einmal der Beelitzer Spargel konnte sich als wichtige Ressource durchsetzen. Natürlich bildet sich jeder echte Brandenburger etwas auf dieses aromatische Frühlingsgemüse ein. (Und verschlingt zwischen April und Juni Unmengen davon.) Die folienbespannten Höcker der Spargelbeete ziehen sich in Potsdam-Mittelmark in endlosen Reihen südwärts. An jeder Ecke bieten von April bis Juni Spargelbuden die gelben Stangen an, sortiert nach Qualität. Auch ich bildete mir lange etwas auf den Beelitzer Spargel ein, obwohl ich als Kind keinen essen konnte. Zu DDR-Zeiten war dieses sagenumwobene Gemüse allein dadurch geadelt, dass es ausschließlich für den Export bestimmt war. Hätten meine Eltern in ihrem Garten nicht selber ein paar magere, halb grüne Stänglein angepflanzt, hätte ich noch nicht einmal ein Bild von ihm gehabt. Ich war so lange von der internationalen Durchschlagskraft des Beelitzer Spargels überzeugt, bis mir ein Taxifahrer in Stuttgart erklärte, der beste Spargel Deutschlands käme aus irgendeinem Kaff in der Nähe von Karlsruhe. Von Beelitz hatte er noch nie gehört. Ich habe den schwäbischen Spargel übrigens probiert. Vergessen Sie's! Diese von fetter Erde vollgesogenen, dicken, schmatzigen weißen Säulen können mit der tänzerischen Aura und der milden Süße eines vom luftig lockeren Sandboden genährten, goldenen Asparagus, der leicht auf der Zunge liegt, überhaupt nicht mithalten!

Herbe Angriffe, die aufs Selbstbild zielen, erleben die Brandenburger immer wieder. Sie haben sich daran gewöhnt. Sie kümmern sich nicht weiter drum und sind über Jahrhunderte hinweg zu ästhetischen Minimalisten geworden. Sie wissen, dass Brandenburg, nüchtern betrachtet, nichts als flaches Land ist. Sie wissen, dass von einem flachen Land gewöhnlich nicht viel erwartet wird. Es ist unsexy. Gelbgrüne Ödnis. Eine Fläche, die weniger zum Beschauen, als zum drüber Hinwegschauen geeignet ist. »So viel Horizont« ist die euphemistische Version, eine solche Landschaft zu beschreiben, ergänzt um den »weiten Himmel« oder den »offenen Blick«. Es gibt andere, weniger freundliche Versionen, in denen der Eindruck der Ödnis hervorgehoben werden soll. In ihnen ist die Rede vom *platten* Land. Während beim flachen Land die Bodenbeschaffenheit der Ebene immer noch mit gemeint sein könnte, lässt sich in der Äußerung, man fahre aufs platte Land, die Geringschätzung nicht mehr überhören. Die Brandenburger wissen das. Sie kennen die opulenten Erwartungen, die die Leute jenseits der Landesgrenzen gewöhnlich an die Natur haben. Sie wissen, dass ihre Schönheitsvorstellungen auch aus den eigenen Reihen angegriffen werden, und sie lieben ihre froschreichen Teiche und staubtrockenen Waldwege nur umso mehr. Sie begeistern sich am Kargen.

Die Begeisterung des Kurfürsten Georg Wilhelm hielt sich in Grenzen. Er gehörte zu denen, die den märkischen Teil seiner Besitztümer als *plattes* Land bezeichnet hätten. Er regierte im frühen 17. Jahrhundert. Auch sein Land wurde in die Wirren des Dreißigjährigen Krieges hineingezogen. Während die Schlachten tobten, saß er im fernen Königsberg und sah desinteressiert zu, wie seine »Streusandbüchse« verwüstet wurde. Es schien sich für ihn nicht zu lohnen, sie zu verteidigen. Vielleicht war es ihm auch zu aufwendig. Im flachen Sand- und Sumpfland der Mark gab es kein Gebirge und kein Meer, das ihm als natürlicher Schutzwall die Verteidigung erleichtert hätte. Die Dänen fielen in die Mark ein. Daraufhin zogen die Truppen des Habsburger Kaisers unter Wallensteins Führung mit vierzigtausend Mann durchs Land, um dem dänischen König die Stirn zu bieten. Auch Polen drohte mit Krieg. Georg Wilhelm zog weiterhin die Ferne vor. Er machte nur noch einen schwachen Versuch, sein Land zu retten, indem er seine Schwester vorschob. Maria Eleonora von Brandenburg wurde mit Gustav II. Adolf von Schweden vermählt, einem der mächtigsten Herrscher und bedrohlichsten Gegner jener Zeit, der versuchte, in Europa ein großes baltisches Reich zu errichten. Aber Gustav Adolf sah seine Frau nicht als Unterpfand für den Frieden. Er liebte sie. Er wollte ihr Heimatland kennenlernen, und da der Tourismus damals nur eine untergeordnete Rolle spielte, tat er das, was er gewohnt war: Er besetzte zunächst einmal sein Reiseziel. Wie er das machte, kann man sich jährlich in Wittstock beim Schwedenspektakel ansehen, einem Event, das vor allem Pyrotechnikern und Kostümbildnern aus der Region Arbeit verschafft.

Für die ausgeprägte Schwedenliebe vieler Brandenburger heute wird diese jahrzehntelange schwedische Besatzungszeit nicht ausschlaggebend gewesen sein. Auch dass schon einmal eine Botschaft aus Schweden ins Brandenburgische gedrungen war, weiß so gut wie niemand mehr. Der erste Vorstoß aus skandinavischer Richtung liegt zwanzigtausend Jahre zurück, ist aber noch an den roten Pflastersteinen alter Dorfstraßen oder an den Markgrafensteinen ablesbar, Findlinge in den Rauener Bergen bei Fürstenwalde. Diese Granitbrocken wurden in der Weichseleiszeit mit dem Inlandeis herangeschoben, das aus Schweden kam. Am südlichen Ende der Norddeutschen Tiefebene blieb das Eis stehen und furchte bei seinem Rückzug drei perfekte Urstromtäler in Brandenburgs Boden.

Ich vermute, dass die Schwedenliebe der Brandenburger auf die Gestalt von Christina, Eleonoras und Gustavs Tochter, zurückzuführen ist. Diese strahlende, für ihre Intelligenz und Unangepasstheit berühmte Königin der Schweden, die sogenannte »Pallas des Nordens«, die die Künste und die Wissenschaften förderte und ein eigenwilliges, freies Dasein führte, macht vor, was aus uns hätte werden können, hätte unsere Mutter rechtzeitig einen Schweden kennengelernt. Christina von Schweden ist zur Hälfte Brandenburgerin.

Ein so schillerndes Schicksal war jedoch, wie man weiß, den meisten unserer Vorfahren nicht beschieden. Statt um Kunst ging es allzu oft ums schiere Überleben. Während des Dreißigjährigen Krieges wurden die Bauernhöfe geplündert und gebrandschatzt. Wer nicht in der Schlacht fiel oder von Seuchen und Hungersnöten dahingerafft wurde, den pressten die durchziehenden Regimenter aus. Das Kurfürstentum wurde zwischen dem 17. und dem 18. Jahrhundert um die Hälfte seiner Bevölkerung und die Hälfte des bebauten Landes dezimiert. Die Stadt Schwedt beispielsweise wurde zweiunddreißigmal überfallen und ausgeraubt. Erst der Große Kurfürst (Friedrich Wilhelm) kam auf die Idee, dass man sich mit einem eigenen Heer der Feinde erwehren könne. Also stampfte er in Frankfurt/Oder eines aus dem ausgebluteten Boden. Aber er war noch ungeübt und geriet immer wieder an die falschen Koalitionspartner. Er war eingequetscht zwischen den im Norden und in Pommern lagernden Schweden und dem Habsburger Kaiser im Süden, während im Südwesten Ludwig XIV. darauf spekulierte, dass die flache Mark bald so endgültig plattgemacht wäre, dass sie ihm von selber zufallen würde. Der französische König mobilisierte die vom Zweiten Nordischen Krieg erschöpften Schweden, die 1674 erneut in die Mark einfielen, und marschierte selbst in Richtung Brandenburg los.

Die Märker mögen im Allgemeinen schwer in die Gänge kommen. Aber wenn sie einmal in Bewegung geraten, sind sie zähe Durchhalter. Damals kämpften sie so lange, bis der Blick zum Horizont nicht mehr von Feinden verstellt war. Unter Friedrich Wilhelms Führung überrumpelten sie die Schweden in Rathenow, schlugen sie in Fehrbellin in die Flucht, töteten die Hälfte der schwedischen Soldaten und vertrieben die andere Hälfte über das zugefrorene Kurische Haff, sodass 1697 auch in Pommern oder auf Rügen kein Schwede mehr zu sehen war. Damit hatten sie ein deutliches Zeichen gesetzt: Mit einem brandenburgischen Kurfürstentum, das eine militärische Großmacht geschlagen hatte, war zukünftig zu rechnen.

Den Schwung dieses Sieges nutzte der Sohn des Großen Kurfürsten (Friedrich III.), um sich die Krone auf das seit der Kindheit geplagte Haupt zu setzen. Mit dieser selbstbemächtigenden Geste eines körperlich eingeschränkten Menschen entstand das Königreich Preußen. Preußens Glanz, Preußens Grausamkeit und Preußens Hybris führt dieser selbst ernannte König Friedrich (nach der Krönung Friedrich I.) in einer Person schillernd vor. Hier zeigt sich, dass sich in jedem Anfang oft schon das Ende verbirgt. Von Friedrich I. hat sich nur der Mythos vom prunksüchtigen, verschwenderischen Herrscher erhalten. Auch er hatte noch keine zündende Idee, was mit so einem plattgemachten Landstrich anzufangen war. Der »schiefe Fritz« verstand aber die Pein dieser Landschaft. Er hob sie in den Stand eines Königreichs und ließ sie dann in Ruhe. Er selbst war seit der Kindheit öfter plattgemacht worden; von einem körperlich gebrechlichen Knaben war nicht viel zu erwarten. Man steckte ihn wegen seiner Verwachsung in Korsette. Man setzte ihn auf Streckbänke statt aufs Pferd. Sein Vater konnte den Schwächling nicht leiden und bevorzugte den starken, schönen, mutigen Bruder, und Elisabeth Henriette von Hessen-Kassel, die einzige Person neben seiner Mutter, die ihn der Überlieferung nach je hatte leiden können, starb vier Jahre nach der Hochzeit. Mit Sophie-Charlotte von Braunschweig-Hannover zeugte der »schiefe Fritz« allerdings den Soldatenkönig. Und leitete damit eine Entwicklung in die Wege, die der Große Kurfürst (Friedrich Wilhelm) angestoßen hatte: die Aufrüstung der ländlichen märkischen Gefilde zur militärischen Großmacht.

Man erkannte jetzt langsam, was aus diesem Flachland herauszuholen war. Man begriff, wie gut sich die sandigen Brachen als Manöver- und Schlachtfelder großer Heere eigneten, wie schnell aus kleinen Siedlungen große Garnisonen werden konnten. Man schoss, ritt und exerzierte nach Herzenslust, so viel Weite wollte erst einmal erobert sein. Und schon war die Natur nicht mehr sinnlos: sie brachte zwar nichts Nützliches hervor, konnte aber umso rücksichtsloser unter militärischen Drill gestellt werden. Der preußische Adler faltete seine Schwingen über dem Land auf, und darunter mauserte sich Preußen im 18. Jahrhundert zur Großmacht. Der Soldatenkönig vergrößerte die Armee von vierzig- auf achtzigtausend Mann. Ausschließlich aus dem Adel rekrutierte er seine Offiziere, die – da sie dem König nacheifern wollten – ihre blauen Uniformen bald auch zum Essen und Schlafen nicht mehr ablegten. Das preußische Blau überzog die Landschaft. Preußen sei nicht ein Staat mit einer Armee, befanden damalige Zeitgenossen, sondern eine Armee mit einem Staat. Garnisonsstädte wie Neuruppin oder Rheinsberg entstanden, aber auch Perleberg, Schwedt, Jüterbog, Brandenburg oder kleinere Orte wie Nauen und Beeskow nahmen im Laufe der Zeit preußische Regimenter auf. Potsdam wurde noch 1854 von Alexander von Humboldt als »öde Kasernenstadt« bezeichnet. Ließ der Soldatenkönig seine Langen Kerls im Potsdamer Lustgarten exerzieren, nutzte sein Sohn Friedrich der Große (Friedrich II.) Ackerflächen wie das Bornstedter Feld, die aufgrund der damals praktizierten Dreifelderwirtschaft gerade brachlagen, als Exerzierplätze.

Mit der Gründung des preußischen Militärstaates jedenfalls bürgerte es sich in Brandenburg ein, die schönsten Wälder, die freiesten Ebenen, die grünsten Wiesen zu nutzen, um das Handwerk des Kämpfens und Tötens zu trainieren. Sogar mir erschien es als Kind selbstverständlich, dass in einem Großteil des Waldes das Betreten verboten war und jeder Spaziergang schnell vor einem Stacheldrahtzaun endete. Ich war daran gewöhnt, bei Ausflügen aufs Land aufgehalten zu werden, weil eine Kolonne mit fünfzig Armeefahrzeugen der Nationalen Volksarmee die Landstraße versperrte. Ich fand es normal, auf holprigen Plattenwegen Fahrrad zu fahren, über die gelegentlich Panzerfahrzeuge rollten, in Kiesgruben zu baden, in die sowjetische Armisten diese Panzer gelegentlich hineinlenkten, um sie zu waschen, oder in Armeeklubs am Waldrand zur Disco zu gehen. Als kleine Kinder wurden wir darauf trainiert, den Wald nicht als Biotop, sondern als Gelände zu betrachten. Beim Geländelauf oder der Schnitzeljagd mit bunten Bändern in der Gruppe kam es nicht auf die Betrachtung seltener Vögel und Pflanzen an, sondern darauf, schneller als die Gruppe mit den andersfarbigen Bändern am Ziel zu sein oder ihren Schatz zu plündern. Als Ältere lernten wir, uns mit Karte und Kompass durch dieses mit natürlichen Hindernissen versehene Gelände namens Wald zu bewegen, was dazu führte, dass ich heute einen unbeirrbaren Orientierungssinn habe, aber keine Ahnung von Pilzen.

Was ich sagen will: An der Idee, die Natur militärisch zu nutzen, wurde mehrere Jahrhunderte lang festgehalten. Die Landschaft nahm am Ende selbst militärischen Charakter an. Der Wald stand da wie zum Appell angetreten. Hier und da gab es ein Betriebsferienlager am See. Aber auch die waren straff durchorganisiert, sodass keine romantische Naturstimmung aufkommen konnte. Heute wird die Landschaft wieder zivilisiert. Man renaturalisiert die Natur. In Brandenburg heißt das: Truppenübungsplätze zu Naturschutzgebieten! Auf dem Bornstedter Feld im Norden von Potsdam beispielsweise ließ zunächst Friedrich der Große aufmarschieren. Wilhelm IV. machte den Acker zu einem festen Exerzierplatz. Um 1900 fanden erste Versuche mit Flugapparaten statt. Im Ersten Weltkrieg war eine Jagdstaffel am Hang des Ruinenbergs stationiert, später nutzte die Sowjetarmee das Areal. Die sozialistische Bruderarmee hielt sich beim Einsatz von Sprengstoffen und Kampfgasen so wenig zurück wie später die NVA. Nachdem die giftigen Schichten im Bornstedter Feld nach der Wende abgetragen und entsorgt worden waren, konnte der ehemalige Exerzierplatz zur Bundesgartenschau 2001 in einen Landschaftspark umgestaltet werden, an dessen Rand heute vor allem ganz alte und ganz junge Menschen wegen der Nähe zur Natur gern wohnen.

In anderen Militärgebieten wie der Döberitzer Heide zwischen Potsdam und Elstal wird man bald auf Wildnissafari gehen können. Diese ausgedehnte Kiefern- und Heidelandschaft diente der preußischen Armee Kaiser Wilhelms II., Hitlers Armee und schließlich der Roten Armee als Truppenübungsplatz. Nachdem die Heinz Sielmann Stiftung dreitausendsechshundert Heide-Hektar übernommen hatte, entwickelte sie ein Naturschutz- und Naherholungsgebiet, in dem die Natur noch immer unter militärischem Schutz steht. Kein Mensch würde auf die Idee kommen, die Wanderwege zu verlassen; nicht so sehr aus Sorge um Heidekraut und Fischotter, sondern aus egoistischen Gründen: Man möchte nicht in die Luft fliegen. Vereinzelte Warnschilder genügen, um die Schar der Sonntagsausflügler von der »Wildniskernzone« fernzuhalten. Noch immer befinden sich Sprengkörper und Munition im Boden. Wisente, Wildpferde und Rotwild, die die Fertigkeit des Lesens nicht beherrschen, müssen sich auf ihre Witterung verlassen, um nicht zum ahnungslosen Kamikaze zu werden.

Was Preußen einmal begonnen hatte, wurde von den Nazis aufgegriffen. Brandenburgische Wiesen und Äcker wurden zu Flugplätzen der Luftwaffe. Landebahnen und Flugzeugshelter wurden ins Wiesenschaumkraut geknallt. Die Wälder der Uckermark oder das Neuruppiner Land erdröhnten unter den Starts und Landungen von Kampfbombern. Und die DDR machte unter veränderten Vorzeichen damit weiter. Selbst am Rand des Spreewaldes wurde ein Militärflugplatz eingerichtet. Ganze Dörfer litten unter dem anhaltenden Fluglärm der Militärmaschinen, Dörfer, die dem Staat wiederum nützlich wurden, weil man an diese lärmverstrahlten Orte renitente Staatsbürger strafversetzen konnte. Querdenker aus der ganzen Republik saßen in uckermärkischen Häusern und spürten den Kratzputz zittern. Erst nach Abwicklung der Nationalen Volksarmee legte sich über einige dieser Anlagen Stille. Mittlerweile werden sie in alternativen Reiseführern als Geheimtipps gehandelt, als versteckte Attraktionen, verborgene Zeugnisse der mörderischen Geschichte des 20. Jahrhunderts, zu denen man mit GPS-Daten geführt wird. Beim »Bombodrom«, einem Luft-Boden-Schießplatz in der Nähe von Wittstock, kämpften Anwohner und Bürgerinitiativen siebzehn Jahre darum, dass die hundertvierundvierzig Quadtratkilometer, auf denen Wehrmacht und Sowjets einst das Tieffliegen und Bombenabwerfen geübt hatten, stillgelegt wurden. Ursprünglich sollte ihn die Bundeswehr übernehmen.

Bei Spaziergängen an Seen und in Wäldern stößt man unverhofft auf Militärruinen. Da versperrt plötzlich ein Zaun den Weg. Schießstände und verfallene Mannschaftsbaracken sind im Unterholz zu erahnen. Im Wald bei Wiepersdorf, wenige Kilometer hinter dem Schloss, in dem einst Bettine von Arnim ihre Salons veranstaltete und das heute Künstler beherbergt, endet der Weg an einem Schlagbaum. Hier rottet ein Militärdorf vor sich hin. Auf einer Lichtung ragen Plattenbauten auf, vor denen eine Asphaltstraße entlangführt, die von Schlagbaum zu Schlagbaum reicht und dann plötzlich endet. Brennnesseln wachsen aus Fensterhöhlen. Von den Maschinen- oder Fahrzeughallen steht nur noch das Skelett, rostige Rohre, platte Reifen, Metallabfälle liegen herum, der Kuckuck ruft, die Blütenblätter fliegen, von den Feldern hinterm Wald riecht es süßlich nach Getreide, und sekundenlang verheddert man sich in der Frage, auf welcher Seite der Gespensterwelt man sich befindet: tot unter den Lebenden oder lebend unter Toten.

Im Kurort Bad Saarow war der Fuchsbau versteckt. Am hübschen Seeufer saß unterirdisch die Führungsstelle der Luftverteidigung der DDR. Der Bau dieses Bunkers war bereits von den Nazis mithilfe von KZ-Häftlingen aus Sachsenhausen begonnen worden und sollte die Nachrichtenzentrale der SS beherbergen.

In der Nähe des Erholungsgebietes der Märkischen Schweiz liegt siebzehn Meter unter der Erde die Atombunkeranlage Garzau, das ehemalige Rechenzentrum der NVA, die nach der Wende als Versteck heißer Stasi-Akten berühmt wurde. In Kummersdorf bei Luckenwalde versehren Betonbauten einen ganzen Wald. Birken wachsen aus Bunkeranlagen, feuerfeste Abgasrohre ragen zwischen Himmelsschlüsselchen und

Löwenzahn in den Himmel. Dieser Ort soll in ein »Museum in der Natur« umgestaltet werden, noch ist das Betreten dieses Geländes, auf dem die Geheiminstrumente der Machterhaltung zweier Diktaturen verrotten, lebensgefährlich. Waffen wie die Kanone »dicke Berta« für den Ersten Weltkrieg wurden in diesen Betonhallen getestet, im Zweiten Weltkrieg ließ das Heereswaffenamt der Nazis Triebwerke für die »Wunderwaffe« V2 testen und richtete Labore ein, in denen die Atombombe entwickelt werden sollte. Auf dem Gut Kummersdorf gab es einen kleinen Reaktor. Die Auer-Werke in Oranienburg nördlich von Berlin produzierten das benötigte Uran. Noch heute zeugt ein mit Uran verseuchtes, eingezäuntes Gelände bei Kummersdorf von den Experimenten, und im Jahr 1996 musste in Oranienburg ein Sportplatz gesperrt werden, weil die Sprunggrube verstrahlt war. Der Wald wird lange brauchen, um die Spuren zu tilgen. Der Stahlbeton ist hartnäckig, der Boden so vergiftet, dass sich so schnell kein Naturschutzgebiet aus dieser Gegend machen lässt.

Im lauschigen Wünsdorfer Kiefernwäldchen befand sich im Dritten Reich das Oberkommando des Heeres. Man baute damals Luftschutztürme, Zigarren genannt, die noch immer inmitten von Wohnvierteln aufragen. Zu Zeiten des Kalten Krieges richteten die Sowjets in Wünsdorf den strategisch wichtigsten Standort des Ostblocks in Westeuropa ein. Von hier aus planten sie den Einmarsch in die ČSSR, um den Prager Frühling 1968 niederzuschlagen. In den Achtzigerjahren traf ich mich in einer der Wünsdorfer Kasernen zum Pioniernachmittag mit jungen Komsomolzen, Kinder der stationierten Offiziere (einfache Soldaten durften keine Kinder haben, sie durften überhaupt nichts haben). Wir waren zehn Jahre alt und trugen Uniform. Sie bestand aus einer weißen Bluse und einem blauen Halstuch. Die sowjetischen Mädchen hatten eine steife Schleife im Haar. Die Jungs trugen Anzüge aus falschem Samt. Nachdem wir mehrere Schlagbäume und Pförtnerhäuschen passiert hatten, saßen wir um einen Samowar und tauschten russische Sätze vom Kampf für den Frieden aus. Später auf der Nachhausefahrt mit dem Sputnik standen die Kiefern vor den Zugfenstern stramm.

Heute hat Wünsdorf unterirdische Museen aus seinen militärischen Hinterlassenschaften gemacht und nennt sich »Stadt der Bunker«. Und weil das so deprimierend klingt, hat man ein kulturelles Gegengewicht geschaffen: Wünsdorf wurde zur »Bücherstadt« gekürt mit Antiquariaten, Buchläden und Bibliotheken.

Kleinstädte wie Wünsdorf, in denen preußische Garnisonen zu Kasernen der Deutschen Reichsarmee, der Wehrmacht und später der Roten Armee und der Nationalen Volksarmee wurden, sind keine Seltenheit. Wenn die Bundeswehr sie übernommen hat und weiterhin nutzt wie in Strausberg, hat die Stadt ein Auskommen. Ist das nicht der Fall wie in Jüterbog, wird die Stadt zur Schale um einen hohlen Kern. 1815 wurde Jüterbog preußisch. In den Folgejahren entwickelte sich das Städtchen im Fläming zu einem zentralen Militärstandort, besaß den ersten Schießplatz Deutschlands, Artillerie-Schießschulen, eine Militäreisenbahn und war zu der Zeit, als man noch mit Zeppelinen den Luftraum beherrschen wollte, einer der wichtigsten Stützpunkte der Militärluftfahrt. Die Stadt war so auf die Armee ausgerichtet, dass jede andere Entwicklung stagnierte. Als 1994 die letzten Soldaten aus Jüterbog abgezogen wurden und die umliegenden Landwirtschaftlichen Produktionsgenossenschaften eingegangen waren, hinterließen sie zehntausend Hektar Militärfläche und eine funktionslose Stadt.

Auch Perleberg in der Prignitz, einst großer Truppenstandort der sowjetischen Armee und der Grenztruppen der NVA, hat nach dem Ende seiner dreihundertjährigen Militärgeschichte noch nicht ganz in eine neue Rolle gefunden. Die Cafés und Feinkostgeschäfte werden von Menschen geführt, die vorher Mähdrescher bedient haben oder in der Verwaltung der Armee arbeiteten, die Ingenieure waren oder Facharbeiter mittlerweile ausgemusterter Berufszweige. Jetzt versuchen sie gezwungenermaßen, beim Schwenk, den die Stadt in Richtung Tourismus macht, mitzuschwenken. Sie machen dafür schon die notwendigen Bewegungen und haben die richtigen Schilder ins Schaufenster gehängt, nur mit den Inhalten kommen sie noch nicht hinterher. Im Spezialgeschäft für Kaffee, Tee und Schokolade kam der Kappu (die verunstaltende Bezeichnung für Cappuccino ist in diesem Fall verdient) aus einem jener Automaten, die alles in lauwarmes Maggiwasser verwandeln, und die heiße Schokolade war der Aufguss aus einer Fertigtüte. Beim angeblichen Italiener hätte ich nach dem Eis aus Zucker, Wasser und einem rätselhaften chemischen Gaumenkampfstoff einen ordentlichen Schuss Insulin vertragen können. Aber es ist anzunehmen, dass Perleberg über seine neue Rolle schon heftig kommuniziert. In der Fußgängerzone jedenfalls gibt es so viele Handygeschäfte, dass jeder der knapp zwölftausend Einwohner mehrere dieser Geräte besitzen muss.

In berühmten Garnisonsstädten wie Neuruppin oder Rheinsberg, die einst vom frischen Geist eines noch nicht ganz erwachsenen Kronprinzen (Friedrich II.) durchweht wurden, sieht es etwas anders aus. Nach dem Abzug der Roten Armee sind aus ihnen brandenburgische Vorzeigestädte geworden. Es gibt breite Straßen mit herrschaftlichen Häusern, großzügig angelegte Plätze und Anlegestellen am See. Rheinsberg hat ein Schloss, inspirierte Kurt Tucholsky zu einem schwebend-leichten »Bilderbuch für Verliebte« und beherbergt zum Gedenken an diesen klugen und heiteren Autor jährlich zwei Schriftsteller, die sich ihrerseits wiederum von der Stadt inspirieren lassen sollen. Neuruppin inspirierte Gustav Kühn im 19. Jahrhundert zu seinem *Neuruppiner Bilderbogen*. Und die Stadt hat Parzival. Parzival ist eine glänzende Edelstahlfigur, die über den Neuruppiner See hinweg dem Husarengeneral Joachim von Zieten in die verblichenen Augen sieht. Der General hatte am anderen Seeende in Wustrau sein Gutshaus und war das Urbild vom wehrhaften märkischen Adligen, der Hof und Land in treuer Pflichtergebenheit verlässt, um sich für Preußens Glanz und Gloria in die Schlacht zu werfen. Zur NS-Zeit war sein Anwesen dann SS-Führerquartier. Mittlerweile hat es die Richterakademie bezogen.

Parzival, so will es der Künstler, soll friedliche Zeiten heraufbeschwören, Zeiten, die Brandenburg in seiner Geschichte nicht allzu oft erlebt hat. Gelassenheit gehört in diesem Landstrich nicht gerade zur einfachsten Übung. Der Mangel an natürlichen Ressourcen scheint eher für ständige Spannungen zu sorgen, die sich nicht selten kriegerisch entladen. Neuruppin hat sich also Großes vorgenommen. Die Stadt will zu einem Flair zurückfinden, das sie in ihrer Geschichte bereits einmal hatte. Kronprinz Friedrich soll in Neuruppin eine heitere und unbeschwerte Zeit erlebt haben. Das dürfte ihm nach seiner Inhaftierung in der Festung Küstrin nicht schwergefallen sein. Auf Befehl seines Vaters hatte er in Isolationshaft gesessen und zusehen müssen, wie seinem engsten Freund und Liebling, dem weltläufigen und intelligenten Fähnrich Hans Hermann Katte, der Kopf abgeschlagen wurde. Die beiden hatten versucht, nach England zu fliehen, nachdem Friedrich den militärischen Drill und die Härte am Potsdamer Hof nicht mehr ausgehalten hatte. Wahrscheinlich hatte er auch keine Lust mehr, jeden Tag Gefahr zu laufen, mit einer Gardinenkordel vom Vater erdrosselt zu werden. Der Plan flog auf. Die Jungen wurden festgenommen. Das Todesurteil Friedrich Wilhelms galt zunächst für beide. Erst, als der Kaiser intervenierte, musste sich der Soldatenkönig etwas anderes einfallen lassen, um seinen Sohn »den Klauen des Satans« zu entreißen, womit er wohl auch dessen homoerotische Neigungen meinte. Er verlangte ihm einen Unterwerfungseid ab, der Sohn warf sich vor ihm in den Staub.

Folgsam geworden, durfte der Kronprinz in Neuruppin sein erstes Infanterieregiment befehligen. Mithilfe des Taschengeldes aus der Hand von Prinz Eugen, einem mächtigen Minister am Kaiserhof, widmete er sich aber vor allem der Kunst und den Wissenschaften. Friedrich finanzierte musikalische und literarische Salons, richtete sich eine umfangreiche Bibliothek ein, kam einem anderen schönen jungen Mann namens Fredersdorf näher und sorgte dafür, dass Preußen heute nicht ausschließlich mit Drill, sondern auch mit Aufgeklärtheit assoziiert wird, mit gutem Geschmack und dem friderizianischen Rokoko, mit der Gesetzgebung eines modernen Staates und mit fortschrittlichen Ideen von einem zivilen Zusammenleben.

Zur letzten Jahrtausendwende fand die sogenannte XY-Bande, dass jetzt lange genug zivil zusammengelebt worden sei. Die Kleinstadtgangster kurvten mit noblen Karossen übers Kopfsteinpflaster Neuruppins und versorgten Landtagsabgeordnete, Bürgermeister, die Polizei und Vorstandsvorsitzende wichtigster Unternehmen mit Kokain und osteuropäischen Frauen. Wer etwas dagegen hatte, wurde bestochen, und wer dennoch nicht vom preußischen Ethos abzubringen war, wurde erpresst. Als der Anführer, ein junger Draufgänger, der vom Nachtklubbesitzer zum Stadtverordneten der CDU aufgestiegen war, verhaftet wurde, hatte die Stadt längst den Beinamen »Märkisches Palermo« bekommen – kürzer auch »Korruppin« – und dafür gesorgt, dass der »wilde Osten« der Nachwendezeit nicht leeres Gerede blieb. Theodor Fontane, gebürtiger Neuruppiner, hätte sich gefreut. Er hatte der Stadt schon einmal bescheinigt, dass sie sich einen Rock geschneidert habe, der ihr zu groß sei.

Bei meinen ersten Besuchen erschien mir die Stadt eng und dunkel, geprägt von Verfall, der nach der Wende alles im Land gleichmachte. Später tauchte die Schönheit der frühklassizistischen Häuser unter der Trostlosigkeit auf. Das Up-Hus-Idyll, eines der originellsten Hotels in Brandenburg, war zu Wendezeiten eine Ruine. Die heutigen Eigentümer steckten ihre zehntausend gesparten Ostmark risikofreudig in das alte Gebäude. Heute schläft man zwischen kunstvoll sanierten

Wänden in alten Truhenbetten. Konzerte finden in der dazugehörigen Kapelle statt, im Restaurant loben Gäste aus ganz Deutschland die Speisekarte. Und im nahe gelegenen Weinhaus an einem von alten Bäumen umstandenen Platz fühlte ich mich so französisch, dass ich mit dem frankophilen Kronprinzen leicht hätte parlieren können.

Auch die Landeshauptstadt Potsdam hat sich den Dorn des Militärs so gut wie ausgerissen. Aus den Kasernen in der Innenstadt, in ehemaligen Sperrgebieten der Nauener Vorstadt und Neubabelsberg sind originelle Wohnungen, teure Lofts und Verwaltungsgebäude geworden, oder sie werden von der Fachhochschule genutzt. Der rote Stern ist abgekratzt, der Stacheldraht wurde entsorgt, die Truppen der Roten Armee, die ein Drittel Potsdams besetzt hielten, sind längst abgezogen. Die ehemals verbotene Stadt, in der der KGB bis in die Sechzigerjahre ein gefürchtetes Gefängnis eingerichtet hatte, in dem auch Hinrichtungen stattfanden, ist mittlerweile ein begehrtes Villenviertel. Aus dem Untersuchungsgefängnis der Stasi mitten in der Fußgängerzone wurde eine Gedenkstätte. Rund um Potsdam liegen Parks und Naturschutzgebiete. Nur in Geltow bei Potsdam, aufdringlichen Blicken entzogen, ist das Einsatzführungskommando der Bundeswehr stationiert. Von hier aus werden die Auslandseinsätze koordiniert und kommandiert wie ISAF, EUFOR, KAFOR und die deutschen Beteiligungen an Missionen der UN.

Großer Stolz und kleine Städte

Die Welt ist eine Platte, die sich im Kreise dreht. /
Mit Melodien aus Watte, wohl dem, der sie versteht.
(Blogger Ben im Eisenhüttenstadt-Blog)

Als Kosmonaut Sigmund Jähn aus seiner Raumkapsel runterguckte, auf der Suche nach Marxwalde im Märkisch-Oderland, wo seine Kumpels vom Jagdfliegergeschwader zu ihm hochguckten, musste er nicht lange suchen. Das Örtchen lag etwas rechts in einem großen Fleck. Aus dem Fleck ragten Kühe, Scheunen und die Türmchen von Feldsteinkirchen heraus. Keine Stadt weit und breit. Und so ist es noch immer: Brandenburg ist eine Überdosis Dorf. Und schlimmer: Es gab eine Zeit, da hielt man hier schon eine Ansammlung von vier Häusern für nicht weniger als eine Gottesgabe, wie das gleichnamige Dorf, bestehend aus vier Häusern, in der Nähe von Neuhardenberg beweist.

Man kann sich vorstellen, wie verzweifelt jene Siedler aus Osteuropa gewesen sein müssen, die von Amerika träumten, aber nur bis ins Märkische kamen. Wenigstens ihre Sehnsucht wollten sie behalten, weshalb sie ihre Siedlung Neu Boston nannten. Der Mitarbeiter eines Zeitungsladens in Potsdam, bekanntermaßen eine Stadt, sagte neulich, er gehe in der Mittagspause seine Schweine und Ziegen füttern. Sein Bauernhof liege nur fünfzehn Minuten entfernt. Sie sehen: Wohin der Blick sich auch wendet, ein Dorf.

Sollte unter den Dörfern doch mal eine Kleinstadt sein, fällt sie nicht auf, weil sie entweder vor Kurzem noch ein Dorf war oder weil das Ländliche weit in die Kleinstadt hineinragt, oder weil es etwas gibt, das Dörfer und Kleinstädte gemeinsam haben: die Platte. In der Kleinstadt fügt sich die Platte harmonisch ins Innenstadtleben. Auf dem Dorf steht sie meistens am Rand. Egal, ob es hübsche Anger- oder hässliche Straßendörfer sind; Sie können einen Test machen. Wie viele brandenburgische Dörfer kommen ohne einen Plattenbau aus? Sie werden überrascht sein, wie lange Sie suchen müssen. Und wenn Sie doch ein Dorf erwischen, in dem am Dorfausgang keine Platte steht, wird es Ihnen vorkommen wie eine Lücke. Keine ausgebrannten Fensterhöhlen im Fertigbeton, kein von Brennnesseln überwucherter Wäscheplatz, noch nicht einmal ein Fünfgeschosser mit getünchter Fassade, der noch in Benutzung ist, wie man an den Männern mit gelbgerauchtem Grauhaar sieht, die im sportlichen Unterhemd und Latschen auf einer Bank davor sitzen. Sollte es das geben, ein Dorf, an dem der Sozialismus spurlos vorüberging? Ich wette, in diesem Fall werden Sie spätestens, wenn Sie aus diesem Dorf wieder herausfahren, doch noch auf Überbleibsel stoßen. Die lang gestreckten Flachbauten der Massentierhaltung der LPG mit ihren bunkerartigen Silos und Melkanlagen finden sich häufig in direkter Nachbarschaft der Dörfer. Diese Kuhkerker stehen entweder leer und verrotten oder wurden zu Gipsfabriken, Biogasanlagen oder Kieslagerstätten umgerüstet. Befinden sie sich in der Uckermark, könnte es sein, dass ein niederländischer oder dänischer Agrarbetrieb sie aufgekauft hat, um darin Rinder- und Schweinezucht zu betreiben.

Eine Großstadt gibt es in Brandenburg nicht. Es gibt ein paar Städte, die es gern wären. Und es gibt ein paar Städte, die im Mittelalter eine Großstadt waren. Man braucht aber nur ein paar ganz grobe Kriterien anzulegen, um zu sehen, wie weit wir Brandenburger von allem Großstädtischen entfernt sind. Wo beispielsweise gibt es rund um die Uhr geöffnete Geschäfte? Exquisite Restaurants? Ein solides Bürgertum, das sich diese Restaurants leisten könnte? – Brandenburg hatte nie die Gelegenheit, flächendeckend ein Bürgertum auszubilden. Es ist ein Bauern-, Tagelöhner- und Handwerkerland. Dann wurde es für eine Weile ein Arbeiterland. Und jetzt ist es häufig ein Hartz IV-Land. – Und weiter: Wo gibt es Straßen, die auch am Sonntag oder zu Weihnachten belebt sind? Eine bunte Mischung verschiedener Kulturen? Nachtleben, das in den Tag hinein lebt, Nachbarn, die sich in der Nachtbar kennenlernen und dann nie wiedersehen. Nachthimmel, den man niemals sieht. Eben all das, weshalb es sich lohnt, mit Millionen anderer Leute auf engstem Raum, im Schmelztiegel, im Moloch, im brodelnden Kessel der Großstadt zusammenzuleben.

Schon an so anspruchslosen Kriterien scheitern selbst die Landeshauptstädter. Erst neulich stand ich wieder ratlos vor dem Italiener in meinem Viertel. Es war sieben Uhr abends, und er hatte geschlossen. Dann fiel mir ein, dass Montag war. Ruhetag. In welcher Großstadt hat ein italienisches Restaurant abends um sieben Ruhetag? Dort dürften sie äußerst überrascht sein, dass es tatsächlich noch Gegenden gibt, in denen die Wochentage nicht abgeschafft sind. In Potsdam weiß jeder, wann Montag ist. Da ist plötzlich wieder Lärm auf der Straße. Da steht man wieder im Stau auf der Humboldtbrücke. Beim Bäcker gibt es das gute Vollkornbrot erst nachmittags. Lokale sind geschlossen. Es regt sich das lähmende Gefühl einer neuen langen Arbeitswoche. Nicht, dass am Ende dieser Woche das intensive Gefühl für den Wochentag verschwinden würde, es wird nur anders. Am Freitag ist die fies herankriechende Stille des Samstags bereits überall zu spüren. Und da sich am Sonntag die Bewohner geschlossen an eines ihrer vielen Seeufer oder zum heimischen Sonntagsbraten begeben (Biofleisch), ist auf der Straße kein Mensch. Niemand außer deprimierenden Busladungen voller Touristen. Wie neidisch bin ich jedes Mal, wenn ich in Dresden bin. Oder Düsseldorf. Oder München. Das sind auch Landeshauptstädte! Aber solche, die die Vorsilbe Groß- vor der Stadt mit Stolz tragen. Im Fall von Potsdam gibt es allerdings eine Entschuldigung. Die Stadt hat es schwer. Sie ist Hauptstadt eines Bundeslandes, das mittendrin ein Loch hat. Es zieht hier gewissermaßen durch die Mitte. Wenn Sie sich eine Landkarte ansehen, werden Sie feststellen, dass es dort, wo gewöhnlich das Zentrum eines Landes liegt, nur einen andersfarbigen Fleck gibt. Dieser Fleck heißt Berlin. (Um sich an dieser ungewohnten Zugluft, die aus dem Loch in der Mitte pfeift, nicht zu erkälten, bekamen die Beamten aus Nordrhein-Westfalen, die nach der Wende Brandenburgische Ministerien besetzten, gleich eine sogenannte »Erschwerniszulage« gegen Erkältung …) Potsdam klammert sich verzweifelt an den Rand dieses Lochs. Weil man fürchtet, mit der Weltstadt nebenan sowieso nicht mithalten zu können, wird der Versuch gar nicht erst gewagt. Man duckt sich aus Furcht und nennt es Bescheidenheit. »Ist ja nur Potsdam« ist die Generalantwort auf alle Kritik, die man am gemächlichen Nachtleben, am dürftigen Kursangebot des Fitnessstudios, mäßigen Theaterinszenierungen oder an der Qualität von Restaurants vorzubringen hätte. »Ist ja nur Potsdam.« Begütigend. Entschuldigend. Beschwichtigend.

Im Mittelalter sah die Lage anders aus. Berlin war ein Nichts. Blanke Leere. Brandenburg dagegen hatte jede Menge Großstädte. Oder doch zumindest vier. Die Kriterien mögen andere gewesen sein. Man erkannte eine Großstadt beispielsweise an ihren Kirchen, dem Stadtrecht, ihrer Nutzung als Bischofs- oder Markgrafensitz und daran, dass das Vieh nicht mehr wild durch die Straßen tobte. Brandenburg an der Havel konnte mit seinen Kirchen und dem Dom diese Kriterien locker erfüllen. Es hatte außerdem den Roland, das ritterliche Sinnbild der Stadtrechte, der dafür einstand, dass es eine selbstständige, wohlhabende Stadt mit eigener Gerichtsbarkeit war. Auch Perleberg hatte einen Roland, war einmal das wirtschaftliche Zentrum der Prignitz, eine der reichsten Städte der Mark Brandenburg und wie Frankfurt/Oder im 15. Jahrhundert Mitglied der Hanse. Frankfurt/Oder lag an einer wichtigen Fernhandelsstraße und hatte Anfang des 16. Jahrhunderts bereits eine Universität, an der neunhundertfünfzig Akademiker lehrten, mehr als damals an jeder anderen deutschen Universität, unter ihnen Ulrich van Hutten, und dem Vieh wurde das freie Herumlaufen untersagt. Wittstock an der Dosse hatte eine Burg, auf der die Havelberger Bischöfe wohnten. Heute wird in Wittstock an der Dosse jährlich die Rosenkönigin gewählt. Perleberg hat noch immer das schönste Wappen des nördlichen Brandenburgs, ein achtstrahliger goldener Stern von Perlen umkränzt, und die Stepenitz, die durch die Innenstadt fließt.

Rosen. Sterne. Die Stepenitz. Sie sehen, wie schnell das Ländliche sich wieder breitmacht. Brandenburg an der Havel wäre gern eine Großstadt. Und Frankfurt/Oder? Frankfurt/Oder machte seine Universität als »Europa-Universität Viadrina« wieder auf, mit einer Rektorin, die beinahe Bundespräsidentin geworden wäre. Aber eben nur beinahe.

Der ewige Vorposten

Schreibe mir nur ein Wort, … und ich führe Dich hierher, ins irdische Paradies, denn ich versichere Dir, es ist ein Paradies.
(Königin Luise an Friedrich Wilhelm III. beim Versuch, ihn zur Rückkehr nach Potsdam zu bewegen)

Meine früheste Erinnerung an Potsdam ist eine endlose staubige Allee. Ich laufe mit weißen Kniestrümpfen und in Sandalen diese Allee entlang, sie ist flankiert von flachnasigen Figuren mit Grünspan, denen halbe Arme, die Beine oder der Kopf fehlen, und sie nimmt kein Ende. Ich stecke in einem Tunnel aus Grün, keine Rettung, keine Abwechslung links oder rechts. Vom östlichen Eingang des Parks scheint das andere Ende Lichtjahre entfernt; so weit wie das Leben der Erwachsenen.

Es war ein Sommersonntag meiner Kindheit, und dieses endlose Laufen nannte sich Spaziergang im Park Sanssouci. Wir spazierten vom Obelisken bis zum Neuen Palais, das sind gute zwei Kilometer. Potsdam war eine Spazierstadt. Eine Sonntagsstadt. Eine Stadt auf Postkarten. Ich fuhr mit meinen Eltern zu Ausflügen dorthin. Es gab eine Softeisbude und Straßenbahnen. Sie kreischten auf rostigen Rädern durch die Straßen. Im Gegensatz zur schnurgeraden Allee waren die Gleise labyrinthisch verschlungen. Sie verbanden den windigen Platz der Nationen (heute Luisenplatz) mit einem Ort, der sich Schlaatz nannte, was mir wie die verzerrte Form eines Koseworts erschien. Mein liebster Schlaatz ... – so, stellte ich mir vor, begannen hier die Liebesbriefe.

Die Softeisbude und die Straßenbahnen gibt es heute, da ich in Potsdam lebe, noch immer. Die Straßenbahnen sind leiser geworden, die Werbung fürs Softeis greller, und ich wohne nicht einmal in der Nähe von Sanssouci. Ich wohne in einem der vielen Viertel und Vororte, die sich im Laufe der Jahrhunderte zu einer Stadt zusammengefügt haben. Das älteste Viertel ist auch der größte und der abspenstigste Stadtteil von Potsdam. Babelsberg war zu DDR-Zeiten eine Oppositionellenhochburg. In Babelsberg wohnten Künstler und Politrebellen, denen der Grad ihres Protests gegen den herrschenden Sozialismus an der Länge ihrer Bärte abzulesen war. (Bei den Frauen war der Protest ähnlich groß, nur weniger leicht ablesbar.) Babelsberg brachte in die mit ihren vielen Institutionen der sozialistischen Staatsführung ziemlich »rote Stadt« Potsdam ein spielerisch-anarchistisches Element ein. Das Anarchistische ist nach der Wende verschwunden, das Spielerische dagegen hat sich verstärkt.

Potsdamer Spiele

Das Stadtviertel Babelsberg teilt sich wiederum in zwei Unterstadtviertel. Da ist einmal das Viertel, in dem normale Menschen wohnen. Und dann gibt es die Film- oder auch Medienstadt. Die Medienstadt ist eigentlich keine richtige Stadt, sondern eine auf dem Reißbrett angelegte Siedlung mit einem eigenen Bahnhof. Hier trifft sich die Crème de la Crème der Schauspielkunst seit der Stummfilmzeit. Die Stummfilmstars drehten ursprünglich in Berlin. Aber als die Berliner Vermieter befürchteten, die Filmkünstler könnten mit ihren heiß laufenden Scheinwerfern die Berliner Dachstühle abbrennen, mussten sich die Pioniere des Genres eine neue Heimat suchen. Sie fanden sie in Babelsberg und gründeten das heute älteste Großatelier-Filmstudio der Welt, das sich mit Filmen wie »Metropolis« und »Der blaue Engel« einen Namen machte. Die DEFA drehte hier berühmte Filme wie »Die Geschichte vom kleinen Muck« oder »Solo Sunny«. Und wenn Hollywood nicht aufpasst, läuft dieser Teil von Babelsberg mit seiner Dichte auftretender Stars und Sternchen Beverly Hills bald als Babels Hills den Rang ab. Mittlerweile werden in den hiesigen Studios große Hollywoodproduktionen wie die »Die Bourne Verschwörung«, »Inglourious Basterds« oder »Der Vorleser« gedreht. Wenn die Kulissen auf dem eigenen Studiogelände nicht ausreichen, verlegt man die Dreharbeiten auch gern ins Land hinein, was von Fördermitteln des Landes Brandenburg großzügig unterstützt wird. Die Filmcrew um Kate Winslet beispielsweise war in Ludwigsfelde und Luckau unterwegs. Und Brad Pitt lief für Tarantinos Posse über den Zweiten Weltkrieg durch die Altstadtgassen von Nauen. Im Tolstoi-Film »Ein russischer Sommer« ließ man Brandenburgs nördliche Mischwälder als russischen Wald auftreten, in den sich Helen Mirren unsterblich verliebt haben soll.

Wie das geht mit der Schauspielerei kann man im Filmpark, einem cinematografischen Lehr- und Vergnügungspark direkt neben den Filmstudios, in echten Kulissen selbst ausprobieren. Und wer sich dabei besonders geschickt anstellt, bewirbt sich am besten gleich bei der Hochschule für Film und Fernsehen »Konrad Wolf« oder beim Rundfunk Berlin-Brandenburg, die beide ebenfalls auf dem Gelände der Medienstadt ansässig sind. Der rbb wurde von einem Radiomoderator aus Köln übrigens als »entspannteste Rundfunkanstalt Deutschlands« bezeichnet. Hier könne man sogar das Haustier mit zur Arbeit bringen und in der Mittagspause spazieren führen.

Im Babelsberger Stadion wird auch gespielt. Nur die Art des Spiels unterscheidet sich. Die erfolgreichste Brandenburger Fußballmannschaft, Turbine Potsdam, Champions League-Sieger von 2010 und drei Mal hintereinander deutscher Meister, trainiert zwar im ehemaligen Luftschiffhafen und heutigen Olympia-Stützpunkt Potsdam; im Babelsberger Karl-Liebknecht-Stadion werden allerdings die Heimspiele ausgetragen.

Potsdamer Querelen

Babelsberg liegt auf der anderen Seite der Havel. Und da beginnt das Problem. Das Zentrum von Potsdam und die begehrten Wohnviertel der Innenstadt, die nur dem Namen nach noch Vorstädte sind wie die Brandenburger, Jäger, Nauener und die Berliner Vorstadt, liegen westlich des Flusses. Babelsberg und ein paar unwesentliche Satellitenviertel wie Waldstadt und Siedlung Nuthestrand östlich. Und wie man das aus anderen Städten wie Köln oder Frankfurt/Main kennt, wird die jeweils andere Flussseite schief angesehen. Das äußert sich in gemeinen Vorurteilen und übler Nachrede auf beiden Seiten, die natürlich kein Außenstehender versteht, weshalb es müßig ist, sie hier im Einzelnen auszubreiten. Nur so viel: In Babelsberg gibt es wenig Touristen, und darauf sind die Bewohner des Holländerviertels in der Innenstadt oder die Anwohner rund um Sanssouci neidisch. Wenn sie auf die Straße gehen, kommen sie sich vor, als wären sie in Bayreuth, Hamburg, Stuttgart oder Tokio, was dazu führt, dass ihr gemütliches Heimatgefühl ständig bedroht wird. Im Babelsberger Wohnviertel wiederum ist man neidisch auf den Hauch der großen weiten Welt, der zumindest tagsüber durch Potsdam weht. Die meisten Häuser in Babelsberg-City sind klein und geduckt. Sie waren einmal von armen böhmischen Webern bewohnt, die Friedrich der Große in der Kolonie Nowawes angesiedelt hatte. Wer später als neun Uhr abends unterwegs ist, hat das Gefühl, auf dem Land zu sein. Der würzige Geruch nach Erde liegt in der Luft, auf der Straße kein Mensch, das Lachen der Gäste in der S-Bahn-Kneipe schallt klar durch die Abendstille. Im beleuchteten Schriftzug des Friseursalons flackert eine Neonröhre. Die internationale Filmwelt fährt hier höchstens durch; in der geschlossenen Limousine auf dem Weg zum Flughafen.

Das Fehlen der großen weiten Welt würde natürlich in Babelsberg niemand zugeben. Deshalb wird gern das Babelsberger Schloss erwähnt. Es ist im englischen Windsorstil erbaut worden. Die Türmchen ragen weit über die Baumkronen des Parks hinaus und künden von der Weltläufigkeit der Erbauer (der preußische Chefarchitekt Karl Friedrich Schinkel und der weniger bekannte Johann Heinrich Strack). Ebenso häufig wird die Nähe zur Glienicker Brücke ins Gespräch gebracht. Sie überspannt die Havel zwischen Tiefem See und Jungfernsee. Die Glienicker Brücke rückt Potsdam ins Zentrum der Welt – zumindest der Welt des Kalten Krieges –, und auf den Babelsberger Park wirft sie ihren leuchtenden Schatten. Der Schatten ist heute in zwei verschiedenen Grüntönen gehalten; die frühere Ostseite ist in hellem, die frühere Westseite der Brücke in dunklem Grün gestrichen. Dort, wo heute nur zwei Farbschattierungen aufeinandertreffen, begegneten sich vor nicht allzu langer Zeit noch zwei verfeindete Systeme und zwar in Form von Agenten, die jeweils aus der falschen Richtung kamen. Der westliche Agent kam von Osten, der östliche Agent von Westen, und um das verkehrte Verhältnis wieder richtigzustellen, wurden sie gegeneinander ausgetauscht. Der Westagent verschwand in Richtung Kapitalismus, der gleich hinter der Brücke mit dem Grunewald begann, der östliche in Richtung Sozialismus, der nicht so schnell begann, sondern von Stacheldrahtzäunen, Mauern und Selbstschussanlagen geschützt war. Aus diesen mörderischen Bauwerken sind heute teure Villenstraßen geworden. Sogar die hässliche Betonbude der Grenzposten, die nach der Wende ein Treffpunkt für Freunde von Easy-Rider-Motorrädern, Drag Bikes und Bobbern war, ist mittlerweile ein schickes Café. Eine solche Verwandlung fand auch in anderen Vierteln statt. Überall dort, wo sich die ranghohe Nomenklatura des Kalten Krieges am stärksten ausgebreitet hatte, wohnen jetzt die Leute mit den teuersten Ansprüchen. Das zeigt, dass sich die Macher der Gesellschaft immer die schönsten Orte aussuchen, aber nicht alle darin zu leben wissen.

Potsdamer Wasser

Ich hatte schon in meiner Geburtstadt leben wollen, als ich noch hier studierte. Aber das gelang mir nicht, da der Wohnraum in Potsdam auch damals bereits begehrt und demzufolge teuer war. Das liegt daran, dass Potsdam eine lichte, funkelnde Schönheit ist: wie ein goldener Krebs liegt die Stadt mit ausgestreckten Schalen im Wasser und lässt sich von Havel und Seen umspülen. Nie muss man weit laufen, um an ein Ufer zu gelangen. Die Potsdamer können sich unzähliger Gewässer erfreuen, deren Namen ich auch nach sechs Jahren Stadtbürgerschaft noch immer durcheinanderbringe, da das Wasser im Wesentlichen überall gleich aussieht. Baden kann man auf jeden Fall im Heiligen See, im Tiefen See, im Griebnitzsee, im Jungfernsee, im Templiner See, in der Neustädter Havelbucht, aber nicht im Stadtgraben. Der Stadtgraben wurde nach der Wende alten, royalen Plänen entsprechend zur Zierde barocker Straßenzüge wieder ausgebuddelt und geflutet. Hier finden einmal im Jahr Kanurennen mit olympischer Besetzung statt. Auch im schilfumgürteten Bornstedter See badet niemand. Dieser See, in dem sich das Krongut Bornstedt so strahlend verdoppelt, dient als Spiegel eines italienischen Lebensgefühls, das man in Potsdam dank des Italienliebhabers Wilhelm IV. so leicht und ebenfalls an fast jeder Straßenecke haben kann. Da flirrt das Licht mit südländischer Milde über die Plätze, flackert durch luftiges Blattwerk auf sandigen Mauern, spiegelt sich silbrig im Wasser und fängt sich schließlich in der grünen Kuppel am Markt, um gegen Abend die Menschen in den Cafés der Innenstadt zwischen Traum und Wirklichkeit in einem goldenen Rot zu versenken. Es dauerte allerdings lange, ehe ein gutes italienisches Restaurant in der Landeshauptstadt eröffnete. Und zu meinem Leidwesen siedelte sich der erste gute »Italiener« westlich der Havel an. Östlicherseits in Babelsberg gab es lange Zeit nur die »Zillestube«, die Pasta und Pizza anbietet.

Auf der Nuthe würde ich wegen des schlammigen Wassers und der Entengrütze eher paddeln als darin zu baden, und im großen Hochbecken auf dem Ruinenberg ist eine Abkühlung ebenfalls nicht empfehlenswert. Dieses von Fliegen- und Mückengespinst besprenkelte Reservoir wurde von Friedrich dem Großen für die Wasserspiele in Sanssouci angelegt, die aber nicht so recht funktionierten. Deshalb gab man dem Reservoir zur Zierde eine Mauer im Stil der griechischen Antike bei. Schief stehen die drei Säulen auf dem Berg gegenüber dem Schloss »Ohne Sorgen« und erinnern an die Vergänglichkeit.

Der heimlichste See ist der Aradosee. Ich kenne ihn nur vom Hörensagen. Sein Name klingt für mich nach einem Schweizer Gebirgssee, der sich nach Potsdam verirrt hat, leitet sich aber – wenig idyllisch – von einem Rüstungsbetrieb aus dem Zweiten Weltkrieg her. Der See soll von vier Schildkröten bewohnt sein. Aber vielleicht sind diese Panzertierchen den Mitarbeitern der größten brandenburgischen Zeitung, der *Märkischen Allgemeinen*, auch nur in Halluzinationen erschienen, während sie tagein tagaus vom Arbeitsplatz auf die etwas schmutzige Wasseroberfläche starrten. Die *Märkische Allgemeine* heißt nicht umsonst im Volksmund »die Merkwürdige«. Ich kannte sie noch unter der Bezeichnung »die Meckerstimme«, aber seit sie offiziell nicht mehr *Märkische Volksstimme* heißt und erst zur *FAZ* und jetzt zur Mediengruppe Madsack gehört, hat auch Volkes Stimme die Zielrichtung des Spotts verändert.

Potsdamer Schiffe

Was redet sie so viel vom Wasser, werden Sie denken. Potsdam ist doch für seine Schlösser bekannt! Sie haben recht. Aber eine der schönsten Arten, sich der Stadt der Schlösser und Gärten zu nähern, ist vom Wasser aus. Nur so kommen Sie in den Genuss, die herrlichsten Villen zu sehen. Von der Landseite aus sind sie verborgen. Sie sind durch Hecken und Tore vor fremden Blicken geschützt. Am Griebnitzsee verbarrikadierten die Bewohner der prächtigen Jugendstilvillen sogar den öffentlichen Fußweg am Ufer, um ungestört zu sein. Der freie Blick übers Wasser lässt sich nicht versperren. Das Potsdamer Theater – eine Bonsai-Version der Oper in Sydney in der roten Farbe Brandenburgs – ist ebenfalls nur vom Wasser aus schön. Das Dach schwingt sich hoch auf über dem Tiefen See. Wer das »Erlebnisquartier« in der Schiffbauergasse dagegen von der Landseite aus betritt, könnte das Theater mit einem Bürohaus verwechseln. Und schließlich können Sie per Boot auch die Sand- und Strandbars ansteuern und unter kleinen Zitronenbäumen einen Caipi trinken.

Fürs Laufen haben Sie noch genügend Gelegenheiten; die Sehenswürdigkeiten befinden sich meistens in Parks, vor denen die Straßenbahnen in gebührendem Abstand halten. Ich würde mir zunächst ein Kanu ausleihen. Unzählige Marinas bieten nicht nur Liegeplätze für Motorboote und Segeljachten, sondern vermieten auch Kajaks und Kanadier. Für Nostalgiker gibt es Tretboote und Ruderboote, mit denen man beispielsweise um die Freundschaftsinsel rudern kann. Für Leute, die es eilig haben, wurde das Wassertaxi erfunden. Diese schnellen gelben Passagierboote verbinden Schloss Babelsberg mit dem Theater und den Neuen Garten mit der Sacrower Heilandskirche. Auf den Fahrgastschiffen »Gustav« oder »Fridericus Rex« bekommt man zum Sightseeing etwas zu essen und wird von Live-Bands in die Stimmung der goldenen Zwanzigerjahre versetzt, als die Ausflüge ins Berliner Umland noch mit Eleganz und großen Hüten verbunden waren. Manchmal gleitet lautlos ein gelbes, lang gestrecktes Schiff vorbei. Es hat bodentiefe Fenster, kristallene Lüster auf den Tischen und Ähnlichkeit mit einem Tiefkühlfach. Das ist die »Sanssouci«. Sie nimmt sich der begüterten Reisenden an. Im Schutz getönter Scheiben werden Menüs gereicht, die – da bin ich sicher – Voltaire, Bijou oder de la Motte Fouqué – heißen. Treibender Trommelschlag über der Havel kündigt ein Drachenboot mit einer Gruppe Jugendlicher oder eine Gruppe Manager an. Sie benutzen die Wasserstraße nicht zum Sightseeing. Sie trainieren den Teamgeist. Ein Einpeitscher im Bug gibt den Takt des Paddelschlags vor, dem sie keuchend gehorchen.

Das eigentlich Aufregende sind die Flöße. Mit »Huckleberry« fing alles an. Eines Tages waren sie da: schwimmende Plateaus aus zusammengenagelten Holzplanken, auf denen ein Häuschen steht, das aussieht wie eine Kombination aus Zelt und großer Trockentoilette. Auf dem Dach lagern Kinder, während sich das Gefährt, von Papa gesteuert, langsam durch die Seen frisst. »Huckleberry« steht für Abenteuer. Mit »Huckleberry« kommt man zwar nicht weit, weil der Motor zu schwach ist. Aber man benötigt keinen Bootsführerschein, um sich am Steuerrad als Kapitän zu fühlen und vor Biergärten und Stränden zu kreuzen. Und man kann auf dem Floß übernachten. Ausklappbare Sitzbänke im Zelthaus lassen sich zu harten Schlafstätten umfunktionieren. Wen stört jedoch die harte Unterlage, wenn im Dämmerlicht des Sees die Sonne versinkt und aus dem Schilf die Sterne in die blaue Nacht aufsteigen, wenn einem – allein in der Bucht vor Anker liegend – die Größe des Daseins aufgeht, wenn Wellen an die Ausläufer der Träume plätschern und man im blassroten Morgenlicht erwacht, weil ein Schwan den Kopf über die Reling steckt?

Mittlerweile ist das Flößen Kult. »Huckleberry« hat Konkurrenz bekommen. Es gibt eine komfortablere Version mit kleinen Holzsitzen und Tisch auf dem Vorderdeck. Coole Kids holen sich die Blechhaus-Variante. Und After-work-Partys finden ebenfalls gern in schwimmenden Klubs statt; auf Flößen mit Bar an Bord, groß genug für die gesamte Belegschaft.

Es kann allerdings vorkommen, dass sich einer in seiner Begeisterung fürs Nasse ein wenig verschätzt. Ich kenne einen Segler, der sich beim Anblick der Potsdamer Gewässer das beste Segelboot kaufte, das zu haben war, das schnellste und schönste, das mit dem elegantesten Mast und dem schlanksten und längsten Schwert. Leider sind die Potsdamer Seen nicht die Riviera, wie der stolze Besitzer des Bootes schon beim ersten Törn feststellte. Sein Mast ist für die Brücken zu hoch, sein Schwert für die Untiefen der Buchten zu lang, weshalb er noch immer auf einem einzigen See im Kreis segelt, ohne je vor Anker zu gehen.

Kleiner Tipp: Vermeiden Sie am Ende des Sommers das Baden. An manchen Tagen sind die Potsdamer Gewässer voll wie die Autobahn. Viele dieser im Stau stehenden Boote verklappen ihr Abwasser direkt in die Seen, und wer auf dem Floß mal muss, hängt sich mit herabgelassenen Hosen über die Reling…

Potsdamer Freude

Wie das Wasser, so lieben die Potsdamer ihre Schlösser, Tempel und Teehäuschen. Das ist das Schöne an dieser Stadt: Wer hier wohnt, ist immer zugleich im Urlaub. Während die einen zum Ausspannen das Boot vorziehen, möchten die anderen Kultur. Und in Potsdam hat gibt es nicht nur eine. In Potsdam kann man binnen weniger Minuten von einer Kultur in eine andere gelangen: Vom golden funkelnden chinesischen Teehaus zum bunten Drachenhaus der Chinoiserie, von einer Orangerie im Stil der italienischen Renaissance zu antikisierenden römischen Bädern und Thermen, von einer dreischiffigen, romanischen Säulenbasilika zu einem Stadttor im Stil englischer Neogotik, von holländischen Backsteinhäusern zum Dampfmaschinenhaus im Stil einer maurischen Moschee und von dort weiter zum Dampfmaschinenhaus im Stil eines normannischen Schlösschens. Die größte Anziehungskraft hat das Schloss in stilistischer Spielart des französischen Rokokos. Fest steht: Jedes dieser Bauwerke spricht für die große Freude, die schon Friedrich Wilhelm I., vor allem aber Friedrich II. und später Wilhelm IV. an Architekturpiraterie hatten. Alle diese Gebäude ahmen den Baustil einer anderen als ihrer eigenen Zeit in einem anderen Weltteil nach. Die Sehnsucht nach Weltläufigkeit hat in Potsdam eben Tradition.

Als der Soldatenkönig beschloss, sich in Potsdam niederzulassen, ließ er seinem Faible für die Niederlande freien Lauf. Als sein Sohn Friedrich der Große die dürftigen Anlagen des Vaters zu einer verspielten Residenzstadt ausbauen, Sanssouci als Vergnügungsschloss errichten und die kargen Bürgerhäuser mit barocken Fassaden ausstaffieren ließ, war Frankreich gerade groß in Mode, und dass der »Romantiker auf dem Thron« (Wilhelm IV.) für Italien schwärmte, folgte einer allgemeinen Italophilie des deutschen Establishments, die unter anderem Goethe angeheizt hatte und die bis heute anhält.

Auch die Vorliebe für Historismus hält an. »Da steht der Rohbau und die Architekten fragen: ›Und welcher Stil soll jetzt drauf?‹«, kommentiert eine Freundin die Stilkostümierungen heutiger Zeit. Der Neubau im Stadtzentrum, der an der Stelle des alten Stadtschlosses errichtet wurde, bekam eine Fassade im Stil von Knobelsdorff angeklebt; die Kopie der Kopie. Das hat eine gewisse Logik. Nachdem Chinoiserie, englischer Empirestil und morgenländisches Mosaik irgendwie durch sind, will man – im Rahmen des Alten – etwas ganz Neues machen. Fürs Neue steht immer noch Amerika, weshalb das Stadtschloss aussehen wird wie unzählige amerikanische Universitäten; von außen die Filmkulisse zu einem Historienstreifen, von innen ein Bürogebäude. Hier bietet Potsdam sich übrigens einen Wettlauf mit Berlin; eine Konkurrenz, die ebenfalls Tradition hat, aber das steht im nächsten Kapitel.

Potsdamer Wissen

Wer nicht in Potsdams Plattenbausatelliten, östlich der Havel, wohnen möchte, musste bereits in den Neunzigerjahren mehr hinblättern als andernorts in Brandenburg. Selbst in Berlin war es leichter, eine Wohnung zu ergattern. Also fuhr ich, als ich mich zum Studium an der Universität Potsdam eingeschrieben hatte, dreimal die Woche von Berlin nach Potsdam. Viele der über siebentausend Studenten der drei Potsdamer Hochschulen machen das noch heute so, weshalb das Nachtleben in der Innenstadt nicht richtig in Schwung kommt. Ich fuhr damals nach Golm. Golm liegt ebenfalls westlich der Havel, ist aber kein Stadtviertel, sondern ein Dorf. Auf der einen Seite der Bahnschienen gibt es eine Handvoll Häuser, die auf eine ursprüngliche slawische Siedlung zurückgehen. Auf der anderen Seite waren die Geisteswissenschaften untergebracht in Gebäuden, in denen sich kurz vorher noch die Stasi eingerichtet hatte. Als ich hier studierte, gab es den Schlagbaum noch, hinter dem die Offiziere in »operativer Psychologie« – dem Manipulieren von Menschen – unterrichtet worden waren. Ursprünglich hatte ich darauf spekuliert, in den Räumen des Neuen Palais zu studieren. Ich wollte in den ehemaligen Schlafzimmern preußischer Adliger meine Vorlesungen hören, in den Zimmern der Kammerdiener Bücher ausleihen und sie auf der Parkwiese lesen. Friedrich der Große hielt dieses barocke Schloss, das am Ende des Siebenjährigen Krieges erbaut wurde, um die Macht des siegreichen Preußen zu symbolisieren, zwar für Angeberei, brachte dort aber seine Gäste unter. Und als Studentin hätte ich lieber in einer barocken Angeberei gelernt als in den Räumen der ehemaligen Hochschule der Staatssicherheit. Aber erst nachdem ich mit dem Studium fertig war, zog die Philosophische Fakultät ins Neue Palais. Golm vergrößerte sich zu einem Wissenschaftspark, der – nach amerikanischem Vorbild mit dem markigen Titel »Life-Sciences-Valley« versehen – heute neben den universitären Einrichtungen das Max-Planck-Institut für Molekulare Pflanzenphysiologie und Forschungsinstitute der Biotechnologie oder der Gravitationsphysik beherbergt. Und um die nationale Gravitation zu überlisten, ist die Forschungsstätte per Bahn direkt an den neuen Willy-Brandt-Flughafen angeschlossen. In einigen Instituten kommt nämlich bereits die Hälfte aller Mitarbeiter aus dem Ausland. So weht auch hier der Duft der großen weiten Welt durch die Hintertür nach Potsdam hinein. Vom Dorf. Nur die Geisteswissenschaften werden, wie es aussieht, hier nicht mehr so dringend gebraucht.

Sein östliches Pendant findet Golm auf dem Telegrafenberg. Auf diesem Hügel im Potsdamer Forst richtete Friedrich Wilhelm III. zu Beginn des 19. Jahrhunderts eine optische Telegrafenstation ein, die mit ihrem Telegrafenmast für die Nachrichtenübertragung auf der »Preußischen Staatstelegrammlinie« von Berlin nach Koblenz sorgte. Schon Ende des 19. Jahrhundert entwickelte sich daraus ein Wissenschaftsstandort. Man wollte in die Welt und ins All schauen. In klassizistischen Klinkergebäuden inmitten einer englischen Gartenanlage weihte Kaiser Wilhelm II. 1899 ein Linsenteleskop ein, den Großen Refraktor, der vor Kurzem restauriert wurde und noch immer das größte Linsenteleskop Deutschlands ist. Wenig später kam ein Spektrometer zur Sonnenbeobachtung dazu, das sich im spektakulärsten Gebäude der Anlage befindet, dem Einsteinturm.

Der Telegrafenberg liegt zentral. Schräg gegenüber vom Bahnhof. Trotzdem habe ich vier Jahre gebraucht, ehe ich zum ersten Mal dort war. Der Telegrafenberg wird überschattet vom festungsartigen, Furcht einflößenden Bau der »Kriegsschule« auf dem Brauhausberg. In diesem rostroten Backsteinbau war zwanzig Jahre lang der Landtag untergebracht. Ich hatte nie den Mut, den Brauhausberg zu umrunden. Ich fuhr immer nur schnell an ihm vorbei. Unheimlich ragt der Turm mit einer überdimensionierten Uhr über der Stadt auf. Selbst bei Sonne schlucken die Gemäuer das Licht, und ich wusste, käme ich ihnen zu nah, würde ich in einen Sog geraten und die Orientierung verlieren. (Lesen Sie *Das Schloss* von Kafka, und Sie wissen, was ich meine.)

Während auf der rechten Seite hinter der Havel das Filmmuseum und die barocken Gebäude vom Alten Markt herüberleuchten, verbreitet der Brauhausberg zur Linken unheimliche Grabesstimmung. Schon die Bahnhofshässlichkeit schlägt aufs Gemüt. Ist man dem Bahnhofsklotz entkommen, steht man vor einem halb entkernten Mehrzweckbau. Er rottet am Fuß des Brauhausberges vor sich hin. Schwarze Hammer-und-Sichel-Graffiti prangen auf dem Beton. Fenster, an denen einmal Buletten, Bockwurst und Pelmeni verkauft wurden, sind geborsten oder vernagelt. Von den Röhren einer Leuchtanzeige ist ein Wortskelett geblieben: Minsk. Bauzäune umgeben die Reste dessen, was einmal eine belorussische Nationalitätengaststätte war. Eine Birke wächst in den Rissen zwischen den Terrassenplatten. Sie wurzelt direkt im Bunker aus dem Kalten Krieg, der unter dem Exlokal noch immer intakt ist, noch immer zweihundert Leute schützen könnte. Im Schwimmbad nebenan kreischen Kinder. Und über allem kreisen riesig die Uhrzeiger der alten Kriegsschule.

Ganz anders der Einsteinturm auf dem Telegrafenberg. Er sieht aus wie ein von Dali gemaltes, kieloben liegendes Schiff; eine berauschende architektonische Verrücktheit. Licht, weiß und nicht ganz real leuchtet das Gebäude zwischen den Bäumen durch. Es scheint zu schweben. Man hat den Eindruck, hinter den nüchternen Klinkerbauten aus der Welt getreten und hineingeraten zu sein in eine andere Dimension, in der die Zeit flüssig wird, in der Bauwerke keine Drohgebärde brauchen und keine Statik, in der sie allein durch ihre Schönheit zusammengehalten werden. Für den von Erich Mendelsohn im expressionistischen Stil entworfenen, einsturzgefährdeten Bau hätte kein besserer Standort gewählt werden können. Der Einsteinturm ist umgeben von Instituten, die sich mit dem Zusammenhalt von Erde und Kosmos beschäftigen und kleinste Erschütterungen schon registrieren, bevor sie überhaupt stattfinden. Er ist bestens geschützt. Die Mitarbeiter des GeoForschungsZentrums beschäftigen sich mit Tsunamis, Erdbeben und Vulkanausbrüchen weltweit. Die Kollegen am Astrophysikalischen Institut verfolgen die Entwicklung der Sterne. Ein wissenschaftliches Aushängeschild ist auch das Institut für Klimafolgenforschung, nicht nur weil hier wichtige Gutachten zur schnellstmöglichen Umstellung auf erneuerbare Energien erstellt werden, sondern weil sie auch noch direkt auf dem Tisch der Bundesregierung landen. Der Direktor des Instituts ist Berater der Bundesregierung in Fragen globaler Umweltveränderungen.

Potsdamer Wohnen

So entstehen am Rande von Potsdam immer mehr hochmoderne, energieeffiziente Häuser, die dafür sorgen, dass Potsdam schleichend ins Land hineinwächst oder das Ländliche nach Potsdam. Die Wohnung, die ich schließlich fand, befindet sich in einem Altbau. Sie ist typisch für Potsdams Kern. Beiderseits der Havel wohnt man in denkmalgeschützten Häusern, die in den letzten zehn Jahren rundum saniert wurden. Man kann sich aussuchen, in welcher historischen Epoche man unterkommen will, und manchmal ist die Epoche noch gar nicht lange her. Die Auswahl in Kürze:

1. Niedrige, ocker oder grün gestrichene Häuser, die einst arme böhmische Weber bewohnten und heute familienfreundlich mit Gärten und Glasfronten ausgestattet sind.
2. Backsteinbauten, in denen ehemals Soldaten kaserniert waren und die heute mit modernen Lofts und ungewöhnlichen Schnitten Galeristen, Künstler und Werbedesigner anziehen.
3. Rot oder blau angestrichene Plattenbauten, in denen ehemals Soldaten kaserniert waren, vor allem russische, und in

denen heute Menschen mit geringerem Einkommen wohnen, aber mit fabelhafter Aussicht auf den Volkspark oder den Ruinenberg.

4. Wohnblöcke aus gelben Glindower Ziegeln, erbaut in den Dreißigerjahren, die etwas Seltenes möglich machen: bezahlbaren Wohnraum am Wasser.
5. Frei stehende Punkthochhäuser und elfgeschossige Wohnscheiben, die von außen kein schöner Anblick sind, von innen aber einen atemberaubenden Blick über Havel und Seen bieten.
6. Barocke Häuser in der Innenstadt mit Gärten im Hinterhof, Cafés zur Straße und Dachterrassen, die einst der verbürgerlichte »Etagenadel« bewohnte und heute der eine oder andere »Macher« aus Potsdams Kulturszene.
7. Häuser aus der Gründerzeit mit sanierten Stuckaturen und verspieltem, frisch abgestrahltem Fassadenschmuck, deren Wohnungen wegen ihrer Größe auch für Studenten-WGs geeignet sind.
8. Häuser aus der Gründerzeit mit sanierten Stuckaturen, aus der ostdeutsche Mieter sanierungsbedingt verdrängt und deren Wohnungen teuer ausgestattet wurden, bevor man sie an Anwälte, Ärzte, Banker oder Professoren verkaufte.
9. Wiederhergestellte Villen ehemaliger Fabrikanten und Wirtschaftsmagnaten, die heute mehreren Familien Platz bieten, kulturelle Einrichtungen geworden sind oder immer noch Wirtschaftsmanagern gehören. Unter diesen Villen gibt es jede Menge echter Schmuckstücke und Berühmtheiten wie die Churchill-Villa am Griebnitzsee, die jetzt einem der großen Mäzene von Potsdam, SAP-Milliardär Hasso Plattner, gehört, oder die Villa Kampffmeyer, einst für den gleichnamigen Mühlenbesitzer erbaut, in der der skandalumwitterte frühere Schweizer Botschafter Borer-Fielding und ein Militärattaché der Vereinigten Arabischen Emirate schon zur Miete wohnten. Auch in dieser exklusiven Preisklasse gibt es feine Abstufungen, die das geübte

Auge daran erkennt, ob die Villa am Neuen Garten liegt oder in der Nauener oder der Jägervorstadt, wie viele Säulen und Fenster sie hat und ob der See bis ans Schlafzimmerfenster reicht.

Tritt der seltene Fall ein, dass Leute aus den Villengegenden mit denen aus den Neubauten aufeinandertreffen, führt das nicht unbedingt zu näherem Kennenlernen. Als ich im Fahrstuhl meines Fitnessklubs nach dem Kurs schwitzend unter den anderen Kursteilnehmern stand, wurde ich Zeuge folgenden Gesprächs. Einem hoch aufgeschossenen Mann, Habitus und Kleidung nach Besserverdiener, der Mundart nach Westdeutscher, wurde das verschwitzte Schweigen zu drückend. Er begann eine Unterhaltung, indem er sich über die Mücken beklagte, die die Stadt fest im Griff hätten. »Jede Nacht muss ich vor dem Schlafengehen eine Schlacht schlagen. Ich wohne ja direkt am See. Mein Schlafzimmer geht zum Ufer raus.« Darauf hätte sich vielerlei entgegnen lassen. Im Fahrstuhl rührte sich nichts. Die Besatzung sah schweigend an die Decke. Nachdem der Sprecher ausgestiegen war, sagte ein Mann im Hintergrund, dem Habitus nach Durchschnittsverdiener, der Mundart nach aus Brandenburg, zu seiner Sportkollegin: »Genau das wollten wir jetzt wissen.« Darauf sie: »Du hättest ja sagen können, du wohnst auch am See! Im zehnten Stock.«

Wer Glück hat, hat Wasser in der Nähe der Wohnung und kann sich ein Boot oder ein Floß mit anderen Mietern teilen, und wer Geld hat, wohnt in einer Villa am Heiligen See, ohne zu teilen. Wer eine Wohnung in den roten Backsteinhäusern des Holländerviertels bezieht, das für holländische Handwerker im 18. Jahrhundert gebaut wurde, muss damit rechnen, dass Touristen auf den Abendbrotteller glotzen, und die Bewohner der Holzhäuser des russischen Militärdorfs »Alexandrowka« bekommen so häufig Besuch russischer Landsleute, dass dort bereits ein russisches Café eröffnete. Die russischen Besucher interessiert, wie ein solches Dorf aus dem

18. Jahrhundert im Original ausgesehen hat, weil sie in ihrem eigenen Land keines mehr finden. Am Rand eines Obstgartens zu Füßen des Pfingstberges beherbergten die Häuser der »Alexandrowka« während der preußisch-russischen Waffenbrüderschaft im Krieg gegen Napoleon Soldaten der zaristischen Armee. Sie gehörten nicht zur kämpfenden, sondern zur musizierenden Truppe. 1827 zogen hier zwölf Sänger ein.

Potsdamer Weltkulturerbe

Wie Sie sehen, ist Potsdam nicht unbedingt eine ultramoderne Stadt. Verglichen mit Blütestädten des modernen Lebens wie Melbourne oder Göteborg wirkt Potsdam etwas aus der Zeit gefallen. Ein Disneyland preußischer Geschichte. Jeder Stein dieser ehemaligen Residenzstadt wird bald eine Gedenktafel tragen, wenn er nicht schon bei der Wiederherstellung des Stadtschlosses verbaut wurde. Die Stiftung Preußische Schlösser und Gärten überlegt immer mal wieder, für die sorgfältig gepflegten Parks Eintritt zu verlangen. Ich würde vorschlagen, das auf die ganze Stadt auszuweiten und an den acht Zufahrtsstraßen Eintritt zu kassieren. Ein Teil des eingenommenen Geldes könnte an die Bürger ausgezahlt werden, die sich, wenn sie so durch ihre Stadt gehen, manchmal selbst schon vorkommen wie ein Teil des UNESCO-Weltkulturerbes. Und sie benehmen sich auch so.

Es gibt einen Potsdam-Stolz. In der Nähe der Schlösser setzt eine Art Schreitgang ein. Man latscht nicht mehr einfach so in der Gegend herum; man *wandelt*. Einander bei den Armen haltend, verfällt man in eine würdige Langsamkeit. Die Gesichter verwandeln sich dem göttlichen Ausdruck marmorner Vorbilder an, die Köpfe gehen anmutig nach rechts und nach links. Die Gespräche werden vornehmer, und wer des Vornehmen nicht mächtig ist, wird noch stiller als sonst. Die Potsdamer sind sogar in der Lage, auf dem Fahrrad zu *wandeln*. Sie haben das flanierende Radfahren überhaupt erst erfunden. Rennräder oder Mountainbikes sind verpönt. Das müssen Studenten oder Kuriere sein, die so kopflos niedergebeugt durch die Gegend rasen! Echte Potsdamer würden sich nie ein Fahrrad zulegen, auf dem sie nicht erhobenen Hauptes und mit gereckter Brust am Stadtkanal oder am Schloss Charlottenhof flanierend entlangradeln können. Schwarz glänzende, geschwungene Rahmen, weit ausgreifende Lenker, die möglichst hoch angebracht sind; das ist das richtige Potsdam-Fahrrad. In der Machart ähnelt es dem Holländerrad, wird aber nicht so aggressiv wie in Holland benutzt: Die Bewegung auf den Potsdam-Rädern ähnelt der, beim Schritt-Reiten im Damensattel ein Glas Champagner zu trinken. Als die Stiftung Preußische Schlösser und Gärten darauf aufmerksam wurde, reagierte sie sofort. Sie markierte Wege durch die Parks, die speziell diesen Flaneurradlern gewidmet sind.

Über den Potsdam-Stolz wird, wie über vieles andere, natürlich nicht weiter geredet. Und wenn er doch zur Sprache kommt, dann in der hierzulande typischen Weise, die Skepsis und Toleranz gleichzeitig ausdrückt. Zur Schlössernacht von Sanssouci, als alle Gebäude des Parks geöffnet hatten, formulierte eine Einheimische, die ihren Gästen das chinesische Teehaus zeigte, ihre Begeisterung so: »Nüscht steht drinne, aba schön, wa?«

Die Tiefe in diesem schlichten Satz der Entzückung dürfte den Gästen kaum klar geworden sein. Was die Gastgeberin eigentlich hatte sagen wollen, klingt so: »Man hat (die Stadt) im Frühling gesehen, wenn der Flieder ihre Gärten weiß und violett überschäumte, im Sommer, wenn in Charlottenhof die Rosen ihre schwülen Blütentage hatten. Man ist hier im Herbst gewesen, wenn in den Gärten von Sanssouci die Kastanien fielen und der Fuß durch raschelndes Laub schritt, und im Winter, wenn all die steinernen Götter und Göttinnen ein Pelzkleid aus Schnee trugen. Man hat in der Frühe des Morgens am Kanal gestanden, als die Fischer hier ihren Fang zum Verkauf stellten, und hat den heißen Mittag auf sonnenfreier

Marmorbank unter den Terrassen von Sanssouci verträumt. Und hat nachmittags auf dem Brauhausberg oder im Drachenhaus am Belvedere Kaffee getrunken und ist im sinkenden Abend durch die alten Straßen gewandert, die schon sachte einschliefen. Und einmal war es schon Nacht geworden: Da standen die Häuser alle wunderlich schief im Mondschein, hinter hellen Fenstern bewegten sich Schatten, und die Havel lag ganz schwarz unter der Kaiser-Wilhelm-Brücke. Oben am Himmel aber taumelten aufgeregt die Sterne …« So schrieb es ein Stadtfremder – Ludwig Sternaux, Berliner Theaterkritiker und Chefdramaturg der Ufa in den Zwanzigerjahren. Er dürfte den Potsdamern damit aus dem Herzen sprechen.

Potsdamer Mode

Der Stolz drückt sich übrigens auch in der Kleidung aus. Die Potsdamer bemühen sich, mit ihren Schlössern modisch im Einklang zu sein. Beispielsweise sind in der Innenstadt des Öfteren Damen unterwegs, die weiße Hauben und raumgreifende, knöchellange Kleider tragen, ebenfalls weiß. Wenn sie durchs Holländerviertel wandeln, sprechen ihre Gewänder altniederländisch, wandeln sie in der Nähe von Sanssouci herum, erinnern ihre Blusen mit ellbogenlangen Ärmeln und flügeligen Aufschlägen, die im Ausschnitt spitzenverzierte Unterhemden zeigen, an die höfische Zeit des Rokoko. Im Krongut Bornstedt haben sie ihre eigene Ausstellung der selbst geschneiderten Kostüme zusammengetragen, die man unter Umständen auch kaufen kann. Hier hängen langschößige Herrenröcke und Kniehosen, Seidentaftkleider und Roben aus Damast.

An der Eingangspforte zu Sanssouci sieht man jeden Tag bei jedem Wetter einen im friderizianischen Rock gekleideten Flötisten, der, an Friedrichs Flötenspiel erinnernd, den Strom der Touristen mit Quart- und Quintetten bespielt. Im Sommer ist der Rock zu heiß, im Winter zu kalt, aber immer ist der Flötist tadellos gekleidet mit breiten Manschetten und Spitzen, die unter den Ärmeln hervorsehen.

Diese Anregung durch modische Individualisten hat mit der Zeit dazu geführt, dass sich ein besonderer Kleidungsstil entwickelte, die Potsdam-Haute Couture. Sie zeichnet sich durch Tücher aus, die über Tüchern getragen werden, die wiederum, auf Umhängen drapiert, auf weiten, fließenden Gewändern liegen. Alles flattert. Alles weht. Damit dieser Tücherturm nicht verrutscht, werden die verschiedenen Stofflagen zusammengehalten von einer monstermäßig großen Brosche, wahlweise aus Filz, Strick oder Metall. Der Hals kann dabei gern ein wenig Luft kriegen. Dazu passend finden sich Hüte. Diese Hüte sind nicht einfach eine Kopfbedeckung. Sie haben immer einen Pfiff. Eine schräge Ecke beispielsweise, eine wippende Plumage, gedrehter Tüll, gerollter Füllstoff oder auch Gemüse, ironisch arrangiert. Auch die Schuhe haben meistens der Zier wegen viele große Knöpfe, Reißverschlüsschen oder lederne Falten, die sich über dem Spann verkräuseln, sind aber praktikablerweise flach.

Kaufen kann man diese Kleidungsstücke in kleinen Läden im Holländerviertel oder auch in den Nebenstraßen des Fußgängerboulevards. Als Ende der Neunzigerjahre Ehepaare aus den westlichen Gebieten Deutschlands Potsdam entdeckten, wollten die Ehemänner dank der sogenannten »Buschzulage« bleiben. Die gelangweilten Gattinnen, inspiriert vom alten Gemäuer und der Geschäftigkeit der ostdeutschen Frauen, eröffneten eine Boutique.

Der Fußgängerboulevard wird von den Einheimischen übrigens »Broadway« genannt. Diesen Namen verdankt die Einkaufsstraße zwischen Nikolaikirche und Luisenplatz der praktischen Veranlagung der Brandenburger, die sich in jeder Lebenslage zu helfen wissen. Als noch die halbe Stadt von der Mauer umgeben war und man nur nach Osten, nicht jedoch in den Westen reisen konnte, hielt man sich nicht lange damit auf, Sehnsucht zu haben. Man verlegte einfach eine der berühmtesten westlichen Glamourmeilen vor die eigene Haustür. So war der Einkauf im rümpligen und einzigen Kaufhaus nicht mehr ganz so öde, und bei schönem Wetter konnte sich die Potsdamerin sogar einbilden, sie wäre unterwegs beim Shopping in New York.

Potsdamer Schrecken

Potsdam hat neben der Weltkultur noch etwas geerbt. Dieses Erbe ist weder mit dem Stolz noch mit der Mode in Einklang zu bringen, weshalb es immer mal wieder heftige Debatten auslöst.

Als ich hierherzog, wurde beispielsweise darüber debattiert, wie mit dem Untersuchungsgefängnis der Staatssicherheit in der Lindenstraße umzugehen war. Der Stasi-Knast lag mitten im Einkaufsviertel. Mit hohen Mauern hatte das kommunistische System seine Kerker von der Bevölkerung abgeschottet. Selbst aufmerksamen Bürgern war entgangen, in welchem Ausmaß unweit des »Broadways« gefoltert wurde. Und das KGB-Gefängnis in der Leistikowstraße am Neuen Garten drohte unsichtbar in einem Viertel aufzugehen, in dem die Menschen bereit waren, der Stadt für ihre noblen Villenwohnungen einiges an Steuern zu zahlen.

Die Diskussion wurde erschwert durch die Tatsache, dass keiner der Entscheidungsträger die ebenfalls geerbten inoffiziellen Mitarbeiter im Potsdamer Landtag und in der brandenburgischen Medienlandschaft vor den Kopf stoßen wollte. Man ging sanft mit ihnen um und ließ im Gegensatz zu anderen ostdeutschen Bundesländern die Überprüfung sozialistischer Altlasten schleifen. Zu dicht war offenbar die Gemengelage zwischen alten und neuen Machern. Heute sind aus den Gefängnissen Gedenkstätten geworden, die mit ihren vergitterten Fenstern und stupiden Betonwänden den Gesamteindruck einer wiederhergestellten, strahlenden Architektur harsch aufreißen.

Auch der faschistische Terror begann mit einem symbolischen Akt in Potsdam. Vor der Garnisonkirche – Hofkirche der preußischen Könige, die Mitte des 18. Jahrhunderts im Stil des norddeutschen Barock erbaut worden war – reichte Hindenburg im März 1933 Hitler die Hand. Mit dem »Tag von Potsdam« verengte das Naziregime das Bild, das die Welt von nun an von Preußen haben würde, auf Uniform, Waffen und Aufmärsche, und festigte seinen Weg an die Macht. Das Ende dieser verheerenden Macht fand mit der »Nacht von Potsdam« ebenfalls einen symbolischen Ausdruck, als die Kirche infolge eines Angriffs britischer Bomber ausbrannte. Im Sozialismus sprengte man die Überreste. Der Beschluss, die Kirche wieder aufzubauen, folgte einer Restaurationsidee nach der Wiedervereinigung. Als Peter Joseph Lenné vor gut zweihundert Jahren die Havellandschaft gestaltete, orientierte er sich zum Anlegen seiner Sichtachsen an der Garnisonkirche. Wer also die Havellandschaft sehen möchte, wie die höfischen Landschaftsgestalter sie sahen, braucht den Turm dieser Kirche zur Orientierung.

Und hier scheiden sich die Geister. Solche restaurativen Vorhaben spalten die Potsdamer Bevölkerung in zwei große Lager. Die einen würden die Zeugnisse des 20. Jahrhunderts gern komplett aus der Stadt hinausräumen und sie im historisierenden, beschaulichen Gewand der Preußenherrschaft wiedererstrahlen lassen. Die anderen treten für ein mahnendes Erinnern an die jüngste Vergangenheit ein und sind der Meinung, dass eine »Politik der Versöhnung« (O-Ton Ministerpräsident Platzeck) nicht zwangsläufig bedeuten muss, die Stadt mit einer pastellenen Schicht des Vergessens zu überziehen.

Schloss Cecilienhof ist unversehrt. Die Gebäude im englischen Landhausstil hatten der letzte deutsche Kronprinz und seine Frau Cecilie bis 1945 bewohnt. Während des Potsdamer Abkommens war hier die Aufteilung des besetzten Deutschlands in vier Zonen und das Ende Preußens beschlossen worden. Dort, wo gewissermaßen der Kalte Krieg begann, sind heute Touristen unterwegs. Kaum einer von ihnen dringt tiefer in den umliegenden Park vor, weshalb die Wege im Neuen Garten bei Einheimischen besonders beliebt sind.

Potsdamer Trunk

In der Meierei am Ende des Neuen Gartens treffen sich alle. Auf der Terrasse der Gasthausbrauerei sitzen Mütter mit Kindern, Väter mit Kinderwagen und Kinder mit Skateboards, hier sitzen der Computerprogrammierer, der sich entschlossen hat, heute ausnahmsweise nicht nach Berlin zurückzufahren, sondern sich im Maibock-Rausch zu verlieren und im Hotel zu übernachten, die spanischen Touristen, die dem Wassertaxi entstiegen sind und laut über die kupfernen Braukessel staunen, eine Gruppe von Postangestellten auf Betriebsausflug, Pärchen in Jeans und T-Shirt, Pärchen im Gothic-Look mit schwarz lackierten Fingernägeln, Pärchen in Kostüm und Anzug, ein Potsdamer Ingenieur, der eine Hannoveraner Galeristin anzugraben versucht, ein Potsdamer Ingenieur, der das Angraben schon aufgegeben hat, ein Ehepaar mit Siegelringen und Seidentüchlein, das die Kellner mit Vornamen anredet, und die Japanerin, der beim Anblick der Schweinshaxe das Lächeln aus dem Gesicht fällt. Ihr deutscher Freund bemüht sich, schleunigst einen Salat nachzubestellen. Vergeblich. Die Kellerinnen sind überlastet. Die Japanerin möchte gehen, wird aber von der Gruppe Kanuten aufgehalten, die gerade die Böschung vom Jungfernsee hochgeklettert ist und mit der Sortierung der Paddel durcheinanderkommt, wobei der Japanerin eines der Paddel in den Schoß fällt.

Friedrich Wilhelm II. soll Ende des 18. Jahrhunderts hier Milch aus grünen Gläsern getrunken haben. Sein Hofmarschall reagierte wütend, wenn die Milch – manchmal war es auch Branntwein – an Parkbesucher ausgeschenkt wurde. Heute sieht man die Gäste das naturtrübe Meierei-Spezial-Bier in Fünfliterkrügen durch den Park nach Hause tragen.

Ran an die Buletten!

Machen wir uns nichts vor: Mit dem Ruf des Berliners ist es nicht zum Besten bestellt. Jedenfalls außerhalb der Stadtgrenze Berlins.

(Jakob Hein)

Wenn ich im Ausland gefragt werde, woher ich komme, sage ich: Berlin. Das stellt bei meinem Gesprächspartner sofortiges Interesse her – alle wollen nach Berlin. Vor allem aber möchte ich nicht mit jedem, der mich fragt, so viel Zeit verbringen, wie eine Erklärung zur Lage Potsdams dauert: lange. Potsdam, so ginge die Erklärung los, liegt südlich von Berlin. Es gehört nicht zur Hauptstadt. Es ist aber eine Hauptstadt. Und schon wird es schwierig. Denn sage ich, Potsdam sei die Landeshauptstadt von Brandenburg, kann ich sicher sein, dass keiner meiner Gesprächspartner noch weiß, wovon ich rede. Das Wort Brandenburg ist unbekannt. Sage ich dann beschwichtigend, Potsdam sei fast schon Berlin, die Stadtgrenzen würden sich berühren, begehe ich den gleichen Verrat an den Grenzverläufen der Bundesländer wie die Berliner, die im arglosen sommerlichen Grenzverkehr ihre Jachten in Gewässer hineinlenken, von denen sie nicht ahnen, dass es Potsdamer sind, und Küsten mit ihren nackten Leibern vereinnahmen, von denen sie nicht wissen, dass es märkische sind. Im Herbst pflücken sie auch gern die Pilze im Sacrower Wald (und zwar alle!), und im Winter besetzen sie lautstark die Rodelberge, als scien es ihre Hinterhöfe.

Haben sie außer Kindern auch Gespartes, wird es noch schlimmer. Sie treiben die Immobilien- und Mietpreise im »Speckgürtel« in schwindelerregende Höhen. »Wir ziehen raus«, heißt es dann. Für diese »rausziehenden« Berliner wurde der »Speckgürtel« überhaupt erst erfunden, und zwar von einem kreativen Mitarbeiter im Landesministerium, der in den Nachwendejahren eine Bezeichnung brauchte, um damit die förderbedürftigen brandenburgischen Orte von den nicht förderbedürftigen Orten zu unterscheiden. Das Ministerium ging hellsichtig davon aus, dass die nach Natur durstenden und besser gestellten Berliner die Sanierung der Orte in Reichweite der Großstadt selbst erledigen würden. Und so kam es. Berlin und das Umland gingen eine innige Beziehung ein. Im Klartext: Nur wenige Brandenburger können sich das Wohnen in Berlinnähe noch leisten.

Manchmal erinnert sich ein ausländischer Gesprächspartner doch. Ja, von Potsdam habe er schon gehört, das sei doch so ein Vorort von Berlin. Mit dieser Bemerkung zieht er sich zwar den Hass eines jeden Potsdamers zu, folgt aber im Grunde einer unausrottbaren Definition, die auf die ersten slawischen Siedler zurückgeht. Sie verpassten ihrer Wahlheimat den Namen Poztupimi. Poztupimi bedeutet Vorstufe oder Vorposten. Und wenn so ein Image erst einmal jahrhundertelang an einem festpappt, fällt es schwer, sich davon zu befreien. Selbst Jean Paul hat noch in dieselbe Kerbe gehauen. Er bezeichnete Potsdam als »die schönste Vorstadt Berlins«.

Sagen Berliner nun, sie wollen »rausziehen«, klingt das so, als würden sie sich von da an ununterbrochen im Freien aufhalten. Um diese Interpretation zu untermauern, wurden Kindergärten erfunden, in denen die Kleinen bei jedem Wetter den ganzen Tag im Wildpark verbringen. Hier trainieren sie ihre Naturverbundenheit, die ihnen in der Großstadt entgeht. Kurz, Potsdam haftet noch ein zweites Image an: Sie ist die Hauptstadt einer Wildnis, in der Wölfe und Mücken ihr Unwesen treiben. Das bringt meine ausländischen Gesprächspartner nun auf den Gedanken, Potsdam liege fast am Ural, was ich – O-Ton – auf einer österreichischen Skipiste von einem Münchner zu hören bekam. Manchmal, wie in diesem Fall, ist es also dringend geboten, die Berlinnähe zu betonen. Nur vor Ort hat man ständig damit zu kämpfen, sich von Berlin abzugrenzen. Und ich möchte es jetzt, da ich in Potsdam an meinem Schreibtisch sitze, noch einmal ganz laut sagen: Ich bin kein Berliner!

Das haben 1996 bei der Volksabstimmung über die Fusion der Länder Berlin und Brandenburg dreiundsechzig Prozent der Abstimmenden auch gesagt. Sie wollten sich nicht vereinen. Das hatte weder etwas mit Snobismus eines Bildungsbürgertums zu tun, das seine Schlösser und Gärten für sich behalten will, noch mit einer Einsiedlermentalität, die den Märkern gern nachgesagt wird. Die Politikmüdigkeit ist nicht größer als im übrigen Deutschland. Die Brandenburger sind bloß etwas skeptischer. Diese gesunde Skepsis gegenüber beschwingten, politischen Beschlüssen verhinderte in diesem Fall, dass die Pleitestadt Berlin das bisschen Geld brandenburgischer Steuerzahler auch noch verbraten durfte. Sie verhinderte, dass unterschiedliche Orchester zu einem einzigen Gesamtorchester »fusionieren«. Und von einer Theater*landschaft* würde heute ohne die brandenburgische Zurückhaltung wohl auch nicht mehr die Rede sein.

Bei den Älteren mag die Skepsis übrigens daher rühren, dass der Staat, in dem sie lebten, schon so oft gewechselt hat und mit ihm die jeweilige Wahrheit, dass sie sich lieber an bodenständige Gewissheiten halten; an die landschaftliche Heimat.

Nach dem Ende der DDR steht das Land Brandenburg für diesen Heimatbegriff ein. Und seine soeben erst gezogenen Grenzen will man nicht schon wieder einer bloßen Verwaltungsreform geopfert sehen.

Vielleicht ist das Nein zur Fusion auch ein schlichter Selbstbehauptungsreflex der zweieinhalb Millionen Brandenburger, die sich 3,4 Millionen Berlinern gegenübersehen: Wir müssen uns abgrenzen! Berlin dehnt sich schleichend immer weiter aus! Das geht schon seit 1860 so, als dem Niederbarnim Moabit und Wedding und dem Landkreis Teltow Schöneberg und Tempelhof entwendet wurden. 1920 verschlang Groß-Berlin dann außer Charlottenburg, Neukölln und Köpenick weitere neunundfünfzig Landgemeinden und siebenundzwanzig Gutsbezirke. Und das geht so weiter! Zuerst kommen die großen Plakate für Baugrundstücke. Dann kommen die Tankstellen und Asia-Imbissbuden und die Möbelmärkte. Dann stehen frisch verputzte Häuser auf den Baugrundstücken in Reih und Glied und noch etwas nackt auf dem Acker, der aber bald darauf anwohnerfreundlich mit riesigen Lebensmittelmärkten ausgestattet wird. Die Märkte müssen von Lastkraftwagen angefahren werden, für die es eine ordentliche Straße braucht. Die Straße muss leider direkt vor der Veranda der neuen Häuser verlegt werden, weshalb man dort Transparente aufhängt mit der Forderung nach einer Umgehungsstraße, und ehe man sich's versieht, hat man drei Umgehungsstraßen mit lauter Tempo-dreißig-Zonen, weil an ihnen wiederum Häuser gebaut wurden, mit neuen Straßen davor, und bald heißen auch Orte wie Falkensee, Blankenfelde oder Erkner Berlin. Wo bleibt da die Vielfalt?

Mit den Orten fallen auch die letzten Reste der nördlichen und südlichen Verfeinerungen der märkischen Sprache der Berliner Kodderschnauze zum Opfer. Das märkische Platt ist seit Beginn des vorigen Jahrhunderts durch den Icke-dette-kieke-Mal Jargon so gut wie ersetzt. Der Starautor Brandenburgs ist für Brandenburger großenteils unverständlich. Für die Mundart redenden Figuren Theodor Fontanes braucht man bereits Übersetzer. Und wer weiß noch, dass an Johanni »die Tüffel behüügt sin müttn«, wenn diese nordmärkische Bauernregel keiner mehr versteht und die Kartoffeln unbehäufelt liegen bleiben. Auch der Aufforderung »Wier richtig angeln will, mütt sich ne Angelkort köpen, dät wer ok früher so« werden die Angler an den uckermärkischen Seen nicht mehr nachkommen können, was die finanziellen Einbußen der Gemeinden weiter erhöht. Und nach welch unverstellter Einfachheit muss es geklungen haben (und wie würden die Berliner wegen der Authentizität da jetzt hinlatschen), wenn auf einer Dorfdisco zwischen Paaren und Busendorf plötzlich einer sagte: »Kumm danz mit mi.« Hatte das mit dem Tanzen dann geklappt, wusste man im Südmärkischen auch, wie's ein Leben lang weitergeht: »Wenn derr Kickeriehoahn een Kernecken gefungen hat, denn ruept hä siene Hindere un jifft et die.« – Wenn der Hahn ein Korn gefangen hat, dann ruft er seine Henne und gibt es ihr.

In Berlin denkt man sich immer wieder neue Tricks aus, um Brandenburg zu unterwandern. Ein ganz hinterhältiger Versuch wurde in den Neunzigerjahren gestartet. Sechs Millionen Tonnen Berliner Boden wurden in den Tagebau Lübbenau-Süd gekippt. Dort liegt jetzt der halbe Potsdamer Platz! Auf den Erdaushub von der riesigen Hauptstadt-Baustelle wurden eiligst Wald und Getreide gepflanzt, damit die Lübbenauer von der heimlichen Migration nichts bemerken. Und schon breiten sich mitten in der Niederlausitz Berliner Pflanzen aus.

Auch die Deutsche Bahn möchte Potsdam als Teil Berlins sehen, weshalb kein einziger ICE in der Landeshauptstadt hält. Will ich verreisen, muss ich erst nach Berlin. Auf dem Weg nach Leipzig beispielsweise, das südlich von Potsdam liegt, fahre ich erst einmal eine Stunde in den Norden. In den Statistiken der Deutschen Bahn tauche ich dann als Touristin auf. Alles geschönt! Hier weiß jeder, dass die Hälfte der Fahrgäste in Richtung Berlin, mit denen die Bahn prahlt, nur Brandenburger Anschlusssuchende sind. In den Führungsetagen wird übrigens ebenfalls die irrige Münchener Vorstellung gepflegt, das Land Brandenburg liege am Ural. Deshalb verkehren nur Regionalzüge. Wenn Bauern reisen, nehmen sie bekanntlich ihr Vieh mit. Die Doppelstockzüge bieten genug Platz für all die Gänsekörbe und Heukiepen, mit denen das Landvolk morgens und abends in die rappelvollen Regio-Expresse aus Wittenberge oder Nauen oder nach Königs Wusterhausen drängt. Bin ich im Westen Deutschlands unterwegs, wundere ich mich immer, in welchen Klitschen so ein ICE zum Halten zu bringen ist, während man nach Cottbus und sogar nach Frankfurt/Oder von Berlin aus nur mit der Regionalbahn gelangt. Dabei hat gerade diese Strecke Tradition. Sie verband als eines der ersten Fernbahnprojekte Preußens Berlin mit Breslau, wurde 1842 für den Streckenabschnitt Berlin-Frankfurt/Oder eröffnet und in den Folgejahren bis Breslau verlängert, um dann von Joseph von Eichendorff benutzt zu werden, wenn er aus Oberschlesien anreiste. In den Jahren des industriellen Aufschwungs um 1900 gab es ein dichtes Schienennetz, das selbst kleinen brandenburgischen Dörfern einen Bahnhof bescherte. Heute wächst dort Hirtentäschel. Auf DB-Führungsebene hält man sich offenbar an Prognosen, die das baldige Aussterben der Brandenburger verkünden, und möchte der Erfüllung dieser Prophezeiung nicht im Weg stehen. »Aberglobe nenn de Lüde det, wo se dran jloben, wat aber joanich die Woarhet is«, hätte man im Raum Belzig dazu gesagt, als dort noch Mittelmärkisch gesprochen wurde, aber mit jeder Mundart verschwindet auch ein bisschen gesunder Menschenverstand.

Manchmal treffe ich auf Leute, die bei der Erwähnung Potsdams glänzende Augen bekommen. Das sieht ein bisschen so aus wie die Dollarzeichen in den Augen von Dagobert Duck. Für sie ist Potsdam ein Synonym für Reichtum. Die Stadt gilt als heimliche Enklave der Reichen und Schönen.

Sie haben gehört, dass Friede Springer und der Chef der *Bild*-Zeitung hier wohnen. Sie wissen, dass Günther Jauch sich eine Villa am Heiligen See gekauft hat, gleich neben dem weißen Palast von Wolfgang Joop. Sie fragen, ob es stimmt, dass die Villa von Joops Geliebtem kleiner ist. Und aus Dankbarkeit, dass endlich jemand meine Heimatstadt kennt, erzähle ich sagenhafte Dinge. Dinge, die mir selbst nur als Gerücht zu Ohren gekommen sind. An Sommerabenden, sage ich beispielsweise, könne man die Herren auf Flößen auf den Heiligen See hinausfahren sehen. An weiß gedeckten und mit Kerzen bestückten Tafeln bewirten sie ihre Gäste mit gebratenem Schwan. Der Wein fließe aus Römern in die verwöhnten Münder, das Blut pulsiere unterm Abendkleid der Damen, Röcke raschelten, Dekolletés glänzten, der Lippenstift flamme in Seemitte so richtig auf, und das ganze Gepränge spiegele sich schön in den Fenstern von Schloss Cecilienhof wider, unter denen Studenten am Feuer eines Einweggrills sitzen.

Schon die Erbprinzessin Christina zu Salm Salm wusste eine solche Seeüberfahrt zu schätzen. Sie quartierte sich zur letzten Jahrhundertwende in der Villa Kellermann ein. Der prächtige Bau war für einige Jahre nach der Wende die einzige öffentlich zugängliche Villa auf der östlichen Seite des Heiligen Sees. Alle anderen Villen, zunächst wegen Baufälligkeit gesperrt, gelangten ziemlich schnell in Privatbesitz. In der Villa Kellermann hatte ein italienisches Restaurant eröffnet. Künstler stellten in den hohen Räumen ihre Bilder aus. Im Garten und auf dem herrschaftlichen Balkon standen festlich gedeckte Tische für jedermann. An Hausfassade und Parkett hatte die Zeit Spuren hinterlassen, zu denen die einen romantisch, die anderen baufällig sagten. Aber alle kamen sie her (auch die Berliner). Die hohen Räume strahlten eine Eleganz und eine Gelassenheit aus, die man in Brandenburg häufig vermisst. Auf der geschwungenen Freitreppe zum Salon zu stehen, mit Blick auf den See, bedient von Kellnern, die im echten Leben Studenten waren, hier aber in gestärkten bodenlangen Schürzen servierten, und umspielt von leiser Tangomusik einen Martini zu trinken, während die Sonne im Glas versank, gehörte zum Besten, was Potsdam zu bieten hat.

Mittlerweile ist auch diese Villa in Privatbesitz. Christina zu Salm Salm war jeden Abend zu ihrer besten Freundin Cecilie gerudert. Die letzte Kronprinzessin des Deutschen Kaiserreichs residierte bis 1916 im gegenüberliegenden Marmorpalais und war für ihre Eleganz und ihr Faible für Hüte bekannt. Sie setzte sich für die Rechte der Frauen auf Bildung ein und wird eine aufregende Gesprächspartnerin gewesen sein.

Die etwas weniger Begüterten der östlichen Seeseite sind mittlerweile ebenfalls dem Beispiel mit den Flößen gefolgt. Hausgemeinschaften schließen sich zusammen, um ein Floß zu finanzieren, auf dem man Feste feiern und sonnenbaden kann. Nur die Besucher der FKK-Badestelle am Nordufer des Heiligen Sees sind davon nicht begeistert. Auch das nackteste Baden macht keinen Spaß, wenn man dabei dauernd von einem Floß gerammt wird.

Würden die Flöße durch die Schwanenbrücke passen, die den Verbindungskanal zum Jungfernsee überspannt, könnten die Flößer vom Jungfernsee in den Tiefen See einschwenken und sich den Nachschub für die Party direkt vom Wasser aus besorgen. Auch das haben informierte Menschen aus Süddeutschland längst mit Erstaunen über Potsdam gehört: Die Stadt ist so reich, dass selbst der Aldi einen eigenen Bootsanleger hat. Zwischen Theater und Glienicker Brücke kann man mit dem Segler beim Billigmarkt vorfahren. Die sogenannten Reichen sind allerdings selten beim Sixpack-Kauf zu sehen. Sie sind überhaupt wenig zu sehen. Man sieht nur ihre Spuren. Das Fortunaportal beispielsweise wird ein wenig an die Selbstkrönung des Schiefen Fritz (Friedrich I.), fast gar nicht an den Architekten Jean de Bodt, für immer aber an Günter Jauch erinnern. Seiner Spende von mehreren Millionen Euro ist es zu verdanken, dass das ehemalige Eingangstor zum Stadtschloss schon 2002 wieder aufgebaut wurde und sich der Landtag in den folgenden Jahren darum stritt, auf welche Weise das gesamte, 1960 von der SED-Führung in die Luft gesprengte Bauwerk wieder aufgestellt wird. Auch hier wurde das Volk befragt. Schließlich kam man zu dem Schluss, am Alten Markt einen Neubau zu wagen, der mithilfe von Spenden der Bevölkerung und großzügiger Millionenspenden von Hasso Plattner die historische Fassade von Knobelsdorff trägt. An dem Ort, an dem einst Kurfürstin Katharina von Brandenburg und Königin Luise wohnten und Friedrich II. residierte, regiert jetzt der Potsdamer Landtag. Zuvor haben die Politiker mehr als zehn Jahre in dem bereits beschriebenen, festungsgleichen Gebäude auf dem Brauhausberg verbracht, das nicht nur die Kaiserliche Kriegsschule beherbergte, sondern auch das Heeresarchiv im Dritten Reich und die Kreis- und Bezirksleitung der SED im Sozialismus. Da dürfte ihnen in der Knobelsdorff-Kopie am Alten Markt ein bisschen schwindelig werden angesichts so viel disneyländischer Leichtigkeit.

Es folgt einer historischen Logik, dass die niederländische Royal BAM Group den Neubau errichtet. Auch das Fortunaportal und das Holländische Viertel wurden einst von holländischen Architekten erbaut. Der Soldatenkönig war als Vierzehnjähriger auf sogenannter »Kavalierstour« in den Niederlanden an der Universität Leiden gewesen. Das neuzeitliche Kriegswesen, der Kanal-, Stadt- und Festungsbau, die Künste und die Wissenschaften der damals fortschrittlichsten Kolonialmacht hatten ihn so beeindruckt, dass er sie zu Hause imitieren wollte. Er importierte seine Lieblingsarchitekten. So kommt es, dass Potsdam mit dem Holländerviertel heute die einzige im holländischen Baustil errichtete Siedlung außerhalb der Niederlande beherbergt, was jedes Jahr mit einem Tulpenfest gefeiert wird. Zwischen den unverputzten roten Backsteinhäusern mit weißen Fugen und geschwungenen Giebeln, in idyllischen Hinterhofgärten, vor Cafés und Kneipen kann man Poffertjes und Holzpantinen kaufen. Nur die Bewohner der originell geschnittenen, schmalen Wohnungen, in der eine kleine Treppe das ebenerdige Zimmer zur Straße mit dem erhöhten Hinterzimmer verbindet, sieht man nicht. Sie sind für die Dauer des Tulpenfests zu Berliner Freunden geflüchtet. Die Handwerker, die Friedrich Wilhelm I. damals anlocken wollte, blieben übrigens aus. Stattdessen zogen seine Soldaten in die neu errichteten Gebäude, die zu Wendezeiten von Hausbesetzern, Künstlern und Denkmalpflegern vor dem Verfall gerettet wurden.

In der Stadtschlossproblematik sind sich Berlin und Potsdam sehr nah. Allerdings war das Potsdamer Schloss schneller fertig. Den Berlinern geriet der Bau ins Stocken, weil sie wie häufig – so der Gedanke in Brandenburg – den Mund zu voll genommen hatten. Das sagte man natürlich nicht laut. Das hatte man aber im Hinterkopf, was dazu führte, sich noch mehr ins Zeug zu legen und sich innerlich erneut zu gratulieren, dass man kein Berliner geworden ist.

Zugegeben: Manchmal bin ich froh über die Berlinnähe. Das begann zu DDR-Zeiten, als die Anziehungskraft der Großstadt durch die Mangelwirtschaft noch verstärkt wurde. In Berlin bekam man Waren zu kaufen, von denen man im Rest des sozialistischen Landes nur träumen konnte. Man lebte an den Rändern Berlins wie die Mistel auf der Pappel; eine Erscheinung, die besonders im Herbst an den Ufern der Brandenburger Kanäle oder entlang der Alten Oder schön zu beobachten ist. Die Brandenburger saugten Berlin auf wie die Misteln den Pappelsaft. Sie nahmen weite Reisen in Kauf, um eine Melone oder ein Netz Apfelsinen, Vanillemilch-Tüten oder Schokoladenweihnachtsmänner zu ergattern. Und mit einem Trabant war jede Reise weit, besonders auf Kopfsteinpflaster. Wer aus dem westlich gelegenen Rathenow oder Wittstock kam, musste ganz Westberlin umfahren, ehe er von östlicher Seite aus in die gelobte Stadt vordringen konnte.

Heute betrifft der Mangel im Umland das Nachtleben und die Arbeitsplätze. Bei der Suche nach Arbeit ist die Nähe zu Berlin nicht hilfreich. Die Aussichten sind dort genauso trübe. Ins Nachtleben allerdings findet man sich schnell hinein. Wenn es droht, gesundheitsschädigend zu werden, kann man sich ebenso schnell wieder dahin zurückziehen, wo die Nacht am besten mit Schlafen verbracht wird; aufs Land. Dass sich die Brandenburger die Möglichkeit des Rückzuges offenhalten, merkt man ihnen an. Eine Brandenburgerin im Berliner Nachtleben fällt auf.

Zunächst fällt sie auf, weil ihr Polo das Kennzeichen MOL oder BAR, PM oder GUB trägt, was Berlinern immer wieder Anlass zu Verunglimpfungen bietet: BAR (Barnim) = Bauer auf Reisen. MOL (Märkisch Oderland) = Meine Oma lenkt. PM (Potsdam-Mittelmark) = Pennmaschine. GUB (Guben) = Gehirnlos und Blind. Die Brandenburgerin fällt auf, weil ihrem Polo, kaum hat er gehalten, fünf weitere Insassen entsteigen, die sich erst wieder geschlechter- und gliedmaßenmäßig sortieren müssen, ehe sie an den Türstehern vorbeikommen. Sie fällt auf, weil sie sich entweder zu zaghaft oder zu gierig ins Getümmel stürzt. Zaghaft ist sie, weil sie die Rückfahrt im Kopf hat, immer wieder verstohlen auf die Uhr sieht und sich Wasser ins alkoholische Getränk schüttet. Gierig ist sie aus demselben Grund, den sie aber aus Leibeskräften verdrängt, da sie, wo sie schon mal hier ist, auch so viel wie möglich von der Party haben möchte. Um dieses Missverhältnis auszugleichen, trägt sie Pumps, die einen besonders hohen Absatz haben oder Lidschatten einer besonders grellen Farbe, oder sie hat sich die Strähnchen diesmal besonders bunt in ihre Frisur hineinwaschen lassen. Ihre Clique oder – je nach Alter – *Truppe* trinkt inzwischen Lumumba, Bananenbier oder Rotkäppchensekt. Wenn der Abend besonders gut läuft, lernt sie den Besitzer eines tiefer gelegten Golf kennen, der sich gerade den Bauernhof seiner Eltern ausbaut. Fortan werden sich die Abstecher ins Nachtleben häufen, bevor sie dann rapide abnehmen und man dem örtlichen Kegelklub beitritt.

Kurz: Ohne Berlin würden die Brandenburger wirklich

aussterben. Der übers Land verstreute Nachwuchs hätte kaum Gelegenheit, sich zu beäugen, und die Fortpflanzung wäre ernsthaft bedroht.

Die Berlinnähe ist für die Brandenburger außerdem günstig, weil die vom Großstadtlärm geplagten Hauptstadtbewohner eine ihrer Haupteinnahmequellen sind. Wer würde sonst im Sommer die Bratwurstbuden und Hofläden, die Fahrgastschiffe und Eisdielen bevölkern? Leider ist das Nummernschild mit dem großen I, an dem man die Berliner zu DDR-Zeiten sofort erkannte, in den Wendewirren verloren gegangen. Dass da *I*dioten am Steuer sitzen, wissen die Brandenburger trotzdem. Sonst würde es die vielen Unfälle nicht geben, die ihren Alleen den Ruf von Todespisten eingebracht haben. An den Einheimischen liegt das nicht! Wenn sie jung sind und es eilig haben, ihre Freundin im Nachbardorf zu besuchen, oder wenn sie in älteren Jahren den Unterschied zwischen einem Mähdrescher und einem Auto nicht mehr für so wichtig halten, rasen sie genauso wie die Städter, die in der freien Wildbahn endlich mal die PS-Sau rauslassen wollen. Die neu angelegten Fahrradwege werden von der Dorfjugend gern für nächtliche Rennen in frisierten Wagen benutzt. Das Auto ist für den Brandenburgischen Jungmann so wichtig wie der Nasenring und die Ganzkörpertätowierung, was man bei Moritz von Uslar nachlesen kann.

Die motorisierten Einheimischen haben allerdings den Vorteil, dass sie in Ermangelung anderer Tätigkeiten ihre Kleinstadtrunde oft genug drehen, um mit jedem Baum am Straßenrand persönlich bekannt zu sein. Der Berliner oder: die Bulette, wie die älteren Brandenburger ihre hauptstädtischen Nachbarn liebevoll titulieren, fährt nur bei gutem Wetter aufs Land. Welche Gefahr von diesen ahnungslosen Sonntagsfahrern ausgeht, sobald es zu regnen beginnt, zeigen die Schilder, die man extra für sie erfunden hat. Sie verdeutlichen, was passiert, wenn ein Auto mit einem Baum kollidiert.

Dank der Berliner sind die Potsdamer auch ihren schlechten Ruf losgeworden. Sie haben ihn einfach an die Großstädter abgetreten. Noch um 1800 wurde die Bezeichnung »Potsdamer« mit bestimmten Umgangsformen verbunden, die man heute eher den Berlinern nachsagt: »Höflichkeit und zuvorkommende Gefälligkeit scheint hier nicht der Hauptzug in dem Charakter der meisten Leute vom gemeinen Stande zu seyn«, heißt es im Brief eines Zeitgenossen.

Fehlende ICEs oder Verunglimpfungen vonseiten der Hauptstädter nehmen die Märker gelassen. Die manchmal stoisch wirkende Ruhe der märkischen Gesinnung beruht auf einer zutiefst weisen Einstellung zum Leben. »Allns het sien Tied« wie die Mundart es formuliert: alles hat seine Zeit. »Allns, wat sick ünnern Hümmel affspöln deit, passeert naoh de Klock … Up de Welt-Kaom het sien Tied, un van de Welt-Müttn het uck sien Tied. … Doodmaokn un Heelmaokn, Striedn und Freednholln.« – Alles, was sich unterm Himmel abspielt, passiert nach der Uhr. Auf die Welt kommen und von der Welt müssen. … Totmachen und Heilmachen, Streiten und Frieden halten.

Und so ist es nur gerecht, dass der neue Großflughafen der Hauptstadt auf märkischem Sand steht. Jetzt landen alle, die nach Berlin wollen, erst einmal in Brandenburg. Da der Bahnanschluss in die Hauptstadt unter der Erde liegt, wird Brandenburg allerdings vor allem aus der Vogelperspektive und aus der Maulwurfperspektive international von sich reden machen.

Bei meinem letzten Abflug vom Flughafen Schönefeld befuhr der Airport-Express noch die überirdisch verlegten Gleise des alten Sputnik. Dieser Schnellzug hatte früher Potsdam mit Schönefeld und Berlin verbunden. Ich saß in einem halb leeren, mit gelben Plastiksitzen ausgestatteten Billigflieger und sah draußen die türkisfarbenen Streifen des Enteisungsmittel auf den zusammengeschobenen Resten von Schnee, durchsiebt von Steinchen, Sand und dem öligen Tauwasser der Startbahn. In der Abfertigungshalle aus Blech hatte es nach altem Kaffee gerochen und nach Klo. Die Flugbegleiter waren müde. Der geplante Großflughafen war nichts als eine ferne Baustelle. Als wir auf die Startposition einschwenkten, tauchte im Fenster jenseits des Rollfeldes ein dunkles Backsteingebäude auf. Dort hatte meine Mutter zu Zeiten der INTERFLUG ihr Büro gehabt. Meine Mutter hatte den Fünfjahrplan des staatlichen Unternehmens mit errechnet. Als Kind hatte ich sie oft besucht. Wir waren auf die Besucherterrasse gegangen und hatten den rot-weißen Tupolew 134 oder IL 60 nachgesehen, die nach Sofia oder Kiew flogen. Damals war der Tower mit seinem roten Dach neu gewesen. Als der Tower nicht mehr so neu war, war das Unternehmen abgewickelt worden.

Ich weiß nicht, was sich heute in diesem dunklen Backsteingebäude befindet. Vielleicht steht es leer. Vielleicht wird es von einem der »lowcost-carrier« als Lager für Werbebroschüren benutzt. Der Billigflieger vibrierte, dann zog er an und raste über die Startbahn den Wolken entgegen.

»Leeve Frünn! Scheetn het sien Tied un Scheetiesern up'n Schrott doon. Plaonwittschafft het sien Tied, un Marktwittschafft het sien Tied. Lüü in't Gefängnis brengn un Lüü ruutlaotn, an d' Kandarr nähm un up d' Koppel loopn laotn.«

Zu DDR-Zeiten war dieser Flughafen Dreh- und Angelpunkt der vorgegaukelten Weltoffenheit eines Staates, der seinen Luftfahrtangestellten nicht gestattete, Verwandte in westlichen Wirtschaftsgebieten zu haben. Nach der Wende wurde er zu einem Provisorium für Billigflieger in Orange, Lila und Gelb. Ab Juni 2012 ist er der modernste Flughafen Deutschlands, angelegt auf siebenundzwanzig Millionen Passagiere, ausbaufähig für eine Auslastung von bis zu fünfundvierzig Millionen Passagiere. Der Flughafen »Willy Brandt« ist ein sogenannter Midfield-Airport. Zwei parallel angelegte Startbahnen, zwischen denen sich der Terminal befindet, können unabhängig voneinander bedient werden. Seit Baubeginn im September 2006 gibt es wegen dieser Startbahnen erhitzte Debatten. Man streitet darüber, in welchen Zeitabständen und zu welcher Uhrzeit die Startbahnen benutzt werden dürfen, wie niedrig und in welchen Kurven die Flugzeuge übers Land fliegen sollen. Das Raumordnungsverfahren hatte bereits Jahre zuvor festgestellt, dass Schönefeld der ungünstigste Standort für ein internationales Drehkreuz wäre. Sperenberg war als die bessere Alternative ins Spiel gebracht worden. Aber dann hatte es einen dieser beschwingten politischen Beschlüsse gegeben, bei dem die Brandenburger nicht befragt worden waren, weshalb sie ihn nicht hatten verhindern können, und jetzt liegen der südöstliche Speckgürtel, Teile Berlins und halb Brandenburg in der Fluglärmzone. Von Groß Ziethen bis Caputh, von Blankenfelde-Mahlow bis Eichwalde hörten die Menschen schon vor Inbetriebnahme der Startbahnen ihre Fensterscheiben klirren, sahen Kerosinflecken auf ihren Seen, befürchteten nicht ohne Grund, dass künftig ihr sonntäglicher Mittagsschlaf auf der Hollywoodschaukel von kreischenden Turbinen zersägt würde. Es fanden Demonstrationen statt. Bürgerinitiativen gründeten sich. Hausbesitzer zogen gegen Land, Bund und Flughafenbetreiber vor Gericht. Viele der Frustrierten waren gerade erst von der lärmenden Großstadt ins Grüne gezogen.

Schlussfolgerung: Berliner und Brandenburger sind sich manchmal sehr ähnlich. Manchmal wollen sie tatsächlich dasselbe.

[1] Kleine lexikalische Hilfestellung: Mit mao ist hier nicht der kommunistische Führer gemeint, und lao ist keine buddhistische Zauberformel. Beides lässt sich einfach als »a« lesen, also: maokn = machen/laotn = lassen/Plaon = Plan
Scheetn = schießen, und: Scheetiesern = Schießeisen
Zitiert aus: Andacht öwer Prediger 3 to »Plattdüütsch in de Kirch Berlin-Brannborch« Groodn Bress, 9.11.1992, Gottfried Winter. Gekürzt aus: Ünnerwäägns to de Minschn, Kontinuum, Müggendorf 1995

Bebauter Raum

Ein Volk, das ohne Sehnsucht lebt. / So standen sie mit toten Augen, / und fühlten nicht den Frühling rings. / Und mählich kam der Abend / In diese fremde Stadt.

(Georg Heym, Schüler am Friedrich-Wilhelm-Gymnasium in Neuruppin, bevor er 1912 bei dem Versuch, einen Freund zu retten, in der eisigen Havel ertrank)

Wer vom historischen Überfluss in der Landeshauptstadt genug hat, findet leicht Ernüchterung. Er muss nur ein wenig ins Land hineinfahren, am besten in die

Industriestädte

Schwedt an der Oder ist eine helle, geräumige Stadt. Sie grenzt an die hügeligen Auen des Unteren Odertals. In der Ferne strahlen die Wiesen in blauschattiger Tiefe auf. Der Himmel spannt sich weit über den Polderbrücken nach Polen. Paddler und Jachten treiben auf der Hohensaaten-Friedrichsthaler Wasserstraße stromabwärts. Jenseits des Nationalparks, mitten in der Oder, verläuft die deutsch-polnische Grenze. Schwedt ist eine Grenzstadt. Das öffnet die Menschen, das löst Fernweh aus, das ist vielleicht auch für die ungewohnte Freundlichkeit der Kassiererin im Supermarkt verantwortlich. Ortsfremde sind hier keine Seltenheit. Während Autos mit deutschen Kennzeichen nach Polen zum Tanken fahren, bringen Autos mit polnischen Kennzeichen die Insassen zum Arbeiten nach Deutschland über die Grenze. Die Autos auf dem Parkplatz vor den Uckermärkischen Bühnen tragen beiderlei Kennzeichen. Das Schwedter Theater hat sich nach der Wende wieder einen Namen gemacht. Man besann sich auf die Tradition: In der Orangerie des Schwedter Schlosses richtete vor etwa zweihunderfünfzig Jahren Friedrich Heinrich Prinz von Preußen eines der ersten Theatergebäude Deutschlands ein.

Vor einigen Jahren noch hätte man mich auch mit Geld nicht nach Schwedt locken können. Schwedt, das war der Inbegriff von deprimierender Hässlichkeit. Das war graues, eisiges, zwölfgeschossiges Arbeiterghetto. Das war ein großes Wohnklo, in dem sich nach dem Matroschka-Prinzip unzählige kleine Wohnklos drängten. Wohnklos wurden die hellhörigen Plattenbauwohungen genannt. Der Sozialismus kümmerte sich nicht um individuelles Wohlbefinden. Er brauchte Wohnraum für seine Arbeitskräfte in der Papierfabrik und im Erdölverarbeitungswerk, das direkt an die Erdöltrasse »Druschba-Freundschaft« angeschlossen war und Kraftstoff produzierte. Schwedt, einst bevorzugter Wohnsitz von Kurfürstin Dorothea, der zweiten Frau des Großen Kurfürsten (Friedrich Wilhelm), und seit Einwanderung der Hugenotten auch Zentrum des uckermärkischen Tabakanbaus, war als sozialistische Vorzeigestadt zur ästhetischen Nullnummer geworden. Nach der Wende bedeutete der Name Schwedt vor allem eines: Alle wollen weg. In den identischen Betonschachteln wollte kein Mensch mehr leben. Das Personal der Betriebe wurde zusammengestrichen, Zehntausende Menschen wanderten ab. 1998 stand jede fünfte Wohnung leer.

Schwedt ist kein Einzelfall. In Eisenhüttenstadt oder Frankfurt/Oder standen ähnliche Plattenbau-Altlasten. Schwedt hat das Problem brandenburgischer Industriestädte als Erstes auf kluge Weise zu lösen versucht. Statt den Leerstand wegzusprengen und Brachen zu hinterlassen, ging Schwedt einen gefährlichen Weg. Die Stadt brachte Wohnungsbaugesellschaften und Mieter miteinander ins Gespräch. Man suchte gemeinsam nach der besten Möglichkeit, »von außen nach innen zurückzubauen« und ein lebenswertes Stadtbild zu schaffen. Das bedeutete Unsicherheit. Das bedeutete, dass Leute aus ihren eingewohnten Wohnungen aus- und wenige Meter weiter in eine sanierte, fremde, uneingewohnte Wohnung einziehen mussten. Die neu installierte Küche, das soeben gelieferte, erste West-Schlafzimmer mussten ausgebaut, umgezogen und neu eingebaut werden in einem Haus, von dem nicht immer geklärt war, ob es am Ende nicht auch »zurückgebaut« werden würde. Eingelebte Hausgemeinschaften wurden zugunsten einer abstrakteren Stadtgemeinschaft auseinandergerissen. Damit die Menschen über solche schockartigen Eingriffe ins gelebte Leben miteinander reden konnten, was häufig sehr laut geschah, schuf man Mieterplattformen. Die Stadt traf sich in frei geräumten Sporthallen. Nach einer Weile wurde klar, dass es mehr Sinn hatte, Vorhandenes neu zu gestalten, als die Stadt aufzugeben. Schließlich war Schwedt eine der wenigen übrig gebliebenen »industriellen Kerne« Brandenburgs. Papierfabrik und PCK-Raffinerie produzieren auch heute noch. Man beschloss, die Plattenbauten der Wohnkomplexe aus den Siebziger- und Achtzigerjahren zu lichten. Der Blick ins Grüne sollte sich weiten. Die oberen Stockwerke wurden geköpft, großzügig überdachte Eingänge geschaffen, die Wohnungen vergrößert. Viele schauten trotzdem weg, wenn sich die hydraulische Betonschere in den Beton ihres vertrauten Heimes fraß, der so hartnäckig war, dass selbst Abrissbirnen nichts gegen ihn ausrichten konnten. Auch der Beton wollte, dass alles beim Alten blieb. Aber durch die Neuerungen verließen immer weniger Menschen die ausgedünnte, begrünte Stadt, und heute können die, die noch da sind, einen von ABM-Kräften angelegten Uferradweg benutzen, wenn sie zur Arbeit fahren. Schwedt bekam für diesen gelungenen »Stadtumbau Ost« eine Medaille.

In Wittenberge, der größten Stadt der Prignitz, sind die drei großen Werke stillgelegt. Wer an der Elbe entlang in den Ort hineinradelt, fährt kilometerlang durch Industrieruinen. Aber Wittenberge hat einen Jungunternehmer. Jungunternehmer sind die Hoffnung einer Region. Außerdem ist dieser Jungunternehmer ein Rückkehrer. Und Rückkehrer sind selten. Händeringend wird um sie geworben, denn Rückkehrer sind gut ausgebildet. Sie haben in der Fremde Lebenserfahrung gesammelt und nützliche Spezialkenntnisse, sie fühlen sich dem Ort ihrer Herkunft verpflichtet, gründen eine Familie und senken damit den Altersdurchschnitt einer Stadt. Sie sorgen dafür, dass Kinder auf der Straße spielen und sich Einzelhandelsunternehmen ansiedeln, die etwas anderes anbieten als orthopädische Schuhe und Hörgeräte. Der junge Wittenberger Unternehmer musste nicht lange geworben werden. Er wollte zurück. Mit vierundzwanzig Jahren kaufte er das unter Denkmalschutz stehende Fabrikgelände der ehemaligen Ölmühle.

Salomon Herz hatte die Ölmühle Anfang des 19. Jahrhunderts an der Elbe gegründet und Wittenberge ins Zeitalter der Industrialisierung katapultiert. Nach der Wende konnte die hiesige Schmierölproduktion mit den Weltmarktpreisen nicht mehr mithalten. Die Mühle wurde geschlossen. Der Jungunternehmer hatte die Vision, ein Wittenberger »Eventzentrum« zu gründen. Dafür nahm er einen Kredit auf, dessen Höhe mir schlaflose Nächte bereiten würde. Innerhalb weniger Jahre entstanden in den Gebäuden aus der Gründerzeit unter Einhaltung der Denkmalschutzauflagen nicht nur Hotel, Brauhaus, Kletterhalle und Strandbar, sondern auch eine Ausstellung über die ehemalige Mühle. Ein DDR-Arbeiter ist mit Brotbüchse bei der Mittagspause zu sehen. Von einem bayerischen Gast wird die Wachsfigur so kommentiert: »Jo, mei. Schaua moa, so oa fauloa sozialistischoa Arbeitoa.«

Der Jungunternehmer setzt auf den Elberadweg, der ihm Touristen bringen soll, er setzt auf die »Tour de Prignitz«, er setzt auf seine Kumpels aus Schulzeiten; auch sie sollen hierher zurückkehren, so wie der Braumeister, der 1986 als einer der letzten in Wittenberge noch das Bierbrauen gelernt hatte, wieder aus Lübeck zurückkehrte. Und vielleicht setzt er auch auf die unterirdischen Geheimgänge. Sie führen in die anliegenden Industriegelände und sind teilweise zugemauert. Nebenan wurden Anfang des 20. Jahrhunderts Nähmaschinen von Singer hergestellt, die nach dem Zweiten Weltkrieg »Veritas« hießen und aus einem volkseigenem Betrieb kamen. Auch dieses Werk steht leer. Der dritte große Produzent in Wittenberge, die Zellstofffabrik, ist ebenfalls außer Betrieb. In den Geheimgängen lassen sich aber möglicherweise noch Entdeckungen machen. Unter dem Nähmaschinenwerk wurden im Zweiten Weltkrieg heimlich Waffen produziert, weil man sich im Werk einer amerikanischen Firma vor amerikanischen Bombern sicher glaubte. Zu Zeiten des Kalten Krieges gab es in der Mühle die Ein-Mann-Bude: In den Kellergewölben hinter verschlossener Tür war ein einzelner Arbeiter mit der Herstellung von jährlich 0,4 Litern eines Derivats betraut, das hundertfünfzigtausend Ostmark wert war und unter hoher Geheimhaltung an die Sowjetarmee geliefert wurde. Niemand außer dem Generaldirektor wusste davon. Das Derviat diente als Raketenantrieb. Vermutlich flog Juri Gagarin damit ins All.

Wittenberge hat mit seinem Rückkehrer Glück. Es kann noch einmal an die Geschichte jener ersten, wagemutigen Unternehmer anknüpfen, die im 19. Jahrhundert aus der feudalistisch-bäuerlichen Mark Brandenburg einen Industriestandort machten. Neben Salomon Herz gehörte auch Ferdinand von

Zeppelin dazu, der in Potsdam Luftschiffe entwickelte. Johann Gottlieb Koppe gründete eine Zuckerfabrik im Oderbruch, und Carl Gottlob Wilkes betrieb eine große Hutfabrikation in der Niederlausitz. Heute werden diese Selfmademen, die wie Salomon Herz erst einmal alles groß denken und erstaunlich häufig dann auch etwas Großes erwirtschaften, eher mit den USA assoziiert. Der junge Betreiber der Alten Öhlmühle fühlt sich Salomon Herz verpflichtet. Das hier gebraute Bier heißt HerzBräu. Wenn die Backsteingebäude der alten Speicher zu den »Elblandfestspielen« von Opernarien und Musicals beschallt werden, wird man ihn in der Menge sehen und vielleicht für einen Auszubildenden halten.

Brandenburg an der Havel segelt spätestens seit 2003 hart am Wind des Glücks. Zu DDR-Zeiten gehörte die Stadt ebenfalls zur Palette der Hässlichkeiten. Ein Stahl- und Walzwerk und ein Ausbesserungswerk der Reichsbahn verpesteten die Umwelt. Plattenbaugebiete faserten am Stadtrand aus. Ein düsteres Braunrot war die bestimmende Farbe im Zentrum. Häuser verfielen, Straßen verfielen, überall floss schmutziges Wasser, und gleich hinterm Wasser hockte die Armee. Keine Spur davon, dass diese Stadt an vier Seen grenzt und im Norden an den Naturpark des Westhavellandes. Keine Spur davon, dass diese Stadt schön sein kann. Dass das Braunrot zu ansehnlichen mittelalterlichen Kirchen gehört und nicht zu rostigen Stahlträgern. Dass die Stadt einst für ihr Blechspielzeug wie den Kletteraffen berühmt war und nicht für ihre Panzerfabrik. Dass die Havel glitzert, statt zu stinken. Dass sich fünfzig Brücken über die Wasserläufe spannen, darunter eine Bauchschmerzen- und eine Himmelsbrücke. Anwohner fahren mit Paddelbooten oder Segeljachten bis vor die eigene Haustür. Von den Dachterrassen haben sie einen weiten Blick übers Wasser und auf die Dominsel. In der Einkaufsstraße gibt es einen Eisladen, der den Titel »Bestes Eis Brandenburgs« verdiente, gebe es nicht einen noch besseren in Potsdam. Loriot wurde hier geboren und in der ältesten Pfarrkirche des Landes, St. Gotthardt, getauft. Und wenn man von der Jahrtausendbrücke hinabsieht, spiegeln sich die Farben der Häuser und die Köpfe der Menschen vielfach im Wasser wider. In den Türmen der Brücke gibt es zwei Cafés, die einen kosmopolitischen Charme verströmen.

So jedenfalls hörte ich es von einer Kalifornierin. Kosmopolitisch, sagte sie und setzte sich mit ihrem Cappuccino ans Salzhofufer. Hier könne sie sich vorstellen zu bleiben. Die Stadt habe Flair. Die Kalifornierin gehörte zu denen, die sich von den medialen Horrorszenarien über das Brandenburgische nicht hatten abschrecken lassen. Sie wollte es sich begucken. Die Liste der Ehrenbürgerschaft der Stadt schlafe allerdings noch tief den Schlaf der Konservativen, befand sie später. Birgit Fischer allein auf weiter Flur zwischen neunundzwanzig Männern? Als Frau müsse man erst zur weltbesten Kanutin aller Zeiten werden, um auf diese Liste zu kommen, während die männlichen Geehrten nur ein Kaufhaus besitzen oder ein guter Lehrer gewesen sein müssten? Das gehöre schleunigst kosmopolitisch aufgefrischt, so die charmante Touristin, bevor sie eine Motorjacht bestieg und in die Auwälder und Röhrichte der Unteren Havelniederung hinein entschwand.

Als nach der Jahrtausendwende mit der neuen Oberbürgermeisterin frischer Wind in die Stadt kam, hatten die Stahlwerker aus ihren überalterten Siemens-Martin-Öfen längst ein Industriemuseum mit Seltenheitswert gemacht. Und mit dem »Inspektorenhaus« hatte eines der wenigen Lokale der Region eröffnet, die dafür sorgen, dass Gäste, denen die flächendeckend verabreichten Fertigsoßen und aufgetauten Tiefkühlspeisen weniger zusagen, nicht verhungern.

Eisenhüttenstadt möchte auch Glück haben. Man habe »viele Eisen im Feuer« lautet die noch etwas vage Formulierung der Stadt der Hochöfen. Mit dem Glück ist es nicht so einfach. Bei ihrer Gründung in den Fünfzigerjahren gab sich die

Stadt zunächst den Namen eines Massenmörders und Diktators. Acht Jahre später, als die Politik sich geändert hatte, wollte man nicht mehr Stalinstadt heißen. So kam es, dass die Menschen abends in Stalinstadt schlafen gingen und morgens in Eisenhüttenstadt aufwachten; über Nacht waren heimlich alle Schilder ausgetauscht worden. »Hütte«, wie die Stadt von ihren Einwohnern liebevoll tituliert wird, wurde außerdem auf dem Reißbrett als sozialistische Wohnstadt entworfen. Das machte sie zwar funktionell, aber nicht schön. Darin ist sie anderen Planstädten der jüngeren Vergangenheit in Russland, Schweden oder den USA nicht unähnlich, weshalb denjenigen unter den Lesern, die schon immer Nowosibirsk anschauen, aber nicht so weit reisen wollten, auch Eisenhüttenstadt im Winter empfohlen werden kann. Östlich der Bahntrasse sind aus den ehemaligen Planstadtquartieren Brachen geworden. Die Plattenbauten wurden abgerissen. Struppiges Gras breitet sich aus. Nur die Laternen stehen noch, ein paar Treppen und rostige Geländer. An den Laternenmasten hängen Fahnenhalterungen, als sei erst gestern noch mit Hammer und Sichel geflaggt worden, und das Licht geht abends an. Was es beleuchtet, bleibt unsichtbar.

Ortsfremde wie die Asylbewerber in der Erstaufnahmestelle der Zentralen Ausländerbehörde Brandenburgs stellen fest, dass ihre Handys sich in polnische Telefonnetze einwählen, dass es viele Beerdigungsinstitute und Altenheime und wenig Eckkneipen und Spielplätze in der Stadt gibt. In der genehmigten Höchstaufenthaltsdauer von drei Monaten haben sie allerdings kaum Zeit, sich darüber zu wundern. Sie sind damit beschäftigt, im abweisenden Weiß der Behörde, die zu ihrem Schutz mit einem hohen Zaun umgeben ist, nicht die Hoffnung zu verlieren. Wenn sie das Gefühl der Vergeblichkeit packt oder eine Endzeitstimmung, wie sie auf der anderen Seite des Zauns zum diffusen Stimmungsbild gehört, wird das andere Ursachen haben als bei den Eisenhüttenstädtern, die manchmal noch von einem Gegenwartsmangel befallen sind.

Guben ist die östlichste der Oststädte. Sie grenzt wie Schwedt, Eisenhüttenstadt und Forst an Polen. Ursprünglich lag die Stadt auf beiden Seiten der Neiße. Im Potsdamer Abkommen 1945 wurde Guben aufgeteilt; die Stadt östlich der Neiße heißt heute Gubin. Zwischen der polnischen und der deutschen Seite liegt eine Insel, auf der früher das Theater und heute zwei Fußgängerbrücken die Menschen jenseits und diesseits des Flusses verbinden. Was einmal die berühmte Oder-Neiße-Friedensgrenze war, ist ein beliebtes Gebiet für Wildwasserfahrer geworden. Kajaks schießen durch die Fluten. Die westliche Neiße-Stadt sollte mit ihrem Namen ebenfalls einmal einem kommunistischen Politiker ein Denkmal setzen. Man lag nicht ganz so daneben wie der nördliche Nachbar »Hütte«: Aus Guben wurde die Wilhelm-Pieck-Stadt Guben. Pieck war der erste und einzige Staatspräsident der DDR (danach hießen sie Staatsratsvorsitzende) und gebürtiger Gubener. Seit das VEB Chemiefaserwerk der Wilhelm-Pieck-Stadt 1990 dichtmachte und auch hier Plattenbauten abgerissen wurden, tauchte in der mittlerweile wieder ohne Beinamen existierenden Stadt Guben ein neuer Name auf: Der Plastinator Gunther von Hagens zog als wichtiger Investor in die leer stehenden Hallen der ehemaligen Tuchfabrik ein. Zukünftig heißt es vielleicht: Guntherstadt Guben. Die Plastination, ein Konservierungsverfahren, bei dem Zellflüssigkeit durch Kunststoff ersetzt wird, sorgte jedenfalls für Aufsehen. Von Hagens macht aus toten menschlichen Körpern lebendig wirkende Kunstprodukte, die er in seiner Ausstellung »Körperwelten« um den Globus schickt. In Gubens »Anatomischem Kompetenzzentrum« wird das heikle Verfahren näher beleuchtet.

Denken Sie nicht, es wäre nur darum gegangen, einen Investor an Land zu ziehen. Das würde eine wesentliche Eigenart dieses Landstriches außer Acht lassen: In eine Gegend, die sich seit Jahrzehnten mit den Überbleibseln einer verendeten Gesellschaftsform herumschlägt, ausgerechnet den Plastinator von Leichen zu holen, das ist große Komik. Grubenschwarzer Galgenhumor! Wer die Hälfte seines Lebens an einem mit Fabriken zugeknallten Ufer leben musste (heute die »Neiße-Terrassen«, eine offene Park-Fluss-Landschaft mit freiem Blick über die Neiße nach Gubin), der hat aus reiner Notwehr Schlagfertigkeit und Hintersinn entwickelt. Calau lässt grüßen. Und aus Calau kommt der weltberühmte Nichtwitz. Der Kalauer. Es gibt Missgünstige, die die Entstehung dieses Flach- oder Plattwitzes lieber den Franzosen zuschreiben wollen und behaupten, er leite sich vom französischen Wort »calembour« (deutsch: Wortspiel) ab. Aber das sind Sachsen, und die Sachsen leiten alles von den Franzosen ab und können außerdem die Preußen nicht leiden. Ich bin schon deshalb vollkommen überzeugt vom Calauer Ursprung, weil die Polizei in Calau einmal im Jahr Kalauer verteilt: Falschparker bekommen ein Knöllchen, auf dem gekalauert wird. Hätten die Calauer diese geistreiche Gattung des Unwitzes nicht erfunden, wäre auch der Komiker Heinz Erhardt niemals auf die Idee gekommen, eines meiner liebsten Kalauergedichte zu schreiben, in dem es – wie häufig auch in Brandenburg – um die Umgestaltung von Landschaft geht:

Würden sämtliche Berge der ganzen Welt
zusammengetragen und übereinandergestellt,
und stürzte dann unter Donnern und Blitzen
der Berg in dieses Meer… Das würd' spritzen!

Tagebaustädte

Die Städte in der Niederlausitz haben Glück, weil sie noch da sind. Sie stehen zwar ein bisschen einsam in der Gegend herum, seit das dörfliche Umland verschwand, verschlungen von den Tagebauen, aber immerhin: sie stehen. Senftenberg, Spremberg, Finsterwalde, Lauchhammer, Forst und Cottbus wurden nicht abgebaggert. Sie sind sogar noch gewachsen. Sie mussten die Flüchtlinge aufnehmen, die obdachlos aus den eingestampften Dörfern kamen. Ein Grund mehr, die Plattenbauweise zu loben: Sie sorgte am schnellsten für ein Dach überm Kopf. Eilig hochgezogene Neubaughettos umlagern in mehreren Ringen die alten Kerne dieser Städte. Tausende Menschen wurden zugunsten der Kohleförderung in den letzten Jahrzehnten umgesiedelt. Aus ihren Einfamilienhäuschen und Bauerngehöften zogen sie in fernbeheizte Dreiraumfertigwohnungen. Der Kohlenstaub war das Einzige, was für die Neuankömmlinge von der einstigen Heimat übrig blieb. Wenn der Wind ungünstig stand, wehte er von den nahen Brikettfabriken herüber. Und der Wind stand immer ungünstig. In kleinen schwarzen Fettpünktchen setzte sich der schwarze Staub auf die frischen weißen Laken, die zum Trocknen auf den Wäscheplätzen hingen.

Wer hier lebte, wurde entweder besonders pingelig oder besonders gleichgültig. Die Leute entwickelten in jedem Fall ein praktisches Verhältnis zur Schönheit. Es lohnt sich nicht, die edlen Pumps zu tragen, die feine weiße Bluse, wenn man doch nur durch Kohlendreck latscht. Feine weiße Blusen blieben im Schrank. Ebenso praktisch ging man mit der Einrichtung der Städte um: Sie strotzten vor Kargheit. Gab es doch ein Büschel Stiefmütterchen vor dem Rathaus, waren die Blumen so aschfahl wie die luftleeren Reifen, die als Blumentöpfe dienten. Und niemand putzte die Blütenblätter.

Unterhalb dieser Kargheit brodelt es. Da ist was los. Ich meine damit nicht nur, dass man in den vergangenen zwanzig Jahren den Schmutz aus der Luft gewischt und die Städte geputzt hat. Das Senftenberger Schloss oder das grandiose Jugendstiltheater in Cottbus tauchten verheißungsvoll aus dem schwarzen Nebel auf; ein Schock für die Leute. Die hatten ganz vergessen, in welch glanzvoller Nachbarschaft sie lebten, und bemühten sich von nun an, wieder liebevoll von ihren Städten zu reden. Auch die Sympathien für Sachsen wurden wieder offenkundig, seit vom Bismarckturm in Spremberg die Bautzener Berge so schön im blauen Dunst heiterer Sommer zu sehen sind. Und »die Sänger von Finsterwalde« singen besser, seit die Bronchien leiser rasseln.

Ich meine mehr als die Verfreundlichung der Innenstädte mit Cafés und Museen. Das Cottbuser Kunstmuseum im ehemaligen Dieselkraftwerk richtet den Blick auf die ostdeutsche Kunst (die Dieselkraftwerke abbildet). Das Textilmuseum in der ehemaligen Tuchfabrik in Forst erklärt das Tuchmacherhandwerk in einer Tuchfabrik, duftend umflort von den Rosen des Rosengartens. Und ohne Lauchhammer gäbe es die Großplastik nicht. Laut dem Kunstgussmuseum im ehemaligen Lauchhammerwerk wurde das Gießen von Helden, Rittern und Königen, von Göttinnen und – selten – Herrscherinnen in Eisen und Bronze in Lauchhammer erfunden. Freifrau von Löwendal hatte im frühen 18. Jahrhundert in dieser Stadt am Sumpf (Lauch = Sumpf) ein Eisenhammerwerk eröffnet.

Was ich meine, ist eine Verrücktheit. Untergründig, aber spürbar regen sich Lebenslust und Risikofreude. Die Niederlausitzer sind ein bisschen durchgeknallt. Sie haben die Hässlichkeiten, die man nicht mehr sehen will, einfach unter Wasser gesetzt. Schwamm drüber, sagen sie und lassen ihre Landschaft volllaufen. Im Oderbruch sind die Leute froh, wenn der Hochwasserspiegel sinkt, in der Niederlausitz dagegen werden bis 2018 siebentausend Hektar Land in Seen verwandelt. Das ehemalige Dreckloch wird zum Erholungsgebiet mit Wasserflugplätzen und Stränden.

Die Niederlausitzer sind so stolz auf ihre künstliche Wasserlandschaft, dass sie es sogar mit den Mecklenburgern aufnehmen wollen. Die Fischköppe seien nicht mehr die einzigen Ossis mit Meer, schallt der Ruf protzig in den Norden. Man habe jetzt auch eines: die »Cottbuser Ostsee«. Die Leute sind so glücklich über ihr Wasser, dass sie schon mal ihre Liegestühle hinterm Stacheldrahtzaun aufbauen, an dem noch das Schild »Betreten Verboten! Lebensgefahr!« hängt, und den Blick verzaubert auf den staubig schwarzen Horizont richten. Sie sind so glücklich, dass sie sich die besten Plätze fürs

Zelt reservieren, auch wenn der Wasserspiegel noch dem einer großen Pfütze ähnelt. »Ist gerade Ebbe«, so der O-Ton der Optimisten. Nur manchmal, nachts, keimt leise die Befürchtung auf, am nächsten Morgen das Haus nicht mehr verlassen zu können. Denn vielleicht hat der Gehweg über Nacht eine hohe Welle geschlagen. Manchmal sacken Straßen auch plötzlich ab oder schieben sich zu Hügeln zusammen. Und wenn es ganz schlecht läuft, sorgt der steigende Grundwasserspiegel dafür, dass ein Marktplatz von einem Wellenkuchen nicht mehr zu unterscheiden ist.

Die Verrücktheit hat zwei Ursachen. Zum einen sind die Niederlausitzer Nachfahren von Raubrittern. Senftenberg oder Finsterwalde waren Raubritterneste, bevor sie ehrbar wurden und als Markgrafschaft Niederlausitz erst zum Königreich Böhmen gehörten und ab 1635 zum Kurfürstentum Sachsen. Der sächsische Kurfürst hatte die Niederlausitz als Lehen vom deutschen Kaiser erhalten. Hier liegt der zweite Grund für das entspanntere Leben im südlichen Brandenburg: Man steckte nicht so lange im Korsett der preußischen Ordnung. Die Niederlausitz wurde erst 1815, nach der Niederlage Napoleons, auf dem Wiener Kongress Preußen zugeschlagen. Man hatte ein Jahrhundert länger Zeit, um – aus Sicht der Preußen – unlogisch, ungebunden und verschwenderisch zu leben. Erst in jüngster Zeit hat sich das Preußische auch in die Sprache gedrängt. Offiziell stehen die Liegestühle der Badewilligen in einer »Bergbaufolgelandschaft«.

Die Tagebaustädte sind reich. Das ist unabhängig von ihrer wirtschaftlichen Situation, unabhängig von den Streits um die Braunkohleverstromung, die mit dem Abschalten von Kernkraftwerken noch einmal einen Aufschwung erlebt. Sie sind reich, weil jede dieser Städte nicht nur einen, sondern zwei Namen hat. Nehmen wir Senftenberg im Zentrum der künstlichen Seenplatte. Zunächst scheint die Namensgebung eindeutig: Eine Stadt mit Berg, in der es würzig nach Senf riecht. Falsch. Auch wenn die Anwohner gern von ihrem »Mostrichhügel« reden, wurde in Senftenberg nie Senf hergestellt. Bevor die Stadt das Schicksal des Bergbaus ereilte, war sie eine Winzerstadt mit Weinbergen und einer Sektkellerei. Ab dem 12. Jahrhundert wurden auf den südlich besonnten Hügeln Reben und Obst angebaut, Schafe grasten unter den Apfelbäumen. Auch Gerber gab es hier, die die Schafshaut weiterverarbeiteten, weshalb es in den ärmeren Stadtvierteln nicht würzig roch, sondern wohl bestialisch stank. Es gibt nun zwei Möglichkeiten, den Namen Senftenberg zu deuten. Die einen glauben, die Stadt heiße so, weil sie »sanft am Berg« liege, die anderen, weil es eine »Sumpftenburg« gewesen sei. Wer beidem nicht traut, kann auch »Zły Komorow« sagen. Das ist sorbisch und folgt der klaren Logik, dass eine Stadt am Fuße einer Burg in den Sümpfen häufig von Mücken heimgesucht wird. Die Mücken an diesem »Schlimmen Mückenort« konnte der Kohlenstaub leider auch nicht vertreiben.

Cottbus heißt auf sorbisch Chóśebuz. Im Verlauf der Geschichte hatte das heutige Zentrum der Niederlausitz noch unzählige andere Namen, die sich zur Freude der Einwohner besonders im Fall von Chotibuz oder Kukubuzl nicht lange gehalten haben. Der sorbische Name der Stadt Forst klingt nach der berühmten polnischen Rote-Beete-Suppe. Ob diese Suppe in Forst besonders gern gegessen und die Stadt deshalb Baršć genannt wurde, ist mir allerdings nicht bekannt.

Mit beiden Namen, dem sorbischen und dem deutschen, sind die Städte auf Ortseingangsschildern, auf Verkehrsschildern und im GPS vertreten. Das ist einer der letzten Hinweise auf die sechzigtausend Sorben, die in dieser Gegend leben. Die Sorben stammen von den ursprünglichen Einwohnern, den Lusitzi, ab, die auch Westslawen oder Wenden heißen, eine Namensvielfalt, die bis heute Anlass bietet, sich immer mal wieder bis aufs Blut darüber zu streiten, wie die korrekte Bezeichnung lautet. Dass Lusitzi etwas mit der Lausitz zu tun hat, erkennt auch der sanftmütige Mensch am ähnlichen Klang. Im Allgemeinen ist der Klang des Sorbischen nur noch selten zu hören. Es gibt keine zusammenhängende Siedlung der Sorben mehr, und die beste Chance, eine Tracht im Original zu sehen, hat man im Freilandmuseum Lehde bei Lübbenau. Nur die traditionellen Volksfeste wie das Hahnrupfen (Reiter treten gegeneinander im Wettstreit darum an, wer zuerst einem hängenden, toten Hahn den Kopf abreißt) oder Zampern/Zapust (Halloween trifft auf Fasching) werden mittlerweile auf den Dörfern wieder öfter gefeiert und nicht ausschließlich wegen der Touristen.

Die Tagebaustädte, südöstlich in Brandenburg, sind die Vorhut der deutsch-polnischen Beziehungen, die sich im Alltag früher oft auf Zigarettenschmuggel und den Billigeinkauf von Osteuropäerinnen reduzierte. Heute sind sie von gegenseitigen Hilfsaktionen nach einer Naturkatastrophe gekennzeichnet, und auch Proteste gegen die Schließung der wenigen Frauenhäuser im katholischen Polen werden von Aktivisten beider Länder zusammen durchgeführt. In der Kunst sind gemeinsame Aktionen besonders beliebt. Sie werden institutionell gefördert oder ergeben sich ganz zwanglos dadurch, dass der eine auf dem Trödelmarkt des anderen nach dem passenden Pinsel sucht. Mit dem FilmFestival des osteuropäischen Films findet im November in Cottbus der wohl größte Künstleraustausch statt. Seit über zwanzig Jahren werden in der Niederlausitzer Hauptstadt herausragende mittel- und osteuropäische Produktionen gezeigt. Cottbus ist damit nicht nur der einzige Ort in Westeuropa, an dem viele dieser Filme überhaupt zu sehen sind, sondern deckt auch einen Großteil des gesamtdeutschen Kulturaustauschs mit Osteuropa ab.

Städtchen

Würde Finsterwalde nicht im Braunkohlegebiet liegen, gehörte es in dieses Kapitel. Finsterwalde ist ein typisches Städtchen. Jahrhundertalte Häuser, im Sozialismus heruntergewirtschaftet, wurden nach der Wende mit großem finanziellen und medialen Aufwand saniert. Stuck und Schmuck an Fassaden und Skulpturen vor Portalen wurden ausgemottet, neu gegipst, abgestrahlt, wodurch der Beruf des Restaurateurs ungeheuer populär wurde. Bei einem Spaziergang durch Beeskow, Gransee, Belzig, Dahme, Kyritz, Wittstock, Luckau, Lübbenau oder Angermünde erscheinen die Gebäude des Mittelalters und der frühen Neuzeit so, als wären sie gerade erst erbaut worden. Vom alten Gemäuer ist wenig zu sehen, dafür erhält man einen guten Einblick in die neuesten Methoden und Forschungserkenntnisse der Restaurationskunst. Die historischen Innenstädte werden überstrahlt von einer Burg oder einem Schloss, die von brandenburgischen Markgrafen oder Landadligen bewohnt waren. Sie sind im Besitz einer Kirche, einer Postsäule oder eines Stücks Stadtmauer. Wittstock beispielsweise hat die längste erhaltene Stadtmauer Deutschlands. Mit einer Länge von zweieinhalb Kilometern umrundet sie die gesamte Innenstadt. Der kopfsteingepflasterte Marktplatz wird von barocken Bürgerhäusern gesäumt, von kleineren Ackerbürgerhäusern und von Fachwerkhäusern, in denen Handwerker wohnten; Zeugnisse vom Gedeihen der Mark und dem Wohlergehen des Kleinbürgertums unter Joachim II. im 16. Jahrhundert. Manchmal gibt es auf diesen Marktplätzen auch ein Café, in dem der Cappuccino nicht im Druckknopf-WMF-Turboverfahren gewonnen wird, sondern aus der echten Espressomaschine mit Siebträger fließt.

Die eigentliche Sehenswürdigkeit dieser Städtchen ist etwas anderes. Die eigentliche Sehenswürdigkeit ist das, was ein Gedenkstein in Kyritz mit folgenden Worten umreißt: »Dieser Stein erinnert an den 14.02.1842. Hier geschah um 10.57 Uhr NICHTS.«

Die Innenstädte zeichnet eine große Stille aus. Es sei denn, es ist Herrentag, Pfingsten oder Hochsommer, wo sie von Stille suchenden Touristen überschwemmt werden. Draußen vor den Stadttoren stehen ein paar Platten auf dem Acker. Tankstellen und Lidl-Märkte haben sich zu den ubiquitären

Platten gesellt. Manche sind ausgebrannt, bieten aber immer noch den besten Blick übers Land. Vor dem Polizeigebäude in Angermünde pflückt an einem Wochentag ein Angestellter der Stadt im Blaumann sorgsam Papierreste aus den Ritzen des Gehwegs. Niemand stört ihn. Die Ladenbesitzer haben ihre Türen weit aufgerissen, um die Kundin nicht zu verpassen, die sich auf den Weg in ihr Nagelstudio, ihr Mode&Mehr-Geschäft oder in ihren Schuhladen machen könnte, in dem auffällig viele Gesundheitssandalen mit bequemem Fußpolster in den Farben weiß und beige angeboten werden. Im Café am Münde-See sitzen zwei Verliebte. Wer vor dem »Wallenstein« auf dem Marktplatz sitzt, ist von außen nicht erkennbar; die Bestuhlung auf dem Platz vor dem rosa Fachwerkhaus ist von einem dichten Gerank exotischer Bäume umschlossen. Michael Kohlhase kaufte 1530 auf dem Angermünder Vieh- & Pferdemarkt Rappen und Schimmel, bevor er bei Heinrich von Kleist unter dem Namen Kohlhaas zum literarischen Antihelden wurde. Der Hauptmann von Köpenick saß in dieser Stadt im Knast, und Ehm Welk ließ seine *Heiden von Kummerow* in Angermünde eine Weltstadt sehen, die sich selbst heute das »Tor zur Uckermark« nennt.

Den Titel »Perle der Uckermark« beansprucht Templin. Während Angermünde in der Nähe der Oder liegt, umgeben von Getreidefeldern voller Kornblumen und Mohn, hinter weich geschwungenen Auen und vereinzelten Baumgruppen auf weiten Wiesen, ist Templin, fünfzig Kilometer weiter westlich, vom Buchen- und Kiefernwald der Schorfheide umschlossen. Zwischen fünf Seen liegt diese Siedlung aus dem Mittelalter, in der dienstags und freitags ein Bauernmarkt stattfindet. Vor dem barocken Rathaus haben Vietnamesen ihre Stände aufgebaut. Sie bieten Tücher und Handtücher und strapazierfähige Blusen an. Unter den Zeltdächern nebenan werden fleischfarbene Miederhosen verkauft. BHs in den Größen C und D schwingen im Wind. In den Nebenstraßen – aufgerüstete Fachwerkhäuser – bewirbt ein Regioladen den

Uckerkaas, Käse aus der Uckermark mit Bärlauch oder Kümmel, und das berühmte Basilikum-Erdbeer-Sorbeteis desselben Herstellers, alles Bio. Der Laden ist leer. Auch der Friseur »Hair-lich« wartet auf Kundschaft. Etwas abseits am Uferweg des Stadtsees kreist eine Spielzeugeisenbahn um Gladiolenbüsche. Ein Privatgarten wurde zur elektrischen Eisenbahnlandschaft umgerüstet. Am Gartentor steht ein Signalkreuz in Originalgröße und blinkt. Es blinkt hinein in den Sonnenuntergang über dem See, die Mücken tanzen. Ein handgeschriebenes Schild fordert Vorübergehende auf, per Knopfdruck die selbst gebauten Eisenbahnen zu betätigen. Dann rattert eine gelbe Bergbahn den Steingarten hinauf und hinunter. Ein Personenzug umrundet die Gladiolen.

Sonst geschieht nichts.

In Lenzen strahlt die Burg frisch aufgehellt vom Berg. Sie stellt die Fachwerkhäuser im Ort in einen blendenden Schatten. In diesem Randstädtchen an der Elbe, im letzten westlichen Zipfel Brandenburgs, ist die Innenstadt großenteils noch so erhalten, wie sie zum Mauerfall aussah: Sie wirkt wie die Kulisse für einen schwarz-weißen Nachkriegsfilm. Hier zeigt sich, dass das Alte mehr von Armut, Vernachlässigung und einem gnadenlosen Herunterwirtschaften erzählt als vom Mittelalter. Man muss schon sehr weit weg leben, um darin romantisierend Authentisches zu entdecken. An der Straßenkreuzung weist ein neues grünes Hinweisschild zum »Café am Markt«. Dieses Café entstammt einer Zeit, in der grüne Schilder, die Touristenströme sortieren, noch nicht gebraucht wurden. Es verbreitet noch die gute alte Speisegaststätten-Atmo; gelbgerauchte Gardinen, braunes Interieur und Tapeten mit großen Blumenmustern. Zwei Männer im weißen Rippenhemd hängen aus den oberen Fenstern. Sie beobachten die Auslagen vor dem vietnamesischen Laden »Viet Hung«. Nur dort bewegt sich etwas: Ein Windrad aus Papier dreht sich im Kreis. Es steckt in einem Ständer neben Backförmchen und asiatischen Suppen. Der Wind greift unter die blauen Papierbögen und lässt sie wie eine Scheibe aussehen. Dreht sich das Windrad schneller, hört man es bis hinauf zu den Fenstern knattern.

Kleinstädte

Für diese Art der kleinen Stadt wäre die Bezeichnung Städtchen irreführend. Sie ist zu schön. Eine Stadt wie Ludwigsfelde beispielsweise, die von einer Autobahn in zwei Teile geschnitten wird, ist nicht schön. Eine Stadt wie Zossen, deren Antlitz von einem Güterbahnhof bestimmt wird, ist nicht so schön. Rathenow hätte vielleicht schön sein können, wenn im Zweiten Weltkrieg nicht zuerst amerikanische Kampfbomber einen Teil der Stadt in die Luft gejagt und die Sowjets später nicht den Rest zerschossen hätten, kurz: wenn es den Krieg nicht gegeben hätte. Dann wäre Rathenow vielleicht noch immer einer der größten Optikstandorte der Welt. So belieferten nach dem Krieg die VEB Rathenower Optischen Werke nur den Ostblock mit Brillen, und die Brillenfirma Fielmann kann heute bloß noch einen kleinen Teil der Bevölkerung beschäftigen. An alten Wänden aus Ziegeln, wie sie in den Ziegeleien um Rathenow einst für Schloss Sanssouci und das Rote Rathaus in Berlin hergestellt wurden, leuchten Graffiti.

In Luckenwalde wurde der Pappteller erfunden. Das ist zwar ein nützlicher Gegenstand, aber nicht unbedingt ein Aushängeschild für die Schönheit einer Stadt, weshalb Luckenwalde froh ist, dass es in direkter Nachbarschaft ein wildromantisches Zisterzienserkloster gibt (Kloster Zinna). Das Attribut »Stadt der Schornsteine«, das Luckenwalde lange mit Stolz trug, kommt in Zeiten des Klimawandels nicht mehr so gut. Die Schornsteine werden auch nicht mehr gebraucht, seit die Produktion von Baustoffen, Hüten und Möbeln eingestellt ist.

Königs Wusterhausen ist stolz darauf, die Stadt zu sein, die mit dem Sender KW seit 1920 eine der ersten Sendeeinrichtungen in Deutschland besaß und gemeinsam mit Nauen zur Wiege des deutschen Rundfunks gehört. Das ist schon eine Weile her.

Auch Herzberg an der Elster hatte einst einen selbst strahlenden Sendemast. Mit dreihundertfünfundzwanzig Metern war er das zweithöchste Bauwerk der Welt, bis die Rote Armee ihn nach dem Krieg als Reparaturleistung abmontierte und in die sowjetische Heimat verschickte. Bis heute weiß niemand, wo er wieder aufgebaut wurde. Das Herzberger Gymnasium trägt den Namen Philipp Melanchthon, der in Herzberg eine der ersten Schulordnungen erlassen hatte. Mitte des 16. Jahrhunderts war diese Schulordnung wegweisend.

Velten ist die »Stadt der Öfen«. Von den etwa vierzig Ofenfabriken, die es zur letzten Jahrhundertwende in Velten aufgrund der vielen Tonvorkommen gab, ist nur noch eine übrig. Das absolute Highlight war die weiße Schmelzglasur der Kacheln, die zu Weltruhm kam. Auch das ist eine Weile her.

Aus Eberswalde kommt das Würstchen. Mit und ohne Darm. Gepökelt oder gekocht. Im Lakebeutel oder im Saitling. Die Ortsteile haben metallisch glänzende Namen: Eisenspalterei, Kupferhammer, Messingwerk.

Sie sehen, die Ausgangslage ist oft etwas schwierig. Aber alle diese Kleinstädte geben sich große Mühe. Sie haben ihre Marktplätze mit klimaneutralen Glasfassaden verschönert oder überhaupt erst Marktplätze geschaffen, sie haben ökologisch vollwertige Spielplätze und Tempo-dreißig-Zonen angelegt, aus alten Klubhäusern der FDJ Kulturkaufhäuser oder Kinos mit angeschlossener Spieleecke und Billardsalon gemacht, und ganz sicher lobt jede dieser Kleinstädte die gute Anbindung nach Berlin. Seit das Land Brandenburg den Tourismus zu einer seiner wichtigsten Einnahmequellen erklärt hat, gibt es garantiert eine Parkanlage mit exotischen oder vom Aussterben bedrohten einheimischen Pflanzen und dem höchsten Leuchtturm Brandenburgs (Rathenow), eine freie Improvisationstheaterguppe, die vom Kulturministerium gefördert wird, eine Kunsthalle in einem ehemaligen Vierseitbauernhof (Luckenwalde), ein Funktechnikmuseum (Königs Wusterhausen), ein Ofenmuseum (Velten), ein Strand- oder Spaßbad, eine Wakeboard- und Wasserskianlage (Großbeeren), einen Montage-Eber neben echten Ebern (ein Kran und der beliebte Tierpark in Eberswalde). Es gibt alle Sehenswürdigkeiten der Region noch einmal in klein (Erlebnisminiaturen-Park Elsterwerda), es gibt die Lange Nacht der Optik (schon wieder Rathenow), die Lange Nacht der Nähmaschine (Wittenberge, muss noch erfunden werden), die Lange Nacht der Countrymusik (überall), die Lange Nacht der Kneipen oder die Lange Nacht des Offenen Ateliers. In der Niederlausitz hat man die Industrie zur Kultur erklärt: Auf der stillgelegten Förderbrücke »F 60« und in der Brikettfabrik »Louise« bieten ehemalige Kumpel touristische Führungen an.

Manche Kleinstädte sind im Besitz einer Uferpromenade. Meistens ist sie nur ein paar Meter lang und hat nichts als einen Eiswagen zu bieten und den nur im Sommer. Aber der Uferstreifen wird so gelobt, dass der Malecón in Havanna oder die Promenade des Anglais in Nizza dagegen alt aussehen. Alle Kleinstädte besitzen ein Heimatmuseum. Meistens wurden die Heimatmuseen um einen Uniformjackenknopf herum gebaut, den einer der preußischen Regenten einst auf Durchreise verlor. (In der Niederlausitz gehörte selbiger Knopf August dem Starken.) Wer eine Wärmflasche ausstellen kann, die Napoleon benutzte, der gehört zur Museumselite, auch wenn sich der französische Monarch nur eine Nacht daran wärmte (Luckau).

Dörfer

Die für Brandenburg typische Siedlungsform ist und bleibt das Dorf. Lassen Sie sich durch die Begriffe Kleinstädte oder Städtchen nicht irreführen. Ich habe diese Unterteilungen gemacht, um diejenigen unter Ihnen, die ein Interesse daran haben einzuwandern, nicht von vornherein zu verschrecken. Brandenburg braucht jeden von Ihnen. Wir brauchen auch die Menschen, die aus den überbevölkerten Regionen des Rhein-Ruhr-Gebiets, aus dem Großraum Regensburg, aus den reichen Ballungsräumen in Schwaben kommen. Da man dort aber unter Wald nur das Fleckchen Park versteht, das einen Stadtteil mit dem anderen Stadtteil eines Stadtteils verbindet, und Rehe und Wölfe nur aus Kinderbüchern, als Abziehbilder auf Autohecks oder aus der Wilhelma kennt, wäre es ungeschickt, sie durch die vorschnelle Einsicht zu verschrecken, sie kämen als zukünftige Brandenburger wirklich vom Dorf. Aber irgendwann musste sie gesagt werden, die Wahrheit. Und so schrecklich sie auch ist; die Auswahl, von welchem Dorf Sie künftig kommen wollen, ist riesig.

Da wäre zunächst die Unterscheidung hinsichtlich des Genres. Ein Bauerndorf ist etwas völlig anderes als ein Gewerbedorf. Das Urlaubsdorf unterscheidet sich in seiner Geruhsamkeit eindeutig vom strengen Schlafdorf. Manchmal nennt sich ein Dorf auch Naturdorf oder Walddorf. Das heißt nur, dass die Straßen, die in so ein Naturdorf hineinführen, noch schlechter sind als sonst, und die Straßen, die aus dem Dorf hinauszuführen scheinen, in einem mit Regenwasser gefüllten Loch – dem Namen nach ein Forstweg – tief im Wald enden. Weil demzufolge nur wenige hinein und noch weniger wieder herausfinden, sind diese Dörfer meistens schön. Buchholz bei Fürstenberg beispielsweise ist mit seinen Häusern aus sandfarbenen Steinen auf einer von Wäldern umgebenen Wiese sehr schön. Ebenso Schulzenhof bei Dollgow. Dieses Vorwerk aus zehn Häusern liegt so idyllisch im Stechliner Land, dass auch der Schriftsteller Erwin Strittmatter nicht mehr herausfand und auf dem dortigen Waldfriedhof begraben liegt. Und seit kein sowjetischer Panzer mehr durch Reicherskreuz im Schlaubetal rollt, ist dieses Ensemble von Waldarbeiterhäusern aus Feldsteinen ebenfalls wieder schön.

Ein Schlafdorf ist schon von Ferne an den weißen oder grauen Jalousien zu erkennen. Sie sind meistens heruntergelassen. Ein Schlafdorf liegt immer in der Nähe einer größeren Stadt, meistens Berlin. Tagsüber schläft das Dorf, weil die Einwohner ausgeflogen sind, um in der Großstadt zu arbeiten, nachts schläft es gemeinsam mit den zurückgekehrten Einwohnern, und am Wochenende schläft es, weil die Einwohner ausschlafen wollen. Je weiter man sich übrigens von der Großstadt und den Schlafdörfern entfernt, umso echter werden die Bauerndörfer. Hier darf eine Scheune noch verfallen aussehen. Feldarbeitsgerät darf auch schmutzig herumstehen. Die Pflanzen sorgen wild wuchernd für »blühende Landschaften«. Gedüngt wird mit Mist, der nach Kuh riecht. Und das Wichtigste: Es gibt weder Geranien noch Stiefmütterchen in alten Autoreifen. Aber manchmal wunderschöne knorrige Obstbäume.

Weiterhin wäre die Frage zu klären, zu welchem Typ von Dorf Sie sich hingezogen fühlen. Sie könnten beispielsweise in ein Oderbruch-Kolonistendorf ziehen mit Fachwerkhäusern, die in Traufstellung die Straße säumen, und das im Besitz eines Dorfkrugs mit dem Namen »Zum Feuchten Willie« ist (Neulietzegöricke). Oder Sie ziehen in ein Straßenangerdorf im Hohen Fläming, das neben weiten Wiesen mit geschützten Großtrappen Vierseithöfe, ein Herrenhaus und eine historische Mühle zu bieten hat und zu Pfingsten außerdem das Bettenrennen veranstaltet (Fredersdorf). Sollten Sie sich dafür entscheiden, können Sie sich schon einmal überlegen, ob Sie lieber mit einem durch Muskelkraft angetriebenen Ehebett oder mit dem motorisierten Doppelstockbett auf dem Sportplatz zum Wettrennen antreten wollen. Gerüchten zufolge soll zuletzt ein »Hexenbett« mit zehnköpfiger Besatzung das Rennen gemacht haben.

Sie könnten auch in ein Runddorf ziehen. Eines dieser Runddörfer liegt am Gestütsweg und trägt den erotisch angehauchten Namen Damelack. Sollten Sie zu den unbelehrbaren Ostnostalgikern gehören, sind Sie in Behlendorf richtig. Hier gab es die erste industrielle Milchviehanlage der DDR. Eintausend eingepferchten Kühen wurden im Schichtbetrieb die Euter leer gepumpt. Um sicherzugehen, dass der sozialistische Fortschritt von allen verstanden wurde, riss man den von Schinkel im Renaissancestil errichteten Kirchturm des Dorfes weg. Der Wirkung wegen wählte man den gleichen Zeitpunkt, zu dem auch die Potsdamer Garnisonkirche gesprengt wurde: 1967.

Liebhabern von Folklore und Trachtenmode wäre ein Streusiedlungsdorf mit reetgedeckten Häuschen zu empfehlen, an denen Ziergiebel aus Schlangenköpfen prangen. Diese Häuser stehen im Spreewald, der zur immerwährenden Verwunderung meiner ansonsten geografisch versierten Freunde ebenfalls zu Brandenburg gehört. »Aber da isses doch gar nicht sandig!« »Nee, da isses ganz schön nass.« Die Schlangenköpfe sind keine Drohgebärde gegenüber aufdringlichen Nachbarn. Sie gelten als Talismänner. Falls Sie in ein solches Streusiedlungsdorf einwandern (beispielsweise Burg), müssen Sie sich die Idylle zwar mit Hunderten Touristen teilen, die in Kähnen über die Fließe gestakt werden, wie man die Spreearme nennt. Aber die Betriebsausflügler, Jungfamilien und Rentner sind in ihrer unauffälligen beige-weiß-ockerfarbenen Tracht gut von den in schwere Kleider und unter kopfkissengroße Hauben gesteckten Einheimischen, genannt Sorben, zu unterscheiden. Außerdem können Sie an wendischen Bräuchen wie dem Hahnrupfen teilhaben und nonstop saure Gurken, Meerrettich und Leinöl futtern, alles made in Spreewald.

Manchen Menschen mag es auch egal sein, wie das Dorf aussieht oder wozu es gut ist; sie gehen lieber nach dem Klang der Namen. Die Spanne des Möglichen geben Ortsnamen vor wie Himmelpfort auf der einen und Kotzen auf der anderen Seite. Paaren und Busendorf gehören eindeutig der ersten, also der Seite an, die ahnen lässt, dass Brandenburg und der Garten Eden für manche ein und dasselbe sind. Eigenwillige

Benennungen wie Köckern und Motzen gehören zur zweiten Seite und sind wahrscheinlich eines vernieselten Novembers oder während einer Hochwasserkatastrophe an der Oder erfunden worden. Müllrose versucht mit mäßigem Erfolg, das eine mit dem anderen zu verbinden. Zootzen, Wutzetz, Schlalach und Schluft scheinen eher Zeichen der körperlichen Unpässlichkeiten zu sein (Beulenpest, Warzen, Hühneraugen), denen man im Laufe eines Landlebens so ausgesetzt sein mag, und zwar nicht nur vor langer Zeit, sondern auch heute. In Gegenden, wo die Buslinien eingestellt und nur noch Anruf-Sammeltaxis unterwegs sind, wo Konsum und Kneipe geschlossen werden, gibt es kaum Apotheken und einen Mangel an Ärzten.

Wer sich diese schnöde Realität nicht ständig vor Augen führen will, kann auch sehnsüchtig in die Ferne blicken. Zu diesem Zwecke gibt es Ortseingangsschilder mit dem Schriftzug Morgenland und Orion. Und wer das jetzt alles partout nicht komisch findet, der zieht nach Ohnewitz.

Übrigens: Nach Himmelpfort zu ziehen bedeutet, beim Weihnachtsmann zu wohnen. Das jedenfalls glauben mittlerweile Kinder aus aller Welt und schicken ihre Weihnachtswünsche nach Himmelpfort, weshalb der Weihnachtsmann dort der größte Arbeitgeber ist. Die Post hat eine Weihnachtsmannfiliale direkt neben der Zisterzienserklosterruine eingerichtet. Jährlich werden dort bis zu zweihundertachtzigtausend Briefe beantwortet.

Manchmal ist es schwierig zu sagen, wo ein Dorf aufhört und das Städtchen beginnt. Oder anders: wann das Städtchen begonnen hat, wieder dörflich zu werden. Nehmen wir beispielsweise Treuenbrietzen. Treuenbrietzen sieht aus wie ein Städtchen. Überall weisen Schilder auf die historische Altstadt hin. In dieser Altstadt gibt es eine Gewölbebasilika und eine Pfarrkirche, beide aus dem 13. Jahrhundert, es gibt einen Pulverturm, eine Stadtmauer und die Sabinchenfestspiele. So weit alles in Ordnung. Nur: Niemand kennt das Sabinchen. (Die

Geschichte ist schnell erzählt: Ein Schuster aus Treuenbrietzen hat das Mädchen zuerst verarscht und danach umgebracht, und das wird jetzt jährlich besungen). Und: Erinnert das in seiner Skurrilität nicht an das Bettenrennen von Fredersdorf? Und weiter: Auf dem Pulverturm brüten Störche. Spargelbeete wachsen auf das Städtchen zu. Die Europäische Sumpfschildröte aus der nahe gelegenen Nieplitz-Quelle tapert dem Städtchen entgegen. Erdbeerhöfe nähern sich aus jeder Himmelsrichtung. Leerstand breitet sich vom Stadtrand her aus. Auch in der Altstadt gibt es unbewohnte Häuser. Am Marktplatz hat ein Café geöffnet. Zwei weiße Plastikstühle stehen vor der Tür. Neben den Stühlen sitzt ein Mann auf seinem Rollator. Er hat ein Kännchen Kaffee »komplett« vor sich (mit Kondensmilch und Zucker). Im Hofladen in den Spargelfeldern vor der Stadt haben sich die Spargelstecherinnen heute eine Tracht übergeworfen, die aus weißer Haube und graublauem Dirndl besteht. Sie bewegen ihre Körper zum Spargeltanz im Takt. Der Weg zum Hofladen ist für die Anwohner so weit wie der Weg zum Marktplatz. »Wie geht's?«, fragt die Bedienung den Mann auf dem Rollator, um mal wieder die eigene Stimme zu hören. »Muss ja«, sagt der und nimmt einen Schluck.

Leeres Land

Schon kranckt dein Geist; genesen / kann er nur / Weit weit entfernt von Fasching, Ball / und Bühne. / Komm, rette dich in meinen Arm und / sühne / Dich wieder aus mit Einfalt und / Natur.

(Pastor Schmidt von Werneuchen)

Brandenburg stirbt aus! Brandenburg entvölkert sich! Ein leeres Land, in dem wieder Wildnis und vorzivilisatorische Dunkelheit herrschen werden! Seit einigen Jahren klingen die Prognosen über die Zukunft Brandenburgs immer alarmierender. Leben momentan noch 2,5 Millionen Menschen in Brandenburg, werden es in zwanzig Jahren nur 2,2 Millionen sein, von denen sich jeder Zweite in dicht stehenden Einfamilienhäusern im Speckgürtel drängelt. Dreihundertsiebenunddreißig Leute müssen sich dann einen Quadratkilometer teilen. In den berlinfernen Regionen dagegen steht nach der neuesten offiziellen Bevölkerungsprognose, veröffentlicht vom Landesbetrieb für Statistik, jedem Bewohner bis 2030 »rechnerisch sieben Mal so viel Fläche zur Verfügung wie im Berliner Umland.« Die Entvölkerung der Uckermark, der Prignitz oder des Lausitzkreises Spree-Neiße, die nach der Wende einsetzte und bis auf Weiteres nicht abzubremsen scheint, ist in etwa so drastisch wie nach dem Dreißigjährigen Krieg.

Sehnsucht

Zugegeben, die vorherrschenden Farben Brandenburgs sind Grün. Und wenn Sie jetzt denken, da habe sich ein grammatischer Fehler in den Satz geschlichen, stimmt das deshalb nicht, weil Grün immer in der Mehrzahl vorkommt. Es sind die verschiedensten Grüns, die aus dem Gelb kommend, übers Braune bis tief ins Blaue hineinreichen können und von allen möglichen Pflanzensorten verursacht werden, die aufzuzählen meine botanischen Kenntnisse leider nicht ausreichen. Buschwindröschen und Maulbeerbaum, Orchidee und Azalee, Tulpenbaum und Kirsche, Weichsel und Akazie sind die Gewächse, die auch die Ungeübte noch erkennt, allen voran die Linde, die mit ihrem berauschenden Duft den ganzen Juni erfüllt und die Autodächer mit ihrem klebrigen Blütensaft überzieht. Alle diese Pflanzen strecken sich nun in Richtung eines Gewässers, das, wie Sie bereits wissen, in Brandenburg nie allzu weit entfernt ist. Das Wasser fängt die grünen Blätterdächer ein, verdünnt sie zu einem silbrig verspielten Blau, das mithilfe der Reflexion an den Himmel geworfen wird, wo es – heller werdend – sich wiederum als aquamariner Schatten über den saftigen Farbklang der Urstromtäler oder das wüstenartige Grün der Endmoränenzüge legt.

So schrill die Sirenen über die Entvölkerung auch heulen, in ihrem Echo sprießt urwüchsig und immer ungestörter das Blatt- und Buschwerk der Natur. Während man mittlerweile fast überall auf der Welt bereits zu Fuß im Stau steht, kann man hier noch stundenlang eine Allee entlangwandern, ohne auch nur einem Moped zu begegnen. Dieser Flecken Erde liegt brach. Und zwar nicht wegen einer schwierigen klimatischen Ausgangslage wie im Fall von Lappland oder dem australischen Outback. Sondern weil außer einigen Naturschützern niemandem so recht etwas dazu einfällt. Natürlich werden immer wieder die verschiedensten Ideen vorgetragen. Am hartnäckigsten kehrt diejenige von der Flutung des gesamten Bundeslandes wieder. Die originellste kommt von Friedensmissionaren im Nahen Osten. Sie plädieren für die Umsiedlung Israels nach Brandenburg. Aber schließlich versandet jede Idee in der brandenburgischen Braunerde. Denn: wozu?

Wenn man von den militärischen Altlasten absieht, liegt Brandenburg mit seinem Überangebot an Ländlichkeit und Naturidylle absolut im Trend. Die Großstadt hat als Ort der Freiheit, als Raum eines selbstbewussten und selbst begründeten, unabhängigen Daseins ausgedient. Längst ist das Land wieder zur Projektionsfläche von Ursprünglichkeit und freiheitlichem Leben geworden. Die Städter drängt es hinaus. Dreiundfünfzig Prozent der zweiundachtzig Millionen Deutschen wollen laut Bundesinstitut für Bau-, Stadt- und Raumforschung auf dem Land leben. Sie wollen ihr Häuschen im Ländlichen, sie wollen »im Einklang sein« mit der Linde. Sie wollen ihre Kinder nicht auf computeranimiertem Rasen spielen sehen, sondern auf echtem Grün, durchpflügt vom Maulwurf. Wo soll aber dieser Trupp sehnsüchtiger Leute hin, wenn auch das Land meistens schon zugepflastert ist und autofreie Einkaufszonen hat? Brandenburg ist die Rettung! Hier riecht und schmeckt man das Leben noch, hier ist die Wirklichkeit noch selbst geerntet. Da kann der Nebel vom Elbufer hochziehen und die Deiche unsichtbar machen, hier darf das Wildschwein in der Terrassenbepflanzung wühlen, da breiten sich Brennnesselfelder auf dem Dorfanger aus, hier kreuzt eine Herde Kühe die Straße, da sieht eine Dorfkneipe noch so aus, als wäre sie aus einem alten Schwarz-Weiß-Film ausgeschnitten worden, und dieses Grün, dieses endlose, verschlingende Grün … Der Geist geht zu Fuß. Rousseau lächelt aus der Ferne leise herüber, der Naturphilosoph, der das alles schon vor Hunderten von Jahren wusste, und Turnvater Jahn, dem eine Straße im kleinen Örtchen Brieselang gewidmet ist, hebt die Hand zum sportlichen Gruß. Denn in dem Wunsch, aufs Land zu ziehen, steckt auch ein bisschen der Wunsch nach Unsterblichkeit; das Landleben macht per se gesund und körperlich fit. Schließlich muss man die wurmstichigen, also ungiftigen Äpfel auch selber ernten. Und wo könnte man das besser als im Havelland und im Oderbruch, zwei Gegenden in Brandenburg, wo die Obstbäume die größten Früchte tragen?

Das Havelland liegt eingebettet ins U der Havel, westlich von Berlin. Man erkennt es an den mittelhohen, knorrigen Bäumen, die von Juni (Kirschen) bis in den Oktober (Äpfel) rot leuchtende Früchte tragen und mit auf und ab wippenden bunten Hosen und Hüten bestückt sind (Menschen bei der Selbsternte). Bis in die blaudunstige Ferne ziehen sich die Baumplantagen, unterbrochen nur von Schilf- und Seerosenarrangements des riesigen Feuchtgebietes der Unteren Havelniederung. Die Heimat von Effi Briest, Theodor Fontanes wichtigster Romanheldin, und des Herrn von Ribbeck auf Ribbeck im Havelland, Fontanes viel zitiertem Gutmenschen aus der gleichnamigen Ballade, der den Kindern Birnen schenkt, ist auch der Garten Eden Brandenburgs. Ob verboten oder nicht, das Havelland hängt voller Obst, manchmal gleich am Straßenrand. Im Fall der begehrten Süßkirsche werden Straßenrand-Bäume zu Orten der Begegnung. Menschen, die sich im normalen Leben nicht kennenlernen würden, sitzen gemeinsam auf demselben Ast. Man parkt das Auto im Straßengraben, stellt die Leiter an und wird von oben überraschend darauf hingewiesen, dass auf diesem Baum schon einer ist. Freundliche Menschen fordern die Neuankömmlinge nun auf, Platz zu nehmen, weniger freundliche zielen wie aus Versehen mit einem Kirschkern nach dem Konkurrenten. Auf den Plantagen der Hofläden verteilen sich die Selbstpflücker besser, müssen aber für jeden geernteten Korb bezahlen.

Die Gärtner am königlich-preußischen Hof perfektionierten die Kunst des Gartenbaus. Neben Orangen, Zitronen, Wein und Pfirsichen zogen sie auch Erdbeeren, für die die Gegend um Werder mit ihren vielen Erdbeerhöfen heute noch berühmt ist. Schon zu Beginn des 19. Jahrhunderts gab es in Sanssouci ein Erdbeertreibhaus. Die Hofgärtner ließen die Erdbeerpflanzen in Hunderten von Tontöpfen in der Melonerie treiben und pflanzten sie dann auf terrassenförmigen Erdbeerbeeten an schattigen Stellen aus. »Die Frauen aßen die Erdbeeren mit Sahne und Zucker, die Männer gebrauchten anstatt der Sahne Wein«, schreibt der Hofgärtner Theodor Nietner in seinem großen, den Erdbeeren gewidmeten Buch. Die Erdbeeren von Potsdam waren so beliebt, dass sich Friedrich Wilhelm III. die Früchte sogar bis Paris nachschicken ließ, wo er gerade Napoleon geschlagen hatte.

Dass sie hier im Garten Eden waren, stellten auch die ersten Ökos fest, eine Reformbewegung zur vorletzten Jahrhundertwende, die aus Anhängern eines vegetarischen, alkoholfreien Lebens bestand. 1893 gründeten sie bei Oranienburg eine Obstbaugemeinschaft und benannten sie nach dem biblischen Garten. Sie bepflanzten hundertzehn Hektar Sandboden mit Beerensträuchern und Obstbäumen, und als ihre Ernte den eigenen Bedarf weit überstieg, vermarkteten sie ihre Produkte und wurden zu Vorläufern heutiger Biomärkte. Selbst eine Marmeladenfirma aus dem Taunus griff auf die havelländische Idee zurück; die Firma Eden aus Bad Soden nennt ihre Produkte nach dem Vorbild der Obstbaugemeinschaft.

Den Besuchern des Werderaner Baumblütenfestes wird es nach einigen Gläschen Obstwein ebenfalls ganz himmlisch zumute. Einmal im Jahr, wenn die Obstbäume blühen, öffnen die vielen Obstkeltereien entlang des Großen Zernsees ihre Gärten und Höfe. Neun Tage dauert das Blütenfest. An bunten Wachstuchdecken und auf Plastikgestühl wird unter weißen Kirsch- und rosafarbenen Pfirsichblüten hausgemachter Obstwein ausgeschenkt. Schlehe, Holunder, Sanddorn, Kirsche, Johannisbeere und Rhabarber. Wein, der gut gekühlt schmeckt wie frischer Fruchtsaft, aber nach einer Weile im Körper eine hohe Welle schlägt; Fruchtsüße und Alkohol verbinden sich zu einer wirkungsvollen Mischung. Eine halbe Million Gäste wälzt sich durch die Straßen, vorbei an Bratwurst- und Weinverkostungsbuden. Abseits der Hauptader schenkt der betagte Inhaber den Wein persönlich aus, manchmal kann man selbst zapfen. Die Enkel schmieren in der Küche Schmalz- und Butterbrote. Am Gartentor lehnen die Fahrräder der Gäste. Der Reisebus, der seinen Weg hierhergefunden hat, passt kaum auf die kleine Gartenstraße, in der man kurz behost beisammensitzt, ganz ins eigene Vergnügen versunken. Niemand stört sich an der eher nützlichen als schönen Einrichtung der Schankorte. Solange der alkoholhaltige Fruchtsaft so reichlich fließt, als rinne er nicht aus Glasgallonen, sondern direkt aus den Blüten der Bäume in die durstigen Kehlen, gibt man ungezwungen das Klischeebild des typischen Märkers ab: leicht begnüglich. Und etwas derb.

Spielarten der Sehnsucht

Die deutsche Sehnsucht nach dem Land ist weder radikal, noch nimmt sie Züge des Religiösen an, wie man das von den nördlichen Nachbarn in Schweden oder Norwegen kennt: Die Deutschen mögen es mäßig. Während es die nördlichen Naturanbeter als einen Reinigungsakt betrachten, wenn sie den Sommer in einer spartanischen Hütte ohne Wasser und Strom verbringen, mit dem sie sich vom Zivilisationsmüll befreien, nehmen die deutschen Sehnsüchtigen den Komfort der Zivilisation gern ins Ländliche mit. Weshalb die meisten von ihnen auch nicht wirklich in die Wildnis wollen. Sie ziehen nicht etwa in die westliche Prignitz oder die nördliche Uckermark, sondern an den Stadtrand von Berlin. Sie wollen keine Hütte, sondern ein energieeffizientes Haus mit Stadtwasseranschluss, Fußbodenheizung und Komfortgarage.

Selbst naturselige Künstler, die bezüglich der Wahl des Wohnortes ungebundener sind, legen Wert darauf, dass ihr Gehöft nicht weiter als eine Autostunde von Berlin entfernt ist. Man möchte zwar die Freiheit des Landes, aber man möchte kein Landei sein. Was dazu führt, dass die wenigen echten Landeier bald auch zu Stadttieren werden.

Es sei denn, das Geld reicht zum Zweitwohnsitz. In diesem Fall behält man eine Wohnung in der Stadt und kann etwas weiter ab vom Schuss das Bedürfnis nach der eigenen Scholle ausleben. Dieses Modell ist besonders bei Menschen in alternativen Lebensformen beliebt, die sich zu bäuerlichen Wohngemeinschaften zusammenschließen, aber auch bei situierten Freiberuflern, Politikern, bei Ärzten oder Juristen, all jenen, die sich eine doppelte Existenz leisten können. Sie eint ihr Blick für das Besondere und der Wille, sich neben dem stressigen Hauptjob meditativ handwerklich zu betätigen, und zwar an einem Bauernhaus, einem Vierseithof oder einer Villa, die oft heruntergekommen sind und aus reiner Not zum Verkauf standen (der Bauernhof ging pleite, die Sanierung der geerbten Villa war den Erben zu teuer, die Nachkommen leben in einem anderen Bundesland und wissen nichts mit Omas rümpligen Gehöft anzufangen). So sieht man in Brandenburg des Öfteren hauptberufliche Chirurgen, Richterinnen oder Staatsekretäre in alten Jeans auf Dachfirsten hocken und neue Schindeln verlegen, Schriftstellerinnen oder Fernsehmoderatoren in Gummistiefeln alte Ställe ausmisten. Sogar reiche Reedereibesitzer aus Hamburg wurden dabei gesichtet, wie sie zwei Jahre lang zur Entsäuerung der Erde Lupinen auf dem neuen Grund und Boden pflanzten, der – als man noch keinen Sinn für den Wert eines Seegrundstücks hatte – zur Lagerung von Kuhmist diente. Die Reedereifamilie heuerte zwei namhafte Architekten an, die aus der alten Ruppiner Scheune ein architektonisches Gesamtkunstwerk machten. Auch eine in Berlin lebende Verfassungsrichterin gibt ihren Rückzugsort im Uckermärkischen nicht preis, dessen Gebäude sie eigenhändig sanierte. Die Abgeschiedenheit und das Gefühl, für einen Augenblick nicht verfügbar zu sein, sind die Vorteile der Zweitexistenz.

Oft bleibt die Sehnsucht auch das, was sie ist. Sie soll sich nicht erfüllen. Sie ist gerade deshalb schön, weil die Stadtflucht nur in der Vorstellung stattfindet. Ein Leben ohne Kino und Cafés, in dem die Verbindung zur Welt nicht übers Internet gehalten wird (viele Dörfer träumen noch vom Anschluss ans worldwideweb), sondern über die *Märkische Oderzeitung*, den *Oranienburger Generalanzeiger*, den *Prignitzer* oder die *Lausitzer Rundschau*, ist nicht für jeden geeignet. Aber der Citylärm wird erträglicher, wenn man mit der Möglichkeit liebäugelt, ihn jederzeit verlassen zu können. Aus der Perspektive der Landbewohner ist das die zuträglichste Version der Sehnsucht. In diesem Fall verpesten keine Pendler die saubere Luft, kein Zugezogener versucht, einen Bauern in der fünften Generation davon zu überzeugen, dass seine Kühe Namen haben müssten statt Nummern, und niemand bemüht sich, in den Räumen des Kaninchenzuchtvereins Lesungen zu veranstalten. Aber da sich selten jemand auf den ersten Blick in brandenburgische Dörfer verliebt, müssen die Einheimischen keine Angst haben, eines Tages unter einer ähnlichen Bevölkerungsdichte zu leiden wie die Menschen in zugänglicheren Landstrichen.

Schutz

Damit das Landleben, wonach sich alle sehnen, ländlich bleibt, muss es umgeben sein von viel Natur, wofür sich Landesumweltamt, Naturschutzfond und Naturliebhaber seit zwanzig Jahren stark machen. Zwölf Naturparks hat Brandenburg (der älteste Ostdeutschlands ist die Märkische Schweiz), siebeneinhalb Prozent der Fläche des Landes stehen unter Naturschutz, so viel wie nur noch in Nordrhein-Westfalen. Zu den großflächigsten geschützten Gebieten zählen der Stechlin, die Schorfheide, die Lieberoser Endmoräne, das Havelländische Luch oder der Innere Oberspreewald. Mit dem Unteren Odertal hat Brandenburg sogar einen Nationalpark. Siebenundzwanzig Europäische Vogelschutzgebiete sind hier ausgewiesen, darunter das Luckauer Becken, das Rhin-Havelluch, das Randow-Welse-Bruch oder die Niederlausitzer Heide. So mancher Bauer beschwert sich angesichts der strengen Schutzauflagen, dass ihm durch die Revitalisierung der Moore das Wasser bis zum Hals stünde. So mancher Angler schimpft, dass ihm die vielen Reiher, die sich in den Schilfgürteln angesiedelt haben, seit die Seen nicht mehr unter Detonationen erzittern, die Fische wegfressen.

Das auf den ersten Blick so unscheinbare Land wartet mit großer Exotik auf. Da ist weit und breit keine Küste in Sicht, und trotzdem gibt es auf einmal Salzwasserstellen und Dünen. Mitten im Binnenland tut dieser kärgliche Landstrich so, als liege er am Meer. Das Salzwasser, das ungehindert aus einer zweihundertfünfzig Millionen Jahre alten Zechsteinformation nach oben dringt, lässt Sumpf-Knabenkraut und Strand-Dreizack wachsen. In der scheinbar monokulturellen Ödnis aus Getreidefeld und Kiefernwald öffnen sich Flussarme, Sümpfe und Urwald. Und wenn einem Hobbyfischer auf dem Stechlinsee ein Fisch ins Netz geht, den er nie zuvor gesehen hat, dann ist er nicht betrunken, sondern hat die Fontane-Maräne gefangen, die ausschließlich in diesem berühmtesten See Brandenburgs vorkommt.

Die Reiseunlust, die den Brandenburgern gern nachgesagt wird, liegt also, wie ich vermute, nicht an ihrer angeblich schwerfälligen, unbeweglichen Mentalität. Man weiß einfach, dass sich, bleibt man geduldig zu Hause, verborgene Schönheiten auftun. Je tiefer man ins Landesinnere vordringt, umso erstaunlicher benimmt sich die Natur.

Einsamkeit

Nicht alles Schöne liegt verborgen. Der Stechlin ist unübersehbar. Er ist der Star unter den Brandenburger Seen. Auch wenn er daliegt wie Glas, um seinem Namen gerecht zu werden – abgeleitet vom slawischen »steklo«, was Glas bedeutet – ist er alles andere als unberührt; er wird, sobald das Wetter mitspielt, heftig bebadet. Auch wenn es an Norddeutschlands größtem Klarwassersee nach Holz und Sumpfpflanzen riecht, auch wenn die Buchenwälder ihn dunkel umschließen, lässt sich nicht leugnen, dass der Reiz des Unbekannten hier längst verloren gegangen ist.

Die Straße, die zur ehemaligen Glashüttensiedlung Neuglobsow und weiter ans silberblaue Wasser führt, ist von Andenkenlädchen, kostenpflichtigen Parkplätzen, Imbissbuden und Fischräuchereien gesäumt. Die Fischer kommen mit der Lieferung von Maränen kaum nach. Der See ist so touristisch erschlossen, dass man sich wünscht, der rote Hahn, das Wahrzeichen des Sees, steige aus der Tiefe empor und zeige drohend seine Gestalt, um die Körperdichte am Gestade aufzulockern.

Es gibt schließlich unzählige Seen im Ruppiner Land. Der Stechlin ist nur einer von vielen. Und bloß weil Theodor Fontane und Hans Fallada dieser See von allen Seen als der Schönste erschien und er seitdem einen festen Platz in der Literatur hat, ist noch lange nicht gesagt, dass die Badenden seine Ufer von anderen unterscheiden können.

Fontane benannte gleich einen Roman nach ihm, sodass die Touristen außer Räucherfisch auch echte Weltliteratur mit nach Hause nehmen können. Und Fallada, der weiter nördlich in einem Dorf wohnte, das heute schon zu Mecklenburg-Vorpommern gehört, hatte Neuglobsow so beeindruckt, dass er in seinen Kindheitserinnerungen *Damals bei uns daheim* schrieb: »Es lag ein wenig abseits vom Stechlin; enge, verwachsene Waldwege führten zu ihm hin. Es war das Verlassenste, Einsamste, Schönste, was man sich nur denken konnte.«

Wer heute diese Einsamkeit sucht, hat es schwerer. Das Ruppiner Land war schon zu Fontanes Zeiten eine bei Adligen begehrte Wohnlage. Schlösschen und Klöster nahmen sich an den geschwungenen Ufern dieser sanften Seen besonders schön aus. Und wer sich heute abseits der Bundesstraßen umsieht, wird »eines Tages hier ein Haus haben« wollen. Diese Formulierung liegt hundertprozentig an der Spitze aller Äußerungen zur Schönheit der Landschaft. Vor dem Haus verwunschene Natur, hinter dem Haus ein Schlösschen, ein Gutshaus, ein Pavillon …

An kleineren Seen wie dem Wittwesee, dem Zenssee, auf dem Motorboote verboten sind, dem Gudelacksee bei Lindow oder dem Großen Baalsee bei Wittstock sind die Chancen größer, ein Plätzchen für sich allein zu finden. Wirklich unberührt sind heute nur noch Tümpel und Teufelsseen; sie liegen verwunschen am Fuße von Hügeln, in Niederungen, am Ende von Bächen und kleinen Flussläufen, eine dunkle Kuhle mit unbewegter Wasseroberfläche, die von Seerosen und Entengrütze bedeckt ist. Schwimmen geht hier niemand.

Für dieses Buch wollte ich es darauf ankommen lassen. Ich schloss eine Wette ab: An einem Wochentag im Sommer würde ich eine schöne Badestelle für mich allein finden. Das schloss mehrere Gebiete von vornherein aus. In der Nähe von Potsdam oder am Lychensee, am Seddiner oder dem Senftenberger See sind die Ufer dauerbesetzt. Aber ich hatte mir auf der Karte ein entlegenes Gebiet gesucht. Nordwestliche Grenze. Hinter Fürstenberg. Dort, wo die Straßen nur noch zarte graue Striche sind. Einer dieser Striche führte am Taterberg vorbei zum südlichen Ufer des Ellbogensees. Auf der Fahrt erwies er sich als vielversprechend: Staub flog aus Löchern auf, die Eis und Regen vergangener Jahre gerissen hatten, Panzerplatten überbrückten den zu Dünen geschobenen Zuckersand. Schmal wand sich die Straße durch einen Buchenwald und Wiesen. Sie führte an einem der vielen »Naturzeltplätze« vorbei. Die Zelte standen nicht auf der

Wiese hinter einem Bauernhaus (ein ländlicher Zeltplatz), sondern waren von drei Kiefern umstanden (der Natur). Im Rezeptionshäuschen lief laute Countrymusik. In den Fenstern der Wohnwagen (mit Strom- und Wasseranschluss) blühten lila Veilchen, auf den Dächern Satellitenschüsseln.

Der Platz erinnerte mich an den scheinbar entlegenen Wasserwanderzeltplatz, den ich einmal hoffnungsfroh mit einem Kanu angesteuert hatte. Ich hatte mein Zelt auf dem weichen Waldboden aufgeschlagen, Kiefernnadelduft hatte sich mit dem Geruch von Lagerfeuer vermischt, und als ich hinaus in die Seemitte geschwommen war, das Wasser glatt und kühl, waren ein paar Blessrallen hastig aus dem Schilf gestoben. Am gegenüberliegenden Ufer flammten die Spitzen der Kiefern rot auf. Ich war allein auf dem See, allein in der schwimmenden Farbe des Abendhimmels, in der großen Ruhe, die zu Sonnenuntergang über dem Wasser liegt, bis ich den Fehler machte, zurück zum Ufer zu sehen. Dort hatten die Zeltplatzbetreiber begonnen, neben der Feuerstelle Boxen für eine zweiköpfige Schlagerband aufzubauen. Die Beschallung des Schilfrohrs durch die blonde Gabi und den E-Gitarre-Thomas dauerte bis Mitternacht und musste bis Mecklenburg zu hören gewesen sein. Auch bei diesem Zeltplatz war das Wort »Natur« irgendwo im Namen untergebracht gewesen.

Diesmal schien es gut zu gehen. Ich ließ den »Naturzeltplatz« hinter mir und verschwand tiefer zwischen den Buchen. Am Ellbogensee fand ich eine sandige Bucht. Kein Mensch in Sicht. Ich parkte mein Gefährt, schälte mich aus der Motorradkluft und ließ mich im Sand nieder. Ein Holzsteg ragte hinaus ins reglose blassblaue Wasser. Nachmittagsträgheit. Die schwere Dunstigkeit heißer Tage, durchzogen von einer dem feuchten Boden entsteigenden Kühle. »Nur Fliegen und die Stille des Sees, der träge an Land plätschert«, tippte ich triumphierend ins Handy, als eine Autokarawane die holprige Straße entlangkam. Den Autos entstieg eine Geburtstagsgesellschaft mit Campingstühlen und Picknickkörben, die die

Stillesuchende, die sich da soeben noch allein in Feld und Flur geglaubt hatte, bespöttelte und zum Glas Sekt einlud, bevor diese sich durch die schiere Überzahl schließlich zum Aufbruch getrieben sah.

Da lässt sich was rausholen!

Seeufer sind nicht nur von Leuten begehrt, die schwimmen oder picknicken wollen. Sie sind auch von Leuten begehrt, die wenig für Natur, dafür aber viel für ihre Altersvorsorge übrig haben. Sie betrachten das Grundstück am Ufer als Wertanlage. Kurz nach der Wende brachen für diese Grundstücksjäger goldene Zeiten an. Die Brandenburger hatten auf die Öffnung der Mauer ganz unbrandenburgisch reagiert. Sie vergaßen kurzzeitig ihre Skepsis gegenüber der Welt und brachen in selbige hinein auf, weshalb niemand an den heimischen Seen zurückblieb, um aufzupassen, was mit den sogenannten Filetstücken am Ufer passierte. Und siehe da: Alles, was noch nicht mit Bungalows aus Pressspanplatte zugestellt war, wurde so geschwind von schwäbischen Schnäppchenjägern, rheinländischen Ingenieuren, Hamburger Managern, von Mitarbeitern des DDR-Devisenbeschaffers Schalck-Golodkowski oder von russischen Oligarchen aufgekauft, dass die Bürgermeister eines Tages nicht mehr zu ihrem ortseigenen See durchkamen. Als sie feststellen, dass das nicht nur blöd fürs eigene Wochenendvergnügen, sondern auch ungünstig für die Entwicklung des Tourismus ist, war es bereits zu spät. Auch die dorfeigenen Herrenhäuser, die wegen ihres Verfalls niemand wollte, standen bald inselgleich und abgeschnitten vom eigenen Grund und Boden da, der ursprünglich bis an den See gereicht hatte. Nun wollte das alte Gemäuer erst recht niemand mehr. In Wandlitz war man über Freiheit und neues Geld so begeistert, dass man sich mit dem Verkauf einzelner Grundstücke gar nicht erst aufhielt. Man verhökerte gleich den ganzen See an einen Unternehmer aus Düsseldorf. Einst war die Gülle der SED-Funktionäre hier eingesickert. Aber das stört den Düsseldorfer nicht. Im motorisierten Schlauchboot befährt er sein Eigentum. Und zwar nicht aus Liebe zur Natur, sondern um den Uferbewohnern eine horrende Pacht für die Stege abzuknöpfen, die auf seinen Besitz hinausragen. Die fangen erst langsam an zu begreifen, dass es tatsächlich Leute gibt, für die Seen nichts weiter sind als flüssiges Geld.

Dabei ist die Frage, wer sich am Wasser erholen darf – nur die Zahlungskräftigen oder alle – eine alte. Zur Zeit Kaiser Wilhelms II. wurden sogenannte »Verunstaltungsgesetze« zum Schutz der Ufer und zur Zugänglichkeit der Seen erlassen. Auch in der Brandenburger Landesverfassung ist die freie Zugänglichkeit von Landschaft und Gewässern verankert. Gebaut werden darf nur dort, wo bereits etwas steht. Dennoch veräußerten Bund und Kommunen ohne Weiteres Grundstücke an Privatleute, um die Steuerkasse zu füllen. Und noch immer toben Streits um öffentliche Wege an Seeufern wie beispielsweise am Griebnitzsee in Potsdam, die von Villenbesitzern gern dichtgemacht würden, damit sie ihren Bauch ganz ungestört in die Sonne recken können, die sie, solange sie über ihrem Eigentum brennt, ebenfalls für privat halten.

So'ne und solche

Man sollte in jedem Fall unterscheiden: Es gibt Seebewohner, die schon seit dreißig Jahren ihren Holzkohlegrill an derselben Stelle aufgebaut haben, weshalb sie sich als absolute Kenner von See und Umgebung fühlen und aus ihrer praktischen Liebe einen Besitzanspruch ableiten, obwohl sie das Grundstück seit Jahren nur pachten. Bei ihnen handelt es sich meistens um Rentner oder Vorruheständler, die gern im Unterhemd ihr Bierchen trinken und dem Nachbarn einen geangelten Fisch gegen selbst gezogene Tomaten über den Zaun reichen. Außerdem gibt es die Zugezogenen. Darunter sind diejenigen, die mit einem Bausparvertrag ihr EFH (kurz für Einfamilienhaus) erworben haben und in einer ersten Amtshandlung einen hohen Palisadenzaun um ihr neues Grundstück ziehen (ohne Seezugang). Sie glauben, das Individuelle gegen eine kollektivistisch gesinnte alte Clique ringsum schützen zu müssen, besonders ihre Kinder, die sich ungestört entfalten sollen. Der Zaun scheint dieses Vorhaben nicht zu behindern. Und es gibt diejenigen, die sich ein saniertes Haus aus den Zwanzigerjahren kaufen (mit Seezugang), auch wegen der Kinder, zu denen es aber nie kommt, weil sie so beschäftigt sind. Wenn nicht gerade ein ortsansässiger Hartz IV- Empfänger den Rasen sprengt, um sich etwas dazuzuverdienen, steht das Haus verwaist. Manchmal gibt es auch zurückkehrende Kinder. In diesem Fall gehörte das Haus vor drei Generationen der Familie, wurde zwischendurch fremdgenutzt und muss jetzt aufwendig instand gesetzt werden. Die Kinder sprechen meistens mit Akzent oder gar kein Deutsch. Sie laufen zunächst ratlos durch die Gegend und wissen nicht, was sie mit der alten Hütte anfangen sollen in einer Welt, die ihre Familie entweder hatte vernichten oder zwangskollektivieren wollen, bis sie feststellen, dass der Seeblick ja ganz schön ist. Viele solcher Kinder kommen auch nicht zurück, weil das Land Brandenburg sie nicht finden kann. Böse Zungen behaupten, das Land hätte nur wenig Interesse daran.

Am Untersee bei Kyritz, einem kleinen Städtchen in der Ostprignitz, finden sich die einen und die anderen in nächster Nachbarschaft. Hier stehen zwei Hotels aus verschiedenen Zeiten und Gesellschaften nebeneinander. Bei dem einem handelt es sich um Schloss Bantikow. Bantikow gehörte zu den besser erhaltenen Landsitzen des Adels, weshalb es zu DDR-Zeiten von der Nationalen Front genutzt wurde und bis zur Wende gut erhalten blieb. Heute ist das Schloss mit seinen zwei Türmchen ein Hotel für Besserverdienende. Mit allerlei Plüsch und alt wirkendem Mobiliar ausgestattet, versucht es, Adelsstimmung zu simulieren. Hochzeitspaare und situierte Herrschaften auf Ost-Erkundung buchen Doppelzimmer mit Seeblick. Auch im Hotel nebenan gibt es Doppelzimmer mit Seeblick. Die Zimmerpreise sind dort günstiger, und die Adelsstimmung fehlt ganz. Es gibt stattdessen Betriebsferienheim-Stimmung. Man trinkt Potsdamer Rex statt Biobier, die Einrichtung ist einfach und ausgelegt für Fahrradtouristen und Leute mit kleinem Einkommen. Das Gebäude trägt noch unverkennbar das Gesicht des Sozialismus; ein kaum aufgehübschter Plattenbau im Siebzigerjahre-Ostchic. Von beiden Häusern aus ist die Insel zu sehen, die in der Mitte des Untersees liegt. Eine Lichterkette hängt zwischen den Bäumen. Wer hinüberwill, schlägt den Gong am Ufer oder ruft den Fährmann. Spinnweben hängen am Bootsgestänge der kleinen Fähre, der Fährmann trägt eine Schiebermütze und gibt eine Extratour um die Insel, heute sind nur wenige Gäste da. Es hat geregnet, der Himmel ist violett, die Insel nicht größer als ein Fußballfeld. Die Bedienung des Lokals ist erleichtert über neue Kundschaft, schließlich ist alles auf der Speisekarte auch im Angebot. Und während man unter den roten und grünen Partylämpchen sitzt und es von den Schirmen auf den Havelzander tropft, werden sich die Gäste des einen Hotels und die des anderen immer ähnlicher. Im violetten Abenddunst über dem verregneten See wirkt sogar der Plattenbau romantisch.

Das Ufer des Scharmützelsees eignet sich ebenfalls gut für Sozialstudien. Auf einem frisch gerodeten und planierten Waldboden im Süden entstand eine Einfamilienhaussiedlung. Neben einem korrekt umzäunten Zeltplatz, auf dem mehr verboten als erlaubt ist, reihen sich in schöner Ordnung Häuser im Nachwendeformat: einstöckig mit Kamin, Terrasse aus Granitplatten, Garage, Zaun.

Wer die berückende Waldstraße am Westufer weiter nach Norden fährt, kommt an einem Schlachtschiff von Hotel vorbei. Das Golfer-Hotel Arosa hält mit breiter Front und kleiner Marina das Ufer besetzt. Hier buchen österreichische und bayerische Unternehmen ein Golf-Wochenende für die Manager, die nach dem Golfen im Team auf elektrischen Stehfahrzeugen durch die Gegend surren. Der Uferwanderweg am Hotel ist dem Gesetz entsprechend zugänglich geblieben, aber mit Terrassen und Outdoor-Lounges so verbaut, dass der schüchterne Wanderer verzagt umdreht, weil er das kleine Gartentor, das ihn durch die Anlage hindurchführen und auf der anderen Seite wieder in die Freiheit des Waldes entlassen würde, nicht zu öffnen wagt.

Wenige Kilometer nördlich liegt eine Enklave des Ostens. Sie wirkt so leblos wie das Hotel; brüchige Gehwegplatten führen zum Wasser, in das ein verfallener, rostiger Steg hineinragt. Ein Überbleibsel der Propagandaschöpfung »Bad der Werktätigen«, das hauptsächlich aus Betriebsferienheimen und Pionierferienlagern bestand. Links liegt eine der quadratisch-praktischen Datschensiedlungen mit ihren muffig wirkenden Behausungen unter Dachpappe. Rechts ein vor sich hin rottendes Holzhaus, das einmal der Einlass zum Strandbad war. Das Bad ist heute ein krautiger Grasplatz mit einer Freilichtbühne, die sich in Richtung antiker Ruine entwickelt. Dahinter gibt es die Überreste eines Tanzlokals. »Diskothek« steht noch in den alten, eckigen Buchstaben über dem Eingang, durch den junge Birken wachsen. Auch aus der Terrasse, auf der einst getanzt wurde, schießt das Grün. Nur die Glasballons der Lampen flackern um Mitternacht wahrscheinlich kurz auf und beleuchten die Geistertänzer im Saal, in dem vor einer Ewigkeit süße rote Limonade serviert wurde und billiges Bier.

Am Nordufer liegt schließlich das berühmte Bad, der Kurort Bad Saarow. Villen mit Loggien, die Noblesse der Zwanzigerjahre, Wacholderwuchs auf gepflegten Grundstücken. Kaum weiß man noch, dass sich hier sowohl die Nazielite, als auch die Gäste des Zentralkomitees der SED einst eingenistet hatten. Der Ort verströmt mit seiner langen Uferpromenade und den Wellnessangeboten der Therme eine mittelständische Wirklichkeit. Unter den parkenden Autos häufen sich die Nobelmarken. Jachten ankern in den überschaubaren Häfen des »Märkischen Meers« (O-Ton Fontane), in dem die Süßwasser-Titanic versank (für einen Film der UFA), und ein kleines Kurortfeeling schaukelt einen leise in die sanfteste der Brandenburger Gegenwarten.

Künstler und Autodidakten

Dann ist es still. Der Teich der Unken, / das schuppiggrüne Algenglimmen / tönt klagend nur und dünn und hohl, / metallner Hall in Nacht versunken.

(Peter Huchel)

Bleiben wir noch ein bisschen bei der Farbe Grün. Grün stimmt bekanntlich hoffnungsfroh. Und wo so viel Hoffnung in einer so vielfältigen Farbgebung vorhanden ist, sind auch bald die Künstler da. Ganze Horden von Dichtern hat es in den letzten Jahrhunderten aufs Brandenburger Land verschlagen, weshalb es unter Kennern auch als »Märkische Dichterlandschaft« bezeichnet wird. Soll heißen, nicht nur Heidelberg hat seinen Friedrich Hölderlin, nicht nur die Nordsee ihren Theodor Storm (der übrigens ebenfalls eine Zeit lang in Potsdam wohnte) oder das Tessin seinen Hermann Hesse. Brandenburg hat Heinrich von Kleist. Nur leider erschoss sich der bedeutendste Brandenburger Dichter relativ früh an einem Seeufer. Brandenburg hat aber auch Bettine und Achim von Arnim und natürlich Theodor Fontane.

Aber es war ein gewisser Friedrich Rudolph Ludwig von Canitz, der bereits im 17. Jahrhundert verstand, dass es die Landsehnsucht ist, die die Menschen ins Brandenburgische zieht, ihr Bedürfnis, mit dem Rauschen der Linde im Einklang zu sein. Er besang in seiner Lyrik die Freuden des Landlebens, was ihm sicherlich leichter gefallen sein mochte als späteren Poeten. Damals bearbeiteten weder mit Aufblendlicht versehene Mähdrescher nachts die Felder, noch klebten Chemieabfälle im Reihergefieder, weshalb diese Vogelart übrigens vorübergehend ausstarb. Die ländliche Idylle begriff Canitz schon damals als Gegenmodell zur Hektik des Lebens in der Stadt und am Hof des Großen Kurfürsten, Friedrich Wilhelm. Eigentlich Außenpolitiker, dichtete er heimlich auf seinem Gut in Blumberg. Ein Jahrhundert später griff der Dichterpfarrer Friedrich Wilhelm August Schmidt von Werneuchen noch tiefer in den Wortschatz der Naturidylle. In einer Zeit, in der die Kunst ausschließlich hehren Themen vorbehalten war, wagte er es, in seinen Gedichten auch Frösche unterzubringen. Das Quaken der Frösche, das Röhren im Schilf, das Schleichen der Füchse, das Platschen von Vögeln in der Entengrütze, dieses ganze grün-gelbe Geplätscher und Geraschel sollte später noch von so vielen Poeten so intensiv besungen werden, dass es getrost als eines der Hauptthemen brandenburgischer Dichtkunst bezeichnet werden kann.

Wer es nicht besingen wollte, wollte es zumindest als Hintergrundgeräusch hören. Den expressionistischen Dramatiker Georg Kaiser trieb das grüne Getöse in einen Schreibrausch. In Grünheide bei Berlin verfasste er neunzehn Theaterstücke. Gerhart Hauptmann brauchte zum Verfassen eines naturalistischen Dramas und zweier Novellen das Örtchen Erkner. Seine Frau allerdings schrieb nicht. Sie pries nach den vier Erkner Jahren »jeden Tag das Schicksal, aus der Erkner-Öde befreit zu sein«.

Bertolt Brecht mochte die »Öde«. Buckow am Schermützelsee fand er »friedlich und langweilig genug für die Arbeit«

und wahrscheinlich auch weit genug von Berlin entfernt, um nach der Niederschlagung des Aufstandes vom 17. Juni 1953 der Regierung in seinen *Buckower Elegien* frech vorzuschlagen, doch das Volk aufzulösen und ein anderes zu wählen. Franz Fühmann baute sich in Märkisch Buchholz eine alte Garage zum Sommerhaus aus. Maxi Wander wanderte aus Österreich in die DDR ein und ließ sich in Kleinmachnow nieder, woraufhin sie mit dem aufsehenerregenden Protokollen über das Leben von Frauen im Sozialismus *Guten Morgen, du Schöne!* berühmt wurde.

Nicht immer war es die reine Landliebe, die die Dichter hierherzog. Für die Lyrikerin Gertrud Kolmar wurde es zu einer vergeblichen Flucht. Sie versuchte, sich in Falkensee vor den Nazis zu verstecken, bis sie schließlich doch gefasst und nach Auschwitz deportiert wurde. Und dem Lyriker Peter Huchel wurde seine ländliche Enklave bald zum Gefängnis. Der Herausgeber der wichtigen Literaturzeitschrift *Sinn und Form* wurde von der Staatssicherheit jahrelang in seinem Haus in Wilhelmshorst unter Hausarrest gestellt.

Der Zustrom hält an. Auch heute zieht es Schriftsteller aufs Land. Das lässt sich aber eher mit dem einfachen Prinzip der Verdrängung erklären. Das brodelnde Berlin ist so mit Dichtern gefüllt, dass immer mal wieder einer über den Rand quillt und in Brandenburg landet. Außerdem sind die Chancen, von einem der Berliner Fördertöpfe zu profitieren, angesichts der großen Berliner Dichterdichte extrem gering. In Brandenburg gibt es zwar außer einem mäßig honorierten Autorenstipendium des brandenburgischen Kulturministeriums keine Fördertöpfe, es wäre aber theoretisch leichter, an sie heranzukommen. Und so finden sich neben schon länger ansässigen Schriftstellern wie Günter de Bruyn, Peter Ensikat, Lutz Seiler oder Julia Schoch auch immer mehr zugezogene, unter ihnen Juli Zeh und John von Düffel.

Natürlich hat so mancher Autor auch immer schon hier gewohnt. Dann sind die Texte meistens nah am Leben der

Menschen und manchmal nicht mehr von diesen zu unterscheiden. Erwin Strittmatter wurde in Bohsdorf, in der Nähe von Spremberg, geboren, arbeitete als Zeitungsredakteur in Senftenberg, schrieb *Ole Bienkopp* und *Der Laden* im Ruppiner Land und sah immer aus wie einer vom Dorf.

Kunst ist, wenn man's selber macht

Jeder, der sich mit einem Erst- oder Zweitwohnsitz in Brandenburg niederlässt, hat, auch wenn er es nicht offen zugibt, einen Hang zur Romantik. Hier zeigt sich: Es ist eine spezielle Romantik, die im Kleinen das Große sieht und den Rausch in der Askese findet, also auf altpreußische Reflexe setzt. Verzicht und Hartnäckigkeit, so die ursprüngliche preußische Maxime, führen schließlich zu Fülle und Schönheit, man muss sich nur in Geduld üben und ein bisschen genauer hinsehen. Wer diese Zeit hat, für den ist es nur noch ein kleiner Schritt von der Bewunderung der Natur zum Impuls, dieser Bewunderung Ausdruck zu verleihen. Deshalb werden in ausgebauten Scheunen von Vierseithöfen Kurse zu Themen wie »Malerei und Poesie«, »Edle Stoffkunst« und »Keramik« angeboten.

Das Töpfern nimmt dabei eine vordere Position ein. Brandenburg ist eine Töpfereiregion. Ob im Norden oder im Süden, die Drehscheiben surren. Ursprünglich stellte man Ziegeln und Kacheln zum Bau von Häusern und Öfen her. Halb Berlin ist aus Brandenburger Ton gebaut. In der heutigen Tonstichlandschaft nördlich von Zehdenick rauchten bis vor Kurzem noch die Schlote, der letzte Brennofen wurde erst nach der Wende abgestellt. Die enormen Tonvorkommen konnten allerdings auch zu Spitzenzeiten der Ziegelbrennerei nicht aufgebraucht werden. Das war zunächst verwirrend. Wer daran gewöhnt ist, ständig zu wenig von allem zu haben, für den ist ein Zuviel schlicht unbegreiflich. Als die Verwirrung nachließ, fand man, wie in dieser Gegend oft, eine pragmatische Lösung für den Überschuss. Kunst würde man daraus machen, aber eine, die jedermann gebrauchen konnte. Denn schön ist für Brandenburger nur das, was gleichzeitig auch nützlich ist. Schon der Alte Fritz, Friedrich II., konnte mit l'art pour l'art nichts anfangen. Selbst die Künstler hatten dem Staat zu dienen. »… nichts ist verhängnisvoller, als Müßiggang mit anzusehen und unnütze Wesen zu ernähren.« So kommt es, dass man in diesem Landstrich eher eine Keramikkünstlerin wie Hedwig Bollhagen als einen Joseph Beuys verehrt. Bollhagen töpferte in Velten und später in Marwitz schön anzusehendes, schlichtes Alltagsgeschirr. Mit ihrer Stilkombination aus geordneter Bauhausästhetik und Bäuerlichkeit erfasste sie den brandenburgischen Geschmack am tiefsten, bemalte ihn blau-weiß und machte kein großes Gerede darum. Ihre Kunstkeramik bezeichnete sie wegwerfend als »Töppe«. Das entsprach preußischer Zurückhaltung und stimmt heute noch viele Autodidakten optimistisch: Der Abstand zu ihr scheint nicht allzu groß.

Neben dem Töpfern sind die Aquarellmalerei, die Landschaftsmalerei in Öl oder die Bildhauerei bei den Kursteilnehmern sehr beliebt. Als Vorbilder dienen die Brandenburger Landschaftsmaler, allen voran die Havelländische Malerkolonie, eine Gruppe von Naturimpressionisten, die sich zur vorletzten Jahrhundertwende am Schwielowsee zusammenfand. Mit ihren Bildern werden regelmäßig Ausstellungen in Caputh oder Ferch bestückt werden. Oft sind diese Kurse von Frauen initiiert, die nach der Wende auf dem Land arbeitslos wurden und sich neue Beschäftigungsfelder suchen mussten. Sie bauten Bauernhöfe aus, nannten sie Kunsthöfe und kümmern sich seither ums soziale Miteinander. Viele Dörfer versänken ohne diese Kunsthöfe in grausamer Eintönigkeit. In den bäuerlichen Gemäuern – aufgehübscht durch neue Balken und eine funktionierende Abwasserentsorgung – rückt die Kunst ganz in die Nähe der Natur.

Worauf ich hinauswill: Brandenburg ist das Land, in dem die Kunst zu sich selbst zurückfindet. Sie beschäftigt sich wieder mit dem, womit einmal alles anfing: der Nachahmung der Natur.

Auf dem Land darf auch gelacht werden

Die Kunst dieses Landstrichs hat nicht nur das Ländliche zum Thema, sie findet logischerweise auch meistens im Ländlichen statt. Die Sparten Theater und Musik tun sich dabei besonders hervor. Den Festplatz selbst des kleinsten Kuhdorfs verwandeln sommerliche Theater- und Konzertaufführungen in eine große Volksarena. Es gibt Tango im Schafstall, Jazz im Kartoffellager, frühbarocke Musik in der Scheune, es werden *Der kleine Prinz*, Märchen von Hans-Christian Andersen oder ein Puppenspiel in Kirchen, Klöstern oder im »Heckentheater« aufgeführt. In der Langeweile der Sommerpause des städtischen Theaters zieht es auch die Schauspieler aufs Land. Wo sie dann die bildhauernden Künstler mit Zweitwohnsitz, die dichtenden Poeten mit Einsamkeitsanspruch und das städtische Theaterpublikum gleichermaßen bespielen, kurz: wo sich alle wiedertreffen. Denn das Publikum ist ebenfalls für den Sommer ins Grüne gezogen. Spätestens nach einer Woche fängt es an, das dörfliche Gemeindeprogramm zu durchforsten auf der Suche nach Abwechslung vom Gesumme der Wespen. Da es dort nichts entdeckt außer dem Tanztee der Volkssolidarität, einem Traktor- und Oldtimertreffen und dem Auftritt einer in die Jahre gekommen Ost-Kombo, die schon zu Wendezeiten niemand mehr hören wollte, geht es, wenn das Sommertheater endlich beginnt, bereits auf dem kulturellen Zahnfleisch. Demzufolge wird aus dem äußerst kritischen Debattierpublikum aus der Stadt ein äußerst demütiges Landpublikum mit der Bereitschaft, wenn es sein muss, auch zu lachen.

Für diese sommerlichen Kammerspiele sind verfallene Parks mit äußerst verfallenen Schlossterrassen besonders beliebt.

Das führt bei den Gästen zu einer moralischen Zwickmühle: einerseits ist es wichtig, das Kulturgut zu erhalten, andererseits aber auch schade, das so schöne Ruinöse saniert zu sehen. Manch eine Aufführung findet deshalb gleich auf der improvisierten Bühne eines Bierlokals statt, in einem Brunnenhaus, zu dem man paddeln kann, oder im Garten eines Kulturbeflissenen, dessen Kräuterbeete originalgetreu denen der Dichterin nachempfunden sind, die in den Zwanzigerjahren auf diesem Grundstück lebte. Da das Stadtpublikum jetzt in Shorts und Flip Flops erscheint statt in Krawatte oder Abendkleid und die Schauspieler sich um einen betont volkstümlichen Charakter der Darstellung bemühen, merken beide Seiten nichts von dieser Wiederbegegnung und können sich ungestört am Erfolg ihres Vorhabens erfreuen, dem Landvolk das Theater nahezubringen.

Ähnliche Begegnungen kann man auch auf Ausstellungseröffnungen wie dem »Rohkunstbau« beobachten.

Ursprünglich von einem Augenarzt aus dem Spreewald als kleine Ausstellungsreihe gegründet, wird diese Kunstveranstaltung mittlerweile landesweit unter dem wirksamen Label »documenta Brandenburg« gefördert.

Jeden Sommer holen die Veranstalter Künstler aus anderen Ländern herbei, um die Menschen der Region über die Anziehungskraft ihrer Scheunen und Adelssitze in Kenntnis zu setzen und die Künstler zu ermutigen, das Rauschen Brandenburger Linden und das Gluckern der Seen mithilfe ihrer Kunst globalisierungstauglich zu machen. Die Künstler kommen gern, weil das Ambiente so »gothic« ist, so »murkelig« und unfertig.

In letzter Zeit hat sich Schloss Marquardt bei Potsdam als Ausstellungsort etabliert. Im verfallenden architektonischen Allerlei mit Blick auf den Schlänitzsee steht die Kunstwelt aus Berlin zur Vernissage mit Proseccogläsern auf der Terrasse und prostet sich nach den Worten der brandenburgischen Kulturministerin anerkennend dafür zu, sich so weit in die

Einöde hinausgewagt zu haben, während die Kinder in teuren Gap-T-Shirts auf dem englisch getrimmten Rasen spielen.

Ein Sommernachtstraum

Neben Sommertheatern und Hoffesten mit Plinsen-Wettessen und Livemusik gibt es große Spektakel, sogenannte Festivals. (Im Winter finden auf dem Land Glühweinabende am Kamin oder Winterwanderungen um den See statt, die das Leben des einen oder anderen preußischen Königs oder eine Gänseart zum Thema haben). Die Sommerfestivals sind vor allem eines: lange vorher ausgebucht. Das liegt einereits an verspielten, phantasievollen Programmmachern, die ihren hochkulturellen Ernst ausnahmsweise einmal ablegen dürfen. Das liegt andererseits daran, dass diese Festivals die beste Gelegenheit sind, seine Liebe fürs Land auszuleben, ohne größere Kompromisse eingehen zu müssen. Man sitzt auf der Wiese, hört die Wespen summen, kann sich aber unter Hunderten Menschen so fühlen wie auf dem Alexanderplatz oder im Freiluftkino der Waldbühne. Die Karten sollte man schon ein Jahr im Voraus kaufen, denn auch die Bewohner der fünfzig umliegenden Dörfer sehen sich das Spektakel gern an, das meistens mit einem Feuerwerk oder einer Lichtershow endet.

Die einen lassen sich von den anderen auf sehr einfache Weise unterscheiden. Dort, wo die Familienmutter noch lange nach der Ankunft auf dem zum Parkplatz umgerüsteten Stoppelfeld kopfüber im Kofferraum steckt, um unwahrscheinliche Mengen an Decken, Mückenspray, Klappstühlen, Regenjacken, Sommerhüten und Wasserflaschen zu Tage zu fördern, als wäre sie in die sibirische Taiga geraten, und ein nervlich schon leicht angekratzter Familienvater versucht, all diese Dinge in seinen Armen oder im bereitstehenden Kinderwagen zu stapeln (während das Kind die Stoppeln auf dem Feld verkostet), handelt es sich um die Leute vom Alex. Dort, wo der total verdreckte Kombi mit Karacho aufs Feld setzt und aus seiner Staubwolke entweder eine Gruppe ununterscheidbarer Menschen in Fleece oder ein älteres Paar in Sonntagsstaat entlässt (sie: geblümte Bluse, weißes Strickjäckchen, er: leicht abgewetztes Jackett und Eisenbahnermütze), handelt es sich um Menschen aus dem Nachbardorf, die »ma eben kurz rumkomm«.

Zur Ribbecker Sommernacht sitzen dann alle gemeinsam an langen Holztischen im Birnengarten des ehemaligen Gutes derer von Ribbeck. Es duftet nach frischem Gras. Auf dem Tisch liegen deftiges Holzofenbrot und Käsebrocken. Die Birnen an den schmalen, knorrigen Bäumen sind reif, der Blick geht weit übers Feld. Eine Papiermaske dient als Eintrittskarte, von einem Teil des Publikums gleich angelegt. Silbern maskiert, wandelt es passend zum aufgeführten »Sommernachtstraum« romantisch durch die Gärten. Ein Trompetensignal kündigt verschiedene Tanz- und Gesangseinlagen auf dem Anwesen an, bevor die Theateraufführung vor der Schlosskulisse losgeht, und wenn am Ende des Abends ein Gewitter aufzieht und der Berliner Jurist für Staatsrecht unter dem Schirm der Kartoffelsortiererin aus dem Nachbardorf Schutz findet, haben alle das schöne Gefühl, man sei sich irgendwie näher gekommen.

Das Opernfestival »oper.oder.spree« erzeugt ähnliche Gefühle und verschafft vielen osteuropäischen Musikern Arbeit. Sie führen ihre Arien oder nachtfüllenden Opern im spätgotischen Kreuzgang des Klosters Neuzelle, im mittelalterlichen Burghof von Beeskow oder in einer Mühle im Schlaubetal auf. Schirmherr dieses kulturellen Highlights im Ländlichen ist bezeichnenderweise der Minister für Landwirtschaft.

Damit die Städte angesichts dieser sommerlichen Festivalschwemme nicht völlig entleert zurückbleiben, stellen sie nun ihrerseits eine Festivalkultur auf die Beine. Eine echte Konkurrenz sind die großen Parkfestivals in Potsdam. Beinahe jedes Wochenende wetterleuchtet im Sommer der Himmel. Feuerwerke steigen hinter dem Belvedere auf, flackern über Schloss Sanssouci oder lassen die Röcke der Mamorskulpturen auf den Dächern des Neuen Palais wippen. Hatte man in den Gründungsjahren der »Musikfestspiele Sanssouci« noch Chancen, eine Karte für dieses begehrte Konzertereignis mit abschließendem Raketenzauber zu ergattern, ist es heute ratsam, sich rechtzeitig eine Freundin, einen Verwandten oder jemanden zuzulegen, der einem noch etwas schuldet und bei der Stiftung Preußische Schlösser und Gärten oder beim Ticketservice arbeitet. Sonst steht man stundenlang nach Karten für ein Vesperkonzert in der Orangerie oder für die englische Barocksinfonie auf den Schlossterrassen an und ärgert sich, weil die lautesten Verhöhner Brandenburgs jetzt garantiert alle vor einem stehen. Geht man am Ende leer aus, weil ein Berliner sich mal wieder vorgedrängelt hat, kann man nur auf das zweite Großereignis hoffen; die »Schlössernacht« Ende August.

Zur Schlössernacht sollte man gutes Schuhwerk tragen. Um sämtliche Bühnen, jeden Komiker, jede Band, alle Theatergruppen und Einzeldarsteller zu sehen, legt man an diesem langen Abend locker zehn Kilometer zurück, was man vor lauter Aufregung zwar nicht sofort, spätestens aber am nächsten Morgen bemerkt. Der gesamte Park steht unter Strom. Endlose Meter Elektrokabel werden hinter Büschen und Rabatten verlegt, um die Lautsprecher auf den Bühnen zu befeuern, die Scheinwerfer vor den Schlössern, das Geisterlicht an den Edelhölzern, den rosa sprühenden Nebel, in dem die Rokoko-Theatergruppe ihr stilles Spiel aufführt, ganz in Weiß bis auf die puppenhaft schwarz umrandeten Augen. Nur der Botanische Garten kommt ohne Kabel aus. Hier erhält jeder ein Öllämpchen. An der Hand der Besucher schwebt das Licht durch den Steingarten, wo es exotische Pflanzen schwankend der Nacht entreißt. Abseits der Bühnen erklingt ein Fagott oder das Spiel einer Violine. Eine Musikerin sitzt allein am Wegrand auf einem schwarzen Podest. Ihr Rock fließt an ihr herab, reglos wie das Tuch der Götter. Von oben wird sie von einer provisorisch aufgestellten Gaslaterne beschienen. In der Ferne leuchtet ein künstlicher Mond. Pärchen flanieren über die Wiesen. Die Violonistin spielt. Ihr zu Füßen sitzen Studenten, aneinandergelehnt, die Augen halb geschlossen, und automatisch sieht man Stöpsel von iPods in ihren Ohren. Aber da ist nichts. Da ist nur der hohe Ton des Instruments, der, wenn er aussetzt, den Grillen Gelegenheit zum Auftritt gibt.

Ins magisch-verzauberte Gefühl gerät man auch in Wiesenburg. Statt eines Feuerwerks sprühen erleuchtete Wasserfontänen in die Luft. Die Feuerwehr ist im Einsatz. Die Nacht der leisen Illusionen endet in einem großen, an den Himmel geworfenen Wasserkunstwerk oder mit einer an die Schlossfassade projizierten, überdimensionalen Video-Licht-Installation. Ballons hängen in den Bäumen des Parks, Teelichter säumen Wege und Blumenrabatten, und über den Schlosssee treiben umgekippte Regenschirme, von innen beleuchtet, wie Schwäne. Das ganze Dorf spielt zur »Wiesenburger Schlossparknacht« den Beleuchter. Schüler sind mit Streichhölzern und Feuerzeugen unterwegs, um Tausende von Teelichtern pünktlich anzuzünden.

Cottbus hat sich auf seine Polkatradition besonnen. Die Hauptstadt der Niederlausitz veranstaltet ein internationales Polkafestival mit unwahrscheinlich vielen Musikern, die alle zusammen die »Annemarie-Polka« spielen, zu der dann unwahrscheinlich viele Menschen tanzen. Die »Annemarie-Polka« ist so etwas wie der Squaredance der Niederlausitz, füllt ganze Turnhallen und Festsäle und besteht aus Hacke-Spitze-Hacke-Spitze-zwei-Schritt-Drehung und der häufigen Nennung des Namens Annemarie. Im Laufe des Abends wird der Tanz immer schneller, angestachelt vom gelegentlichen Jauchzen des DJs, dem Qualm selbst gedrehter Machorkas, die die polnischen Freunde mitgebracht haben, und wer es richtig auskosten will, legt die Polka in sorbischer Tracht aufs Parkett.

Frankfurt/Oder war ursprünglich das kulturelle Zentrum Brandenburgs. Statistisch gesehen brachte es die meisten denkenden und dichtenden Köpfe hervor, von denen viele leider bereits vergessen sind. Also hat sich die Stadt auf ihren Star konzentriert. Heinrich von Kleist, der Autor des *Michael Kohlhaas* und der *Penthesilea*, wuchs bis zu seinem elften Lebensjahr in Frankfurt/Oder auf, trat mit fünfzehn ins Potsdamer Garderegiment ein und studierte später an der »Viadrina« Mathematik, Physik und Philosophie, woran ein Kleist-Museum in seinem Geburtshaus erinnert. Das ihm gewidmete Festival findet allerdings im festivalarmen Oktober statt.

In der Festivalkultur liegt übrigens der Beweis dafür, dass die Reiseunlust der Brandenburger eine bösartige Mär ist. Die Leute sind nicht aus Spaß sesshaft. Sie hocken auch nicht aus purer Einfallslosigkeit in ihren Einfamilienhäusern. Im Gegenteil! Sie haben keine Zeit. Jemand muss sich diese ganzen Festivals ja ansehen! Wann, bitte, sollten sie da noch in den Urlaub fahren? Im Frühjahr? Irrtum. Im Frühjahr näht die Landbevölkerung die Kostüme für den nächsten Sommer.

Glotzt nicht so romantisch!

Bereits zu den Zeiten von Heinrich von Kleist verschob sich der Schwerpunkt künstlerischer Aktivitäten von Zentren wie Frankfurt/Oder allmählich ins Ländliche hinein. Die romantischen Dichter zog es zu den entlegenen Gutshäusern des Landadels, eingebettet in eine verwunschene Natur. Clemens von Brentano, die Gebrüder Grimm, Ludwig Tieck, Rahel Varnhagen, E. T. A. Hoffmann, August Wilhelm Schlegel und Joseph von Eichendorff trafen sich um 1800 regelmäßig in Kunersdorf im Oderbruch, in Nennhausen im Havelland oder in Straupitz in der Niederlausitz. In Salons tauschten sie sich über ihre neuesten Arbeiten aus, während das Eis der Havel leise erzitterte oder sich eine Eule aus dem nahen Moor auf dem Fenstersims niederließ.

Der Gutshof von Bettine und Achim von Arnim im Fläming gilt heute als der berühmteste Dichterhof im Märkischen, obwohl Bettine ihn anfänglich nicht mochte. Sie ließ ihren Mann Achim das Gut bewirtschaften und flüchtete zurück in die Berliner Salons. Erst nach seinem Tod fand sie die Einsamkeit in diesem von Feldern und bewaldeten Hügeln umgebenen Dörfchen zwischen Jüterbog und Dahme schön. Wenn sie aus dem Fenster sah, mag sie das Gleiche gesehen haben, wie ich anderthalb Jahrhunderte später: Morgens um neun marschierten die Gänse von rechts nach links über die Dorfstraße und abends von links nach rechts. Sonst geschah nichts. Ein Hahn krähte. Ein Kuckuck rief im nahen Wald. Bettine von Arnim hatte noch kein Auto. Bettine von Arnim konnte auch keinen Bus nehmen. Die nächstgelegene Stadt – Jüterbog – war auch damals schon mehr als zwanzig Kilometer entfernt. Kein Regionalexpress fuhr nach Berlin. Bettine von Arnim reiste mit der Kutsche. Sie fuhr über nicht asphaltierte Straßen. Kurz: Wiepersdorf war von Berlin in etwa so weit weg wie Krasnojarsk. (Wer heute bei schlechtem Wetter nach Wiepersdorf kommt, erlebt diese gefühlte Entfernung noch immer.) Blieb nur das Schreiben. Und so schrieb Bettine von Arnim in Wiepersdorf den sozialkritischen Text *Gespräche mit Dämonen* und jede Menge Briefe, unter anderem an Friedrich Wilhelm IV.

Ihre Schriften inspirierten spätere Autorinnen wie Ricarda Huch oder Sarah Kirsch zu Essays und Erzählungen. Sarah Kirsch kam nach Wiepersdorf, als das Anwesen ein sozialistisches Schriftstellerheim geworden war, dem man den Namen Bettines verliehen hatte. Auch Arnold Zweig und Thomas Rosenlöcher arbeiteten hier, und Christa Wolf regte die Salonatmosphäre mit Originalmobiliar zu ihrem Buch *Kein Ort. Nirgends* an.

Nach der Wende kam es zu einem fulminanten Neustart. Mehrere ostdeutsche Länder taten sich zusammen und stellten Stipendien bereit, mit denen bis zu fünfzig deutsche, russische, polnische, tschechische oder schweizerische Künstler gleichzeitig auf dem Anwesen leben und arbeiten konnten – einmal wurde sogar eine Autorin aus Aserbaidschan gesehen. Bei meinem ersten Aufenthalt als Stipendiatin wurde im Park noch Boule gespielt. Zu den Mahlzeiten gab es keinen freien Stuhl auf der Terrasse. Sogar Eigenbrötler wie der russische Autor Viktor Pelewin schlossen sich der allgemeinen guten Laune an und diskutierten bis in die Nacht über Sozialismus und Buddhismus, über Literatur, Laster und die Liebe.

Heute dümpelt Wiepersdorf mangels Geldgeber vor sich hin. Bei meinem zweiten Aufenthalt saß ich oft allein im Frühstücksraum. Schloss, Orangerie und Park lagen wie ausgestorben. Die wenigen noch vom Land Brandenburg finanzierten Künstler saßen verloren im Kaminraum, marschierten stundenlang durch den ordentlich gepflanzten Wald oder machten aus verzweifelter Suche nach Abwechslung auf dem nahe gelegenen Segelflugplatz den Flugschein. Abends griffen sie häufig auf den Gemeinschaftskühlschrank mit käuflich erwerbbaren, alkoholhaltigen Getränken zurück. Die großen Hallen der Bildhauer auf dem nahen Feld blieben verschlossen, die Reifen der Leihfahrräder hatte schon lange keiner mehr aufgepumpt. Die Hälfte des Küchenpersonals war entlassen worden. Nicht einmal die Vögel trauten sich, die Stille zu stören. Nur wenn der Hausmeister zum Geräteschuppen ging, raschelte das Laub.

Da staunt der Laie, und der Fachmann wundert sich …

So mancher Autor, unterwegs auf Lesereise im ländlichen Brandenburg, wird in diese Melancholie ebenfalls hineingezogen. Im Saal der Kleinstadtbibliothek kann er sich ungestört selbst atmen hören. Die Primel vor ihm auf dem Tisch vibriert im Rhythmus leise mit. Die Neonröhren summen. Er ist allein. Einige kluge Publizisten haben sich der Lage angepasst.

Sie wissen, worauf es ankommt. Sie halten Vorträge über den Ersten oder Zweiten Weltkrieg, über den Alten Fritz, den ersten Traktor oder das Ende der DDR. Das sind meistens Männer jenseits der sechzig, die günstigerweise alle so aussehen wie Manfred Stolpe. Sollte eine Frau den wahnwitzigen Versuch starten wollen, die zwanzig Stuhlreihen der örtlichen Bibliothek wenigstens zur Hälfte zu füllen, hüllt sie sich keck in ein Tuch und redet über die Pflege des Körpers oder ihren grünen Daumen. Allerdings gibt es ein paar unverzagte Veranstalter wie das Brandenburgische Literaturbüro, die sich auch durch die vollständige Abwesenheit eines Publikums nicht abschrecken lassen. Ihre mühevoll eingeladenen Schriftsteller-Berühmtheiten aus fernen Ländern, bei denen sie sich dauernd entschuldigen müssen (zuerst für die schlechte Honorierung, dann für die Fahrt ins Ungewisse und später für den unterbesetzten Saal) verschicken sie unverdrossen in die Kleinstädte der Prignitz, des Fläming, der Niederlausitz oder der Uckermark. Dort kann man sich teure Lesungen nicht leisten, weshalb man von der Landeshauptstadt aus versorgt wird.

Denken Sie jetzt nicht, die frei bleibende Bestuhlung in den Bibliotheken habe mit Desinteresse zu tun. Keinesfalls. Das Fernbleiben der Bevölkerung ist auch nicht gegen die Autoren persönlich gerichtet. Dass niemand kommt, liegt an dem ungewohnten Angebot. Man rennt hier nicht gleich kopflos überallhin! Das will alles erst einmal verarbeitet und überprüft sein. Es gilt abzuwägen, ob es einen Nutzen bringt, zu dieser fremdartigen Veranstaltung aufzubrechen, die, wenn man sich endlich dazu durchgerungen hat, leider längst vorüber ist. Ähnliches musste die Lotto GmbH erfahren, die jährlich den Brandenburgischen Kunstpreis ausschreibt. Ihre Preisträger schreiben manchmal so schmale Gedichte, dass weder die Körperpflege noch der Zweite Weltkrieg darin Platz finden.

Harte Gegenwart und weiche Eier

In manchen Sommern lässt flirrende Hitze, in manchen Wintern klirrender Frost an die Weiten des kontinentalen Ostens denken, während im nächsten Jahr nicht enden wollende Regenwolken die Landschaft mit nordatlantischer Melancholie überziehen.

(Sigrid Grabner)

Die heutige Landschaftsidylle ist ein Resultat zäher Anstrengungen. In dieser Region, in der selbst das Wetter voller Widersprüche steckt, plagen sich die Bauern seit Jahrhunderten mit Überschwemmungen und unfruchtbaren Böden herum. Das halbe Bundesland bestand vor einigen Jahrhunderten noch aus Sümpfen und Mooren. Und dort, wo kein Sumpf war, war der Boden so trocken, dass ein heftiger Sommerregen genügte, um die Flüsse über die Ufer zu spülen.

Mit der Trockenlegung der Brüche und Lüche, durch Abholzung und Bewirtschaftung wurde das einst urwüchsige Grün in eine braun-gelbe Nutzlandschaft umgefärbt. Ein Großteil dieser Landschaft wird für Mais- und Getreide-,

Sonnenblumen-, Raps- und Kartoffelanbau, zur Zucht von Schweinen, Rindern und Schafen genutzt. Auch die Forstwirtschaft, die man in Eberswalde studieren kann, spielt eine Rolle, allerdings in geringerem Maße, da der Forst häufig unter Naturschutz steht. Nur manchmal noch werden gefällte Baumstämme im Wasser zu Flößen gebunden, über den See gestakt und auf einen am Ufer wartenden Lastschlepper verladen. Vom Fischereigewerbe lebt heute kaum mehr jemand; Ein-Mann-Betriebe und Hobbyfischer versorgen die Bauernmärkte im Land mit Aal und Zander.

Die Trockenlegung des Oderbruchs unter Friedrich dem Großen war eine der ersten, wichtigen Maßnahmen zur Landgewinnung. Zwischen dem Barnim-Plateau und der Oder gab es ursprünglich nur Überschwemmungsland. Die Leute lebten von Fisch und vom Heumachen. Theodor Fontane behauptet, es solle so viel Flusskrebse, Hechte und Flussschildkröten gegeben haben, dass die Bewohner des Oderbruchs sich nach einer Abwechslung auf dem Speiseplan sehnten und den Fisch gewinnbringend in die verschiedensten Ecken Europas exportierten. Ihre Gehöfte standen mindestens einmal im Jahr unter Wasser. Die Nachbarn besuchten sie per Kahn. Nichts als Kuhmistwälle, so Fontane weiter, sollen die wendischen Bruchdörfer vor Wind und Wetter geschützt haben. Friedrich II. beauftragte den Niederländer Simon Leonhard van Haarlem, einen Kanal von Güstebiese (heute Güstebieser Loose) bis Hohensaaten anzulegen, die »Neue Oder«, und gewann damit eine der bis heute fruchtbarsten Gegenden dieser Region. Die Fischer wurden vertrieben oder gezwungen, sich als Landarbeiter zu verdingen. Aber am Ende soll es dort, Gerüchten zufolge, sogar einige reiche Bauern gegeben haben.

Auch das Wildschwein fühlte sich von der Fruchtbarkeit ermuntert. Auf dem hinzugewonnenen Land begann es, sich fröhlich zu vermehren. Mittlerweile hat es das Borstentier zur zweithäufigsten Tierart Brandenburgs gebracht. Häufiger tritt nur die Mücke auf. Sie lässt sich aber leichter erlegen. Die Jagd auf Schwarzwild beschäftigt jedes Jahr unzählige Förster und Wildhüter. Auch schussunsicheren Hobbyjägern gelingen allerdings wegen der großen Menge der Tiere (etwa fünfzigtausend plus fünfzigtausend Erlegte pro Jahr) manchmal Glückstreffer.

Der kaiserliche Jagdtross (Kaiser Wilhelm I., Kaiser Friedrich III. und Kaiser Wilhelm II.) hatte sich im umzäunten Potsdamer Wildpark noch elegant aufs Erlegen von Rot- und Damwild und von weißen Edelhirschen konzentriert. Bei Honecker und seinem Anhang, die in der Schorfheide schossen, ging es wenig elegant zu. Sie ließen sich die Wildschweine direkt vor die Flinte treiben. Fährt man heute durchs Land, steht zu Jagdzeiten überdurchschnittlich häufig der Wildschweinbraten auf den Speisekarten der Dorfgaststätten, und wenn man Pech hat, trifft man ein lebendes Tier auf der B 96.

Dennoch ist Brandenburg nicht das Land reicher Bauern geworden. Noch immer ist es entweder zu spät im Jahr zu kalt oder zu früh im Jahr zu heiß, sind die Winter zu lau oder zu streng. Noch immer werden die Felder überschwemmt. Dabei geht nicht nur die Ernte kaputt. Auch die für das Getreide aufgebrachten Nährstoffe werden in die Seen gespült und fördern dort schädliches Algenwachstum. Das vergällt den Touristen das Baden. Und nicht nur die Bodenbeschaffenheit und das Wetter machen das Leben in der Landwirtschaft hart. Die Frage, welches Huhn die weichsten Eier legt, ist hier kein Zwist unter Konkurrenten. Es ist eine politische Frage und geht auf die jüngste Vergangenheit zurück.

Ein Beispiel ist Kyritz an der Knatter. Die Kyritzer wollten den Ruf loswerden, eine Fiktion zu sein. Sie wollten nicht mehr für Comicfiguren gehalten werden. Lange genug hatten sie sich mit der Erklärung den Mund fusselig geredet, der Beiname »an der Knatter« stamme von den Wassermühlen ab, die hier einst »knatterten«. Es hatte nichts gefruchtet. Immer wieder standen sie vor ungläubigen Touris: »Kyritz an der was?«

Es musste ein schlagkräftiger Beweis dafür gefunden werden, dass Kyritz an der Knatter ein ernst zu nehmendes Städtchen ist. Man entschied sich für den politischen Weg. Im Laufe der Jahrzehnte wurden in Kyritz zwei Denkmäler errichtet. Beide stehen für politische Entscheidungen zur Frage nach dem weicheren Ei. Das eine Denkmal erinnert an Wilhelm Pieck, der im September 1945 in Kyritz die Bodenreform verkündete: Grund und Boden sollten dem Volk gehören, Felder, Wiesen und Seen sollten von allen gleichermaßen genutzt werden. Das zweite Denkmal wurde 2010 eingeweiht und zeigt, was aus dieser Idee später wurde. Eine Bronzeplatte an einem Findling erinnert an die Opfer der Zwangskollektivierung. Im »sozialistischen Frühling« 1960 wurden auch Brandenburgs Bauern mit brutalen Maßnahmen gezwungen, in Staatsbetriebe einzutreten, in die sogenannten Landwirtschaftlichen Produktionsgenossenschaften. Auch früher schon waren die Ackerflächen der Gutsbesitzer in Brandenburg größer gewesen als anderswo, da die schlechten Böden wenig Erträge einbrachten. Aber erst den LPGs war die Natur nichts mehr wert. Als es darum ging, möglichst viele einzelne Felder in eine einzige landwirtschaftsbetriebliche Fläche umzuwandeln, nahm man auch die Verseuchung von Klarwasserseen in Kauf.

Mit den Denkmälern zeigen die Leute »an der Knatter«, dass eine Sache verschieden gedeutet werden kann, und verbessern das Image der Brandenburger. Man ist fähig zur Kontroverse. Die Frage, ob große oder kleine Betriebe die weicheren Eier produzieren, ist noch immer nicht entschieden. Auch heute werden nur fünfzig Prozent des reprivatisierten Agrarlands von freien Bauern bewirtschaftet. Aus vielen LPGs sind Agrargenossenschaften geworden, andere werden von ausländischen Agrarkonzernen weitergeführt, die weiterhin riesige Flächen monokulturell bepflanzen; Betriebe, in denen man mit der bronzenen Gedenktafel so seine Schwierigkeiten hat.

Alte Lasten und neue Läden

Schuld an der Entstehung von LPGs war nicht allein der Sozialismus, sondern auch ein aus Niedersachsen stammender Arzt. Albrecht Daniel Thaer hatte ein Faible für die Landwirtschaft, vor allem dort, wo sie nur klägliche Ernte einbrachte. Also wanderte er Ende des 18. Jahrhunderts nach Brandenburg ein. Er ließ sich vom preußischen Hof ein altes Rittergut in Möglin im Oberbarnim vermachen, nannte es »Königlich-preußische Akademie des Landbaus« und fing an zu experimentieren. Er bestellte Feldgerät in England, wo die Landwirtschaft zu Beginn des 19. Jahrhunderts besser in Schuss war, und entdeckte Folgendes: »Der Effect der Arbeit wird erstaunlich vermehrt durch zwei mächtige Hebel: Theilung der Arbeit und Maschinen.« Thaer sorgte dafür, dass die Leute mehr auf ihren dürftig gefüllten Tellern hatten und ein wichtiges regionales Produkt dazugewannen: die Kartoffel. Ohne Thaer wüssten die Brandenburger heute noch nichts von ihrer Leibspeise, und die Spreewälder würden einen wesentlichen Teil ihres Tourismusmarketings entbehren müssen: Quark mit Leinöl und Kartoffeln.

Auch die Leinsamen führte Thaer im großen Stil ein. Er baute Hülsenfrüchte und Kartoffeln im Wechsel mit Getreide an, was man später Fruchtwechselwirtschaft nannte und als große Entdeckung betrachtete. Damit konnte die alte Dreifelderwirtschaft überwunden werden. Die Kartoffel machte Friedrich Wilhelm III. zum geadelten Grundnahrungsmittel, indem er sie bei Hofe als festen Bestandteil des Speiseplans durchsetzte. Zuvor war die Knollenfrucht vor allem als botanische Kostbarkeit in Gewächshäusern gezogen worden, die adligen Damen schmückten sich mit den Blüten das Haar. Noch Friedrich II. versuchte mithilfe von Gesetzen und verschiedenen Tricks die Bauern davon zu überzeugen, die Erdfrucht anzubauen. Das Mißtrauen gegen die schmutzigen, braunen, harten und geschmacklosen Knollen, die in die Unterwelt hinein-, statt der Sonne entgegen wuchsen, war zu groß. (Einmal soll er ein öffentliches Kartoffel-Schauessen veranstaltet haben zum Beweis, dass die Kartoffel nicht giftig ist.)

Da Herr Thaer auch die Intensivierung der Viehzucht propagierte und die Massentierhaltung einführen wollte, dürfte er der Urfeind aller heutigen Ökobauern sein, von denen es immer mehr in Brandenburg gibt. Auch Fontane schien Thaer nicht zu mögen. Er behauptete, der Großbauer hätte auf Möglin Schafe hergestellt »die vor Beleibtheit auf ihren kurzen Beinen kaum gehen konnten«.

Schafe habe ich in Möglin nicht gesehen. Das Gut ist ein ökologischer Bauernhof. Es liefert die Eier für das hervorragende Frühstück im Schloss Neuhardenberg, einem der Vorzeigehotels in Brandenburg, in dem man auf das goldrote Dotter einer deutsch-französischen Züchtung (alles artgerecht) besonders stolz ist. Ein Ökohof sieht folgendermaßen aus: An der Einfahrt zum Drei- oder Vierseithof steht altes landwirtschaftliches Gerät herum. Es ist entweder zufällig arrangiert und mit Erde bekleckert. Oder es ist gezielt mit Blumenrabatten behängt, die das Alter der Gerätschaften betonen und Vorüberfahrende nostalgisch stimmen sollen. Die ausrangierten Eggen und Forken dienen also entweder dazu, das Holzofenbrot im Hofladen so wirken zu lassen, als sei der Roggen gerade erst geerntet worden. Oder der Hofbetreiber setzt auf die Differenz zwischen gestern und heute und hat ein kleines Agrarmuseum in der Scheune eingerichtet, in dem auch Omas Kinderwiege steht. In der Kühltheke gibt es in jedem Fall Wurst aus der ökologischen Hausschlachtung, Salat in geflochtenen Weidenkörben, der schon etwas länger dort liegt, und Kartoffeln mit einer dicken Erdkruste. An der Tür stehen Stiegen voller Äpfel und das unvermeidliche Regal mit Sanddornsäften, Sanddornlikören, Sanddornweinen, Sanddorntees, Sanddornschokolade, Sanddorneis, Sanddorncremes, Sanddornseifen, Sanddornmarmelade und, damit die Kinder nicht nerven, Sanddorngummibärchen. Der pelzige, säuerlich-bitter schmeckende Sanddorn ist neben dem Holunder das absolute Highlight solcher Hofläden, weshalb es in allen möglichen Zusammensetzungen, in jeder Konsistenz und in fast allen Lebensmitteln vorkommt, wahrscheinlich auch in der Salami.

Nun gibt es in Brandenburg mehr Apfelbäume als Sanddornbüsche. Wieso also der viele Sanddorn? Die Antwort ist einfach: Die Sanddornschwemme hat wie so vieles im Leben nichts mit der Realität zu tun. Das Nachbarland Mecklenburg-Vorpommern erklärte die orangefarbene Frucht ebenfalls zur regionalen Besonderheit. Da beide Länder den Sanddorn als »Alleinstellungsmerkmal« für sich beanspruchen, und man zu zweit nicht mehr alleine, sondern ziemlich blöd dasteht, versuchen sie einander mit immer irrwitzigeren Sanddornrezepten zu überbieten. Ehe einer den anderen ausgeschaltet haben wird, wird uns der Wettstreit sicher noch Sanddornzahnpasta und Sanddornschuhcreme bescheren, und ich bin gespannt, wann das erste Sanddornauto die Dorfstraße hinunterrollt.

Befindet sich der Hofladen in der Niederlausitz, gibt es ein zweites Regal. Es ist gefüllt mit Salzgurken, Dillgurken, Knoblauchgurken, Chiligurken, Schmorgurken, dünnen Gurken, dicken Gurken, Gurken in Fässern, Gläsern, Bottichen oder gleich mit Pappteller auf die Hand. Die Gurke in der Dose kam erst kürzlich hinzu und eignet sich besonders gut als Mitbringsel für Fernreisende (für Menschen, die, wie man hier sagen würde, in der Welt »herumgurken«). Man kann sie sich als Andenken auf den Schreibtisch stellen oder mit einem demnächst produzierten heimischen Whisky aus dem Gurkenland hinunterspülen.

Das Mögliner Gut liegt wie viele dieser Höfe so, dass das Adjektiv »malerisch« in der hauseigenen Werbung untergebracht werden kann, zwischen den Laubwäldern der Märkischen Schweiz und dem flachen Auenland des Oderbruchs. Zerschlissene Landstraßen führen an Feldern und Sanddünen vorbei, eine Klosterschänke lädt zum regionalen Bier auf der Seeterrasse ein, ein Lagerfeuer brennt würzig am Eingang.

Viele der Ökohöfe sind aus LPG-Trümmern entstanden. Gela oder Kerstin oder Ulla hatten einen Traum und haben ihn sich nach der Wende erfüllt. Vorher waren sie als Landwirtschaftsökonomin oder Melkerin angestellt oder gingen noch zur Schule. Mittlerweile haben sie gelernt, wie man Abrissgebäude ohne Wasser und Strom funktionstüchtig macht, mit Banken verhandelt und nebenbei Käse herstellt. Dass es enorm kraftraubend sein würde, aus den abgewirtschafteten LPG-Betrieben nicht nur gewinnbringende, sondern auch idyllische Bauernhöfe zu machen, war in ihren Träumen nicht vorgekommen. Rückblickend hat sich die Viecherei aber gelohnt. Beim Zickleinfüttern kam man dem Thorsten näher, der auf einem Ökobauernhof im Westen die schonende Landwirtschaft erlernte, und im ersten Liebesrausch entseuchten sich die Böden quasi von selbst. Die Tiere sind, so weit dem Nutzvieh das möglich ist, ebenfalls glücklich. Ulla, Kerstin oder Gela gehören zu den wenigen Frauen, die in der Landwirtschaft ein Auskommen finden. Insgesamt sind hier nach der Wende mehr Arbeitsplätze weggefallen als in jedem anderen Wirtschaftsbereich. Von einmal über hunderttausend Stellen sind heute kaum noch die Hälfte übrig.

Kleine Nachbemerkung

Thaer war zweifellos der berühmteste, aber er war nicht der einzige Reformator der Landwirtschaft, der sich an England ein Vorbild nahm. Frau von Friedland führte nach der Scheidung von ihrem Mann und dem Tod ihres Vaters bereits in den Siebzigerjahren des 18. Jahrhunderts als alleinige Gutsherrin ihres Hofes Reformen in Viehzucht und Ackerbau durch. Ihre Tochter, Henriette Charlotte von Itzenplitz, hatte ebenfalls großes Interesse an moderner Landwirtschaft und unterrichtete die Mutter von ihrer Hochzeitsreise nach England aus über die neuesten Entwicklungen in der englischen Agronomie. Aber Frauen durften zu dieser Zeit nicht studieren. So blieben ihre Erkenntnisse in der öffentlichen Welt unbeachtet. Um sich wenigstens mit Künstlern und Gelehrten austauschen zu können, riefen sie auf ihrem Schloss in Cunersdorf einen Salon ins Leben. Laut einer Zeitzeugin lief Charlotte von Itzenplitz dort gern wie »ein alter gestiefelter, gerockter, mit einer Krawatte angethaner Herr mit rund abgeschnittenen Haaren und dem Kastorhut auf dem Kopfe« herum (O-Ton Elise von Bernstorff), woran sich aber weder die Brüder Humboldt störten noch der Rechtswissenschaftler Savigny und auch nicht Adalbert von Chamisso, der gerade dabei war, seinen Schelmenroman *Peter Schlemihl* zu verfassen. Die Männer trugen die reformerischen Gedanken der beiden Frauen vielmehr direkt zu den Aufklärern nach Berlin, womit bewiesen ist, dass die Impulse einer der größten deutschen Geistesbewegungen ebenfalls vom Land kamen, und zwar aus Brandenburg!

Ohne Sorge!

Auch die glücklichste Landschaft … kann durch die richtige Anwendung der Gartenkunst … ästhetisch aufgeschmückt und ökonomisch verbessert werden.

(Peter Joseph Lenné)

Brandenburg und der Blues gehören zusammen. Man setzt sich ins Auto und zieht sich die Landschaft rein. Man fährt die Fenster runter, öffnet das Sonnendach, klappt das Faltdach des Cabriolets nach hinten, dreht die Musik auf volle Pulle, und dann ab auf die Dorfstraßen. Das ist die eine Möglichkeit. Die andere Möglichkeit sind die Parks. Die Parks sind das Gegenteil der Ödnis. Sie sind die Gegenwelt zum fruchtlosen Land. Sie sind das Aufbegehren einer verschmähten Landschaft. Die Wiedergutmachung am missbrauchten, geschundenen, gequälten Grund, und man kann sie sich zu Fuß ansehen. Die Parks sind auch die Genugtuung unterschätzter Seelen. Sie stülpen das nach außen, was die Brandenburger im Dunkel ihres Wesens heimlich sind: verspielt und leicht, offen und weitsichtig, sinnlich und sanft. Die Parks sind schlicht das Gute an Brandenburg. Sie werden geliebt, sind teuer zu erhalten und von unschätzbarem Wert fürs Tourismusmarketing.

Es gibt unzählige Parks. Sie betten nicht nur Schlösser wie Rheinsberg, Branitz oder Sanssouci idyllisch ein. Auch Dörfer haben einen Park. Märkische Adlige wohnten häufig auf dem Dorf. Sie waren oft nichts als bessergestellte Bauern. Um diese Landsitze wenigstens von Bauernhöfen unterscheidbar zu machen, unterhielten die Hausherren hinter dem Gutshaus einen kleinen Park. Das Zähmen der Natur nach den jeweils angesagten Geboten der Schönheit war in Mode geraten, nachdem ihr großer König Friedrich II. sein »Häuschen auf dem Weinberg« mit einem barocken Zier- und Nutzgarten umgeben hatte. Der Ziergarten Sanssouci war nur der Beginn einer groß angelegten Umgestaltung des Wüsten- und Sumpflandes Brandenburg, an dem berühmte Parkgestalter und Gartenkünstler beteiligt waren. Die Wüste forderte sie heraus. Der besondere Reiz erwuchs aus dem Widerstand, den die Landschaft dem Gestaltungswillen entgegenbrachte. Die Schriftstellerin Helene von Nostitz beschreibt das am Beispiel des Bornimer Gartens, den der große Gartengestalter Karl Foerster angelegt hatte, so: »Der Kampf mit dem sandigen Boden der Mark erzeugt eine fortwährende Spannung und Beschwingtheit. Die Pflanzen werden hier nicht gemästet und gepflegt, sondern groß gehungert und groß gedürstet.«

Wer großgehungert wird, muss den Stolz aufs eigene Überleben strahlend ausstellen. Auf den Wiesen vor freiem Himmel werfen die Bäume ihre leuchtenden Kronen auf, ausladende, dicht belaubte Gebilde, in denen sich Kites und altmodische Papierdrachen verfangen und die sich uneingeschränkt entfalten könnten, wären da nicht die Gärtner, die im Herbst die Äste stutzen. Sie machen den prachtvollen Wuchs überhaupt erst möglich. Ein Parkbaum ist eben vor allem das menschliche Idealbild von freier Natur.

Die Besucher

Im Schatten von Ahorn, Buche und Linde treffen nun ganz unterschiedliche Interessengruppen aufeinander. Da sind zunächst die Touristen, die mit Rucksäcken und in praktischen Schuhen auf der Suche nach dem nächsten fotogenen Mamorgott eilig durch die Wiesen laufen. In der Eile unterstützt werden sie von Einheimischen, die den Park als Abkürzung benutzen, um vom einen Ende der Stadt zum anderen zu gelangen, mit Einkaufstüten und Aktentaschen behängt. Schneller als beide Gruppen zusammen sind die Jogger. Die Jogger kennen die genaue Kilometerzahl der Wege, solange sie zu ihrer festen Runde gehören. Jenseits davon liegt unbekanntes Land. Tempel und Statuen am Wegesrand, die Fotomotive der Touristen, sind für sie bloß Anhaltspunkte, um die Zwischenzeit zu nehmen. Die Romantiker unter den Parkbesuchern bleiben versunken davor stehen. Sie untersuchen den Lichteinfall auf nackten Mamorarmen, bewundern, wie sich die Farbe der Blumen kontrastreich zum kürzlich aufgefrischten Weiß des Steins verhält, und werden regelmäßig verbal attackiert. Ehe sie begriffen haben, dass sie der gebellten Aufforderung, nicht so blöd im Weg zu stehen, etwas entgegnen könnten, sind die Jogger längst auf ihre zweite Runde eingeschwenkt.

Manchmal gesellt sich ein Kenner hinzu. Der Kenner hat kürzlich ein Buch über Georg Wenzeslaus von Knobelsdorff, den Chefarchitekten Friedrich des Großen, gelesen oder über Peter Joseph Lenné, den berühmtesten Brandenburger Landschaftsgestalter, und sich vor allem die Zahlen gemerkt. Um sein Spezialistentum auch anzuwenden, überschüttet er den Romantiker sofort mit Lebensdaten und Bauphasen, mit Gewicht und Menge des verbauten Materials, mit der Anzahl der gepflanzten Pflanzen, der Höhenmaße aller Säulen, der Länge der Wege, der Höhe der Kosten, der Menge der Quadratkilometer an gestaltetem Land und der Dauer der zeitgleich geführten Kriege, kurz: Er lässt eine gewaltige Faktenkaskade auf sein Opfer niedergehen. Und wären da nicht die zwei jungen Väter, die sich schwer bepackt und umsprungen von Kindern den Weg entlangschleppten, jeder mit einem Dreirad behängt, Bälle unterm Arm, jeder ein mützenverpacktes Geschöpf auf den Schultern, zwei an der Hand, sodass es dem Kenner für einen Moment die Sprache verschlägt und der Romantiker Gelegenheit hat, hastig ins Buschwerk abzutauchen, würden sie so für die Ewigkeit auf die Fotos der beiden Japaner gebannt, die mit eingeknickten Knien am laubbefallenen Ufer stehen und sich ganz postmodern gegenseitig beim Fotografieren im Park fotografieren.

Die Wahl

Auch wenn keine Spaziergänger unterwegs sind, weil ein Sturm das Wasser der aufschießenden Fontäne über die vom Blättermoder braun gefärbten Wiesen peitscht oder weil die letzten Ausläufer eines Gewitters noch über der Havel zucken, ist man in diesen Parks ständig in Begleitung. Lächelnd verzückte Gesichter, von Steinmetzen in Marmor gehauen, Satyre und Najaden, Karyatiden und Putten, Tondi mit Bacchantenköpfen, lockende oder strafende Götter, Fürstinnen und Herrscher zu Fuß oder Pferd stehen zwar am fremden Schicksal unbeteiligt, aber doch in verlässlicher Häufigkeit herum. Zuflucht bieten Laubengänge, Kolonnaden, Tempel, die mit ihrem gefälligen Gold der Zier wegen errichtet wurden, Pavillons oder Pagoden, und zwar unabhängig davon, ob man in einem der großen Parks unterwegs ist, durch den kleineren Schlosspark Meyenburg, den barocken Klostergarten Neuzelle oder den Lenné-Park Görlsdorf streift oder sich den Jugendstilgarten Herzberg oder den Gutspark Hoppenrade zum Spaziergang ausgesucht hat.

Es gibt so viele Parks, dass man nicht gezwungen ist, vom Badmintonspielen bis zum verliebten Mondscheinspaziergang alles in einem einzigen zu machen. Man kann den Park seinen Vorhaben und der aktuellen Gemütsverfassung entsprechend wählen, und manchmal gehen die Gemütsverfassungen und die Parks wunderbar beiläufig ineinander über. Ein wenig hängt die Wahl allerdings auch von der jeweiligen Parkordnung ab. In einigen ist das Liegen auf Wiesen erlaubt, in anderen darf man die Wiesen nur von der Vertikalen aus betrachten. Ich habe einen Park zum Joggen, einen Park zum Schlendern und Baden und einen zum Schwelgen. Keiner dieser Parks ist von meiner Haustür weiter als eine Viertelstunde entfernt.

Die Formulierung »Ich habe einen Park« deutet die enge Verbindung der Brandenburger zu ihren Parks an. Sie sind mit ihnen verwachsen. Sie betrachten die Parks als Teil ihrer selbst, sie sind Eigentümer der Parks, sofern man Eigentümer des eigenen Körpers sein kann. Sie lesen sie. Sie sind stolz auf sie. Sie sorgen sich um sie. Sie tragen sie mit sich herum. Im Winter rodeln, im Sommer radeln sie im Park. In den Mittagspausen werfen sie einen Blick hinein, um sicherzugehen, dass er noch da ist. Abends werden seine lauschigen Plätze zum besten Argument gegen das Fernsehprogramm. Bevor sie ruhig schlafen können, darf noch einmal der Hund das Aroma der Parkluft kosten. Und der morgendliche Weg zur Arbeit führt wieder durch den Park, um vom idealen Antlitz der Natur die eigene Stimmungslage abzuleiten. Blühen beispielsweise die Weidenkätzchen, wird es ein sanfter Tag voll Mitgefühl. Duftet es nach sonnenbeschienenen Weinblättern, wird der Tag feurig-fröhlich und endet auf der Terrasse eines Weinlokals. Schwappt dagegen Dosenmüll im künstlich angelegten Teich, wird es noch vor Mittag einen Zornesausbruch geben. Als die Stiftung Preußische Schlösser und Gärten für die von ihnen verwalteten Parks Eintritt nehmen wollte, provozierte sie damit einen solchen Protest, dass klar war, hier geht es nicht um Geiz oder prekäre Verhältnisse der Parkbesucher. Hier geht es um tief sitzende Emotionen: Für die Parks zu bezahlen hätte nicht die Leute, sondern die Liebe ruiniert. Also entschied sich die Stiftung klug, Kostendefizite mit Spenden auszugleichen und stellte an den Parkeingängen Spendenautomaten auf.

Mein Blues

Der Blues der Parks klingt je nach Jahreszeit anders. Ich kenne den Sommer- und den Winterblues und natürlich den Herbstblues, in dem der Park versinkt, wenn die Morgennebel die Verbindung zwischen Teich und Baumkronen löschen oder wenn die Konturen der Bäume in der graublauen Einfärbung der Luft vage werden und das Licht jene Blässe hat, die von einer sehr entfernten Sonne kommt. Die Statuen sind unter Holzverschlägen verschwunden, Vorboten des Winters. Und wenn erst der Mond am frühen Abend den frostigen Saum der Bäume beleuchtet, wenn die Wiesen unter der Eisschicht krachen, wenn die Schlösser bloß liegen vor der entlaubten Kulisse, die Kuppeln noch goldener, der Schwung der Fassaden deutlich wie nie, wenn die Balustraden lange schmale Schatten werfen und die Kristalllüster in den Sälen des Schlosses ihren zitternden Abglanz auf dem matschigen Weiß der Wege hinterlassen, dann ergreift eine herrliche Wehmut den Körper. Die Finger sind in den Handschuhen gefroren. Der Schal steht steif vor dem Mund. Das kristalline Blau des vor Kälte geschlossenen Himmels bestimmt den Blick, bis Hände und Augen über einem Glas Glühwein im Schlosscafé langsam auftauen.

Und wenn ich mit Langlaufski in einer schiefen, frisch gezogenen Spur am Schloss Babelsberg vorbeilaufe, das Morgenlicht glitzernd in den verhängten Fenstern, eine Eisscholle hat sich vom Tiefen See hinauf ins gefrorene Schilf geschoben und ragt jetzt wie ein vergessenes Glasfenster am Ufer auf, dann ist alles Überflüssige aus dem Bild geräumt: nur das erstarrte Wasser, eine große Linde, schwarz vom Frost, in die leuchtend das Gelb von Schloss Glienicke fällt, und der

Schrei einer Krähe klingt weit über den glatten, nachts gefallenen Schnee.

Verschwender

Diese Parks wurden von Träumern angelegt. Peter Joseph Lenné und Hermann Ludwig Heinrich Fürst von Pückler-Muskau, die prägendsten Landschaftsgestalter Brandenburgs, interessierte das Land nicht so, wie es war, sondern wie es sein könnte. Aus der Ödnis schufen sie eine Landschaft, in der sich die reine Vorstellung Ausdruck verschafft. Das Unwahrscheinliche schreckte sie nicht. Sie sahen mehr als kahle Hügel und Sand. Sie sahen geschwungene Wege, die über Anhöhen mit gewaltigen Laubbäumen führten. Sie wussten, dass man nach jeder Wegbiegung wie zufällig erneut an jenen schönsten Punkt gelangen müsste, an dem die Aussicht die Landschaft verklärt. Kiefern und Fichten, deren Holz in den heißen Sommern vertrocknete, wären ausgedünnt. Der unfruchtbare, staubige Boden, ein »platter Pfannkuchen«, wie Fürst von Pückler-Muskau ihn nannte, grünte im Stil eines englischen Gartens. Das jedenfalls war die Vision dieses eigenwilligen »Gartenfürsten«.

Große, luftige Parks wollte Fürst Pückler schaffen, die für alle frei zugänglich sein und das abbilden würden, was er am Menschen am meisten schätzte: Großzügigkeit, freiheitliches Denken und verschwenderisches Aufgehen in Schönheit. Sich selbst sah der »grüne Fürst« gern als Chamäleon, als Schmetterling oder Wandelstern, und so wollte er seine Parks: in ständiger Veränderung, je nachdem aus welcher Richtung man sie durchschritt. Alles Gewohnte war ihm verhasst, er liebte das Spiel, die Übertreibung, das Außerordentliche sollte das Geordnete aufbrechen. Auf den weitläufigen Wiesen von Park Branitz ließ er Pyramiden errichten. Eine dieser Pyramiden, spätere Grabstätte des Fürsten und seiner Frau Lucie, umgab er mit einem See; Sinnbild einer verwandelten Wüste.

In seinem Schlösschen richtete er orientalische Zimmer ein. Die Anregung zu diesen ungewöhnlichen Einfällen bekam er auf Reisen. Und weil eine Reise nach Ägypten oder in den Sudan zu Beginn des 19. Jahrhundert noch sehr lange dauerte, schrieb er unterwegs seine Eindrücke nieder, was ihn nebenbei zu einem originellen Reiseschriftsteller machte. Sein berüchtigstes Reisesouvenir war eine zwölfjährige afrikanische Sklavin. Machbuba aus Äthiopien dürfte eine der ersten afrikanischen Einwanderer Brandenburgs gewesen sein, die es allerdings nicht lange in dieser Region aushielt. Trotz der angeblich ausgezeichneten Küche am Fürstenhof starb sie nach wenigen Jahren.

Für seine ausgefallenen Menüs war der Fürst so berühmt wie für seine unkonventionellen Beziehungen zu Frauen. An seiner Tafel fanden sich alle ein, die im brandenburgischen Adel des 19. Jahrhunderts Rang und Namen hatten. Die an Gaumenfreuden nicht verwöhnten Adligen nahmen dafür auch die beschwerliche Anreise aus Potsdam, dem Ruppiner Land oder dem Oderbruch auf sich. Das berühmte Fürst-Pückler-Eis wird ihnen allerdings vom Fürsten nicht serviert worden sein. Diese dreischichtige gefrorene Vanille-Erdbeer-Schokoladenkreation dachte sich ein findiger Konditor in Cottbus aus. Noch heute soll es einen Eishersteller geben, der das Eis nach Originalrezept zubereitet. Mit dem Eisblock aus dem Gefrierfach hat das Original freilich wenig zu tun. Es handelt sich um eine Eisbombe, bei der die weiße Schicht nicht aus Eis, sondern aus Sahne mit Maraschinolikör und gehackten Pistazien besteht.

Eines hatte der so unpreußische Fürst allerdings nicht bedacht: dass ihm über seinen Visionen das Geld ausgehen könnte. Und da kommen die Frauen ins Spiel, vor allem eine: Lucie im fernen Berlin war für die monetären Details seines Lebens zuständig. Von seiner »Schnucke« erwartete er nicht nur die regelmäßige Belieferung mit den lebensnotwendigen Dingen, wie beispielsweise edle Gewürze und Tabak, sondern auch emotionale Großzügigkeit. Der Fürst pflegte enge Brieffreundschaften mit der ähnlich unkonventionellen Bettine von Arnim oder mit Kaiserin Augusta. Außerdem war er pausenlos verliebt, und zwar immer in andere Frauen. Und nur von einer ist bekannt, dass sie ihn abblitzen ließ: die Opernsängerin Henriette Sonntag. Als auch die Ehefrau in finanzielle Engpässe geriet, ließ Fürst Pückler sich, pragmatisch denkend, von ihr scheiden, um – mit ihrem Einverständnis – nach England zu reisen und eine flüssigere Dame an Land zu ziehen, was misslang. Allerdings wurden die Briefe, die er seiner geschiedenen Frau aus England schickte, unter dem Titel *Briefe eines Verstorbenen* zu einem der größten Bucherfolge des 19. Jahrhunderts.

Man könnte auch sagen: Kein Wunder, dass Fürst Pückler zu DDR-Zeiten verschwiegen wurde.

Huldigungen

Peter Joseph Lenné trieb aus der Beschränkung das Schöne hervor. Seine Pläne, das gesamte Havelland in einen großen, zusammenhängenden Landschaftsgarten zu verwandeln, wurden immer wieder von knickrigen Regierungsbeamten eingeschränkt. Potsdam umgab er dennoch mit grandiosen Gärten. Sacrow mit dem schlanken Kirchenbau am Wasser, Klein Glienicke, Babelsberg mit Schloss und in der Ferne die Pfaueninsel sehen vom Pomonatempel auf dem Pfingstberg aus, als hätte jemand von sehr weit oben einen gefälligen, begrünten Halbkreis um den Jungfernsee gezogen, nur dazu da, die Schönheit des diesseitigen Ufers im jenseitigen gespiegelt zu sehen. Im Park Sanssouci lüftete Lenné die alte Strenge des Barock mit geschwungenen Wegen und offenen Ausblicken, gerade Sichtachsen lockerte er mit verwunschenen Pfaden auf, in die spiegelförmigen Anlagen von Hecken und Terrassen brachte er Bewegung durch eine feinfühlige Anordnung wie zufällig gepflanzter Bäume und Büsche.

Wasserflächen verlängern die Bäume in die Tiefe, das Laub hängt flirrend in der verdoppelten Sonne. Der Neue Garten und der Wildpark betten Sanssouci in ihrer Mitte ein. Auch die mit Laubbäumen bewaldeten Havelufer gehen auf Lenné zurück. Nach Nordwesten und nach Süden führen sie aus der Stadt hinaus. In der einen Richtung gelangt man nach Marquardt oder Paretz, in die andere nach Caputh und Petzow. Am Ende landet man wieder im Park.

In Paretz verbrachte Friedrich Wilhelm III. mit seiner Frau Königin Luise in einem schlichten, lang gestreckten Schloss den Sommer. Der wild überwachsene Schlossgarten geht über in das kleine, im frühen 19. Jahrhundert zur Vervollständigung des Schlosses angelegte Dorf; ein stiller Rückzugsort des Königspaars, der nach Luises Tod vor sich hin dämmerte, schließlich verfiel und erst nach der Wende von Menschen aus Süddeutschland entdeckt und aufgemöbelt wurde, unter ihnen Helga von Breuninger, Erbin der Kaufhausdynastie.

Luise lebte nur vierunddreißig Jahre. Ihr sprühender Geist, ihr ausgefallener, exquisiter Stil machten sie zur Kultfrau Preußens. Dichter huldigten ihr, Mythen rankten sich um sie, endlich schien es eine Frau zu geben, die nicht nur die brandenburgische Härte, sondern auch Sanftmut besaß, kombiniert mit Schönheit, Witz und Intellekt. Sie war eine wichtige politische Beraterin. Ohne sie wären viele Reformen, die Preußen nach den napoleonischen Kriegen aus der Krise halfen, nicht auf den Weg gekommen. Kaum war sie tot, wurde sie zum Nationalmythos verklärt. Das begann mit der Verdrehung ihrer Todesursache. Dem Mythos zufolge starb sie nicht an Lungenkrebs, sondern – zur Stärkung des Nationalgefühls – an gebrochenem Herzen über Napoleons Sieg und das uneinige Preußen. Zu Lebzeiten noch war sie der Joker im politischen Spiel der Männer. Von ihrer Klugheit, aber auch von Charme und Silberkleid würde sich, so hoffte man, Napoleon erweichen lassen (umsonst gehofft). Jahrhunderte später ist Luise immer noch Kult. Coole Klamotten, Selbstständigkeit und Wärme trotz einer sagenhaften Menge von Geburten scheint sie zum tröstlichen Vorbild moderner Großstädterinnen zu machen, die sich vor der schwierigen Aufgabe sehen, zwischen Selbstverwirklichung und Karriere noch irgendwo ein Kind zu quetschen.

Fürst Pückler und Lenné. Luise und der Alte Fritz. Das sind die Querköpfe. Die Exoten. Die großen Außenseiter, die Brandenburg prägten.

Flaneure

Und es gibt noch einen: Albert Einstein. Einstein hatte sich in Caputh niedergelassen. Ein holpriger Plattenweg zieht sich am Ufer des Templiner Sees entlang, an Biergärten, Zeltplätzen, Badestellen, an Ruderklubs und Cafés vorbei, Buchen auf der Land- und Schilfgürtel auf der Seeseite. Kanurennsportler vom Olympiastützpunkt am Luftschiffhafen zischen weit draußen über das Wasser, überholt von Ruderern mit Begleitboot, von dem aus der Trainer seine Anweisungen durchs Megafon ruft. Im Sommer ist die kleine Uferstraße verstopft mit Ausflüglern. Im Winter liegt sie glatt unterm Schnee, nur dürftig gestreut, ein wenig vernachlässigt und sehr idyllisch; eine Straße im Urlaub, so wie der Ort, in den sie führt.

Mit der Seilfähre *Tussy II* gelangt man ebenfalls nach Caputh. Die Fähre verbindet Ortskern und Campingplatz. Im Winter sammeln sich Blessrallen, Wildenten und Mandarinenten an der Enge des eisfreien Gemündes. Von diesen Enten, so die Legende, leitet sich der Ortsname her. Caputh – auf das wendische »caputt« zurückgehend – bedeutet übersetzt Entenfänger. (Noch ist ungeklärt, ob die Menschen die Enten oder die Enten die Menschen fangen, von denen immer wieder welche bei dieser Unternehmung ins Eiswasser fallen). Dennoch wird Caputh mit langem U gesprochen, heißt also korrekterweise Capuuth oder, noch besser: Capooth. Denn wer den

Namen genießerisch mit britisch gespitzter Lippe in die Länge zieht, hat in etwa den Tonfall getroffen, der zum Flanieren auf der Caputher Uferpromenade nötig ist. Die Promenade führt am Gemünde auf den Schwielowsee zu und fordert die Spaziergänger zu einer gewissen Attitüde heraus; ein bisschen abgehoben, ein bisschen modebewusster als sonst, aber nicht snobistisch. Snobismus und Brandenburg ist ein Widerspruch in sich. (Davon ausgenommen sind nur ein paar Einrichtungen, die von Nichtbrandenburgern für Nichtbrandenburger eröffnet und sofort mit Sicherheitsanlagen umgeben wurden.) In Caputh weiß man, dass man an den Charme eines eleganten britischen Badeortes (Sommer) oder eines schweizerischen Luftkurorts (Winter) nie heranreichen wird – die Uferpromenade ist mehr ein Promenädchen, der Krähenberg eher ein Krähenhügel. Das hält aber niemanden davon ab, mit Elementen dieses Charmes zu spielen; der kecke Hut, der bodenlange Mantel, das Einstecktuch müssen zum Flanierschritt schon sein. Caputh ist ein wenig altmodisch, äußerst lässig und auf die angenehmste Weise verlebt.

Die Berliner halten es für einen Vorort vom Vorort von Berlin und bedauern jedes Wochenende erneut, dass sie noch immer nicht hierhergezogen sind. Aber nach Caputh zieht man nicht. In »Capooth« verbringt man das Wochenende, die Ferien, die Auszeit vom Alltag. Wochenendhäuser, Datschen, Grundstücke mit eigenhändig gezimmerten Holzhütten bedecken Hänge und Ufer. Im Winter sind die Bungalows dicht, die Fensterläden geschlossen. Auf den schmalen Dorfstraßen ist kein Mensch unterwegs. Der Schnee liegt dick auf den Dächern. Manchmal steigt ein dünner Rauchfaden steil aus einem der Schornsteine auf. Ein Hund bellt. Die Bäckerei hat geschlossen. Vom Himmel über dem Schwielowsee zieht eine blasse Röte heran, dunkelt ein, fällt auf die Eisflächen, auf denen sich Kinder beim Schlittschuhlauf versuchen, lässt sie in ihren dicken Anoraks frösteln, die Gesichter schon starr, die Hände erfroren beim Weg nach Hause. In der knackig kalten Luft hängt der Geruch nach Holzfeuer. Jemand macht ein Lagerfeuer im Schnee, der Widerschein der Flammen leuchtend am Ufer. Sonst ist alles dunkel. Die Häuserfronten abweisend in der beginnenden Nacht. Ein spiegelglatter Himmel. Die Sterne erbarmungslos klar. Auf der Straße die Schatten festgefrorener Blätter. Kein Schuhabdruck. Kein Laut mehr jetzt. Ein schwarzes Baumskelett markiert den Scheitelpunkt des Wegs. Dahinter Leere. Eine Leere, die aufs Wesentliche konzentriert.

Brandenburgische Melancholie.

Der Blues der Unsentimentalen.

Befeuert von Korn, nicht von Cognac.

Albert Einstein wollte in Caputh die Sommer verbringen. Sein rotes, elegantes Holzhaus steht auf einem Höhenzug mit Blick über den See und die Ausläufer der Fercher Berge. Steil steigt die Kopfsteinpflasterstraße an, geht dann in einen Sandweg über. Die Villen sind von jener ausgestorbenen Eleganz der vorletzten Jahrhundertwende, als Wohnräume verzierte Erker hatten und Autos mit einer Kurbel gestartet wurden. Die Autos brachten Künstler und Bohemiens aus Berlin nach Caputh. Später wohnten Funktionäre hier, Professoren und Ärzte, deren Patienten sich für die Behandlung gern mit einer Handwerkerleistung erkenntlich zeigten, mit Hilfe beim Verlegen des Abwasserrohrs, der Terrassenplatten.

Einsteins Bedürfnis nach Erholung und Einsamkeit erfüllte sich mit dem Häuschen am Waldrand nur vorübergehend. Bevor die Nazis ihn vertrieben, korrespondierte er von hier aus mit Mahatma Gandhi und Sigmund Freud. Auf der Dachterrasse trafen sich Nobelpreisträger der Physik und Chemie, Alfred Kerr, Max Liebermann und Arnold Zweig. Heute ist das Haus im Sommer von jungen Wissenschaftlern bewohnt, die mit Stipendien an Forschungsprojekten arbeiten. In die Häuser nebenan haben sich Maler, Hobbygärtner oder gestresste Rechtsanwälte eingekauft.

Unten im Dorf leben noch ein paar alteingesessene Caputher. Sie betreiben die Cafés und Hotels, die kleinen Galerien, die Bootsverleihe und Saunen am See. Sie hüten die Säle des Landschlösschens. Der Fliesensaal im Souterrain ist ganz mit holländischen Kacheln bedeckt. Der Soldatenkönig ließ diesen ungewöhnlichen Gartensaal in dem vergleichsweise bescheidenen Gebäude einrichten, das ursprünglich Kurfürst Friedrich Wilhelm und seine Frau Dorothea bewohnten. Und der Park? Ach ja. Vom Schloss zieht er sich schwungvoll zum Wasser.

Darkroom von Potsdam

Und nicht zu vergessen: der große Park. *Der* Park. Der Überpark. Der Park, der auf Berliner Flughäfen stellvertretend für ganz Brandenburg steht, den Japaner und Amerikaner und manchmal auch Münchner für die Grünanlage von Berlin halten und der für Potsdamer einfach da ist. Gewohnt. Liebevoll gepflegt, aber Alltag. Gegenwart. Nicht wegzudenken. Selbstverständlich liegt er da. Gleich hinterm Luisenplatz. Größer als die Innenstadt. Mittendrin im Leben und doch woanders. Sehr weit weg. Eine Gegenwelt. Die Utopie. Scheinbar unbehelligt von Systemwechseln und ideologischer Verbrämung wird der Park den Potsdamern zum Abbild dessen, was sie ohne die kriegerische Geschichte der letzten Jahrhunderte sein könnten: sorgenfrei.

Spuren hinterlassen nur die Jahreszeiten. Farbige Scheinwerferbeleuchtung in Spätsommernächten. Frühherbstliche Blätterregen an der Friedenskirche. Raureif auf den Ringelblumen der großen Steinvasen. Novemberliche Auszehrung der Beete. Das Silvesterspiel der Feuerwerkskörper in den Fenstern des Schlosses. Die Februarstille der gefrorenen Wege. Und wie das Frühjahr beginnt. Wenn die Götter ausgepackt werden. Nackt stehen Diana, Juno, Jupiter vor dem an Spalieren grünenden Wein. Die Glastüren vor den Feigenbäumen auf den Schlossterrassen werden geöffnet – ist es schon Mai? Das matschige Laub in den Nischen der Flüsterbänke ist verschwunden. Als Kind verrenkte ich mir den Kopf in die dunkle Ecke des Mamors hinein, aus der das Geflüster meiner Mutter so überdeutlich drang, obwohl sie am anderen Ende und abgewandt von mir saß. Für Kinder und Verliebte sind diese überlangen, halbrunden Bänke gemacht. In der gesteigerten Deutlichkeit der marmornen Akustik nimmt das Gesagte die Aura von etwas Geheimnisvollem an.

»Schloss Sanssouci machte in seiner grandiosen Einfachheit einen Eindruck auf mich, den ich nicht versuchen will durch Worte wiederzugeben … Leichtfüßig schweifte ich in den Gärten umher, die ich in solcher Pracht noch nie gesehen.« Die hier so begeistert über ihren Aufenthalt in Sanssouci schreibt, ist Johanna Schopenhauer. Sie sah den Park schon mit den schwungvollen, gut gelaunten Erweiterungen durch Peter Joseph Lenné. Sie konnte froh sein, dass sie so spät dran war. Zu Zeiten Friedrichs des Großen wäre sie weniger leichtfüßig durch den Park spaziert. Vielleicht wäre sie auch gar nicht hier spaziert. Sie wäre möglicherweise nicht hineingelassen worden. Der Preußenkönig hielt sein Lust-Haus weitgehend frauenfrei. Verirrte sich doch eine Dame in diesen »Darkroom von Potsdam«, wie ein Freund Sanssouci ironisch nennt, musste sie damit rechnen, mit wüsten Beschimpfungen belegt zu werden. Selbst Friedrichs Ehefrau wurde nur selten an der Tafelrunde im Sommerhaus gesehen. Der König begab sich von April bis Oktober bevorzugt in Herrengesellschaften aus Künstlern, Denkern, Architekten, Komponisten und Flötisten. Der wichtigste Gesprächspartner, François Voltaire, Autor der französischen Aufklärung, sorgte für Friedrichs Ruhm: der berühmteste Mann seiner Zeit nannte den König als Erster den Großen. Hartmut Dorgerloh, Direktor der Stiftung Preußische Schlösser und Gärten, bezeichnet

Voltaire folgerichtig als »Friedrichs CNN«, als »seinen genialen PR-Strategen«. In Sanssouci zeigte sich Friedrich entgegen seinem spartanischen Image übrigens in edelster Garderobe, mit ausgefallenem Schmuck und nach Orangenwasser duftend. An seiner Tafel ließ er teure Weine servieren.

Ansonsten frönte er im Potsdamer »Gartenhaus« seiner Leidenschaft zu Pagen und Hunden; Windspiele, die er bis in den Tod hinein begleiten wollte. Sein Wunsch nach einem nächtlichen Begräbnis neben den Hunden und ohne Pomp in Sanssouci wurde ihm erst 1991 erfüllt. Eskortiert von einer Ehrenwache der Bundeswehr – darunter sicher keine Frau – wurden die Gebeine unter einer schlichten Grabplatte auf der Terrasse neben dem Lust-Schloss beigesetzt.

Schlösser und Frauen

Ilse Bilse, jeder will se.

(Volksmund)

Frauen in die Uckermark! So schallte es vor wenigen Jahren aus dem deutschen Blätterwald. Einen ganzen Sommer las ich in der überregionalen Presse Artikel über kleine Orte in der Uckermark und der Prignitz, die wie Berichte aus Notstandsgebieten klangen: Auf fünf Männer in diesen Gebieten komme höchstens noch eine Frau. Die Frauen suchten sich Studium und Arbeit in den großen Städten, wanderten nach West-, Nord- oder Süddeutschland aus, sie gingen weg, sobald sie mit dem Abitur fertig seien, die Männer dagegen blieben. Man beglückwünschte nun nicht die klugen Frauen, die gemäß der allseits geforderten Flexibilität auch tatsächlich aufbrachen. Sondern man beweinte die Männer. Man befürchtete, die Männer, die ihren Kahn oder ihre Werkstatt nicht verlassen und weiter von ihrer Mutter bekocht werden wollten, würden im abgeschotteten Dunst aus Glotze, Bier und Langeweile langsam verkommen. Forscher wurden in diese notleidenden Gebiete entsandt, die Studien erstellten, in denen sie einen Zusammenhang zwischen der Abwesenheit des Weiblichen und dem Heraufziehen männlicher Aggressivität herausarbeiteten. »Männer ohne Frauen«, hieß es, »werden alkoholabhängig und rechtsradikal.« Gegen Ende des Sommers veränderten sich die Artikel. Wurde den Leserinnen zuvor noch subtil suggeriert, sie würden in der Uckermark wie Königinnen behandelt, rutschte der anspornende Tonfall nun in ein Betteln ab. Die Artikel bekamen einen so hysterischen Unterton, dass klar wurde: Hier handelt es sich zum ersten Mal in der deutschen Geschichte um Orte, in denen die Unterschicht nicht aus Migranten und Frauen, sondern aus deutschen Männern besteht. Deshalb war der Aufschrei groß. Sofort wurde vor der naturgewaltigen Aggressivität unbeweibter Männer gewarnt.

Im selben Sommer saß ich mit einem Schriftsteller aus Frankfurt am Main in einem amerikanischen Café in Berlin. Er erzählte mir von einem Ausflug nach Potsdam und ins Havelland, den er während der Siebzigerjahre gemacht hatte. Er war Mitte fünfzig, trug ein Tüchlein im Jackett, er war elegant, selbstsicher und erfolgreich. Die DDR hatte sich ihm unauslöschlich als ein Gebiet ins Gedächtnis gebrannt, in dem »Moder, Schimmel und Dunkelheit« herrschten. Mit dem »Schnee« habe ihn diese »fahle Landschaft« damals an »den Zweiten Weltkrieg erinnert«. Mich verwunderte das. Ich konnte mich nicht an »Moder«, »Schimmel« und »Dunkelheit« erinnern, in die nach dieser Theorie sowohl ich als auch viele der Männer im Notstandsgebiet hineingeboren worden wären, und während er so redete, kam mir kurz die Idee, ihn zu fragen, ob nicht er sich rettend in die Kampfzonen meiner Heimat begeben wolle.

Versauft sie!

Es war eine mutige Frau, die sich einst in wirklich gefährliche Sphären vorwagte. Sie zog sich die Uniform des Lützower Jägerkorps an. Sie hatte die Nase voll von der märkischen Armut, in der sie aufwuchs. Sie fand, dass es wichtigere Dinge zu tun gab, als ihrem Vater den Haushalt zu führen, und beschloss, in vorderster Linie gegen Napoleon in die Schlacht zu ziehen. Aus Eleonore Prochaska, einem Potsdamer Mädchen, das zur Zeit der napoleonischen Kriege aufwuchs, wurde August Renz, Trommler und Infanterist der preußischen Truppen, der allen voran die feindlichen Positionen stürmte. Und nachdem sie ein tödliches Kartätschengeschoss getroffen hatte, wurde Eleonore zur brandenburgischen Jeanne d'Arc. Ludwig van Beethoven war von ihr so beeindruckt, dass er ihr einige Kompositionen widmete. Der Soldatenkönig hatte sich bei der Geburt seiner Tochter Sophie Dorothea ein Jahrhundert zuvor noch zu dem Spruch hinreißen lassen: »Mädchen muss man versaufen«. Zur Zeit der Befreiungskriege erfreute sich Eleonore Prochaska, wenn auch nur posthum, immerhin schon einer großen symbolischen Bedeutung.

Allzumenschliches

Bisher ist nichts von einer großen Zuwanderungswelle deutscher Singlefrauen in brandenburgische Brüche bekannt geworden. Aber es könnte sein, dass Sie, liebe Leser, sich in einen Finsterwalder Jungen vergucken, oder schon mit einer der raren Prignitzerinnen geflirtet haben und sich jetzt überlegen, wie weiter. Dann kann ich Ihnen versichern: Sie haben nichts zu befürchten. Es mag vielleicht hier und da Diskrepanzen aufgrund politischer Überzeugungen geben (Brandenburg ist SPD). Auch in der Frage der Wohnungsgestaltung können Meinungsverschiedenheiten auftreten. Bei manchen Märkern sieht die Wohnung so aus, als wäre ein großer Drang nach Gemütlichkeit, der auf frühere Entbehrungen zurückgeht, durch ein schlechtes Gewissen ausgebremst worden. Man sieht den Sitzmöbeln den Wunsch nach Fallenlassen an, sitzt dabei aber ziemlich gerade. Andere geben dem jahrhundertelang unterdrückten Gemütlichkeitsdrang hemmungslos nach. Sie haben ihre Wohnzimmer mit Komplettplüsch überzogen, in dem Sie beim Eintreten für immer versinken. Manchmal sorgt ein gesunder Hass auf die preußische Strenge für eine italisierende oder skandinaveske Ausgestaltung der Räumlichkeiten, über der Sie glatt vergessen könnten, wo Sie sich befinden, schwankte da nicht die Kiefer vorm Küchenfenster.

Zu groben Missverständnissen zwischen Ihnen und dem Menschen Ihres Herzens kann es in modischen Fragen kommen. Pink lackierte Nägel mit Glitzer in Überlänge oder ein winziger Diamantsplitter im Zahn bei den unter Zwanzigjährigen sollten Sie nicht schrecken, ebenso wenig hellblaue T-Shirts an über Fünfzigjährigen mit der Aufschrift: »Spendiert diesem Mann ein Bier!« Bei den Damen jeder Altersstufe sind Frisuren beliebt, die sich morgens mit wenig Aufwand in Form bringen lassen. Das Problem solcher Kurzhaarfrisuren ist: Sie machen nicht viel her. So kommt es, dass die Brandenburgerin auf dem Kopf zweifarbig ist. Färben geht immer. Und es kommt immer gut an. Im Haarefärben sind Brandenburgs Friseure Weltklasse. Unter zwei verschiedenen Tönen macht es niemand. Am beliebtesten sind Schwarz und Rot/ Lila oder Hellbraun und Gold. Auf manchen Köpfen sieht man sogar ein kunstvolles vierfarbiges Schimmern.

Die Herren haben es leichter. Sie tragen einfach raspelkurz. So sieht man die Tattoos am Nacken besser, die für alle unter dreißig zwingend sind. Mutige tragen blaue Drachen oder gefährlich die Zähne fletschende Wölfe an der rasierten männlichen Wade. Nach einer solchen Tätowierung empfiehlt es sich, eine der Gummibundhosen zu kaufen, die nur bis zum Knie reichen und das Kunstwerk vorteilhaft ausstellen (und die Hose dann nie wieder auszuziehen.)

Lange Grundsatzdiskussion werden Sie mit Ihrem brandenburgischen Herzensmenschen dennoch nicht führen müssen. Vielleicht werden Sie angeraunzt. Aber wie gesagt: alles Auslegungssache. Es kann sich genauso gut um einen Ausdruck gutmütigen Einlenkens handeln. Im Grunde weiß man aus Erfahrung: Wenn man nicht groß drüber redet, erledigen sich Diskrepanzen nach einer Weile von selbst.

Der große Manitu

Sollten Sie einer der Weltreligionen anhängen, könnten Sie allerdings Probleme bekommen. Wenn Sie ernsthaft vorhaben, Ihren Glauben zu praktizieren, sieht es düster aus. Sie werden bestenfalls auf ein paar versprengte Protestanten stoßen. Die sind allerdings so froh über den unverhofften Zulauf, dass sie ihre Gemeinde gern auch für katholische, jüdische oder buddhistische Anliegen öffnen. Auf die aufgeschlossene, unreligiöse Haltung der Großstädter nebenan ist man in Brandenburg dagegen gut vorbereitet. Sie lässt sich leicht mit der gründlich atheistischen Überzeugung der Einheimischen vereinen. Zwar hat jedes brandenburgische Dorf seine aus Lesesteinen errichtete Feldsteinkirche. Dennoch sind die Brandenburger Heiden. Ein paar von ihnen mögen einem Privatkatholizismus nachhängen, andere zum Qigong gehen, aber vom einstigen strengen Protestantismus ist wenig übrig geblieben. Die sozialistische Religionsentsorgung war sorgfältig. Aus den sparsamen, verkargten Protestanten wurden konfessionslose Vorkämpfer einer säkularisierten Gesellschaft.

In den Schulen ist Religionsunterricht nicht obligatorisch. Nach der Wende wurde das Fach LER eingeführt: Lebensgestaltung-Ethik-Religion, das sich allgemein mit philosophischen Fragen nach dem Sinn des Lebens beschäftigt. In Brandenburger Kirchen werden häufiger Stadtfeste als Gottesdienste gefeiert. Die Mitglieder der mehr als zweihundert Fördergemeinden, die sich um den Erhalt der Kirchen kümmern, sind großenteils konfessionslos. Pfarrer predigen angesichts der geringen Zahl an Gläubigen lieber in kleinen beheizbaren Räumen als in der Kirche vor leeren Bänken und betreuen viele Gemeinden gleichzeitig. Zu Weihnachten und Ostern führt das gelegentlich zu Engpässen, wenn auch die Brandenburger das Bedürfnis nach Feierlichem überkommt. Zur Heiligabend-Vesper hörte ich einen leidgeprüften Pfarrer der ungeübten Gemeinde in der überfüllten Kirche die Anweisung geben: »So, jetzt aufstehen und beten!«

Man könnte auch sagen: Das einzige übersinnliche Wesen, an das Menschen glauben, die mit der heimlichen Lektüre der verbotenen Bücher von Karl May aufwuchsen, ist der große Manitu.

Fremdeln

Andersdenkende oder Andersgläubige überschreiten selten die Landesgrenzen. Da sind ein paar Vietnamesen, die aus DDR-Zeiten noch übrig geblieben sind. Einst hatte sie der sozialistische Staat als billige Arbeitskräfte geholt. Mittlerweile haben sie sich mit Asia-Läden selbstständig gemacht und tragen dazu bei, dass auf den Wochenmärkten noch etwas anderes angeboten wird als Bratwurst, Äpfel und Teltower Rübchen. Ihre Kinder machen die besten Schulabschlüsse im Land. Von ihrer Religion ist nichts bekannt. Überhaupt weiß man wenig über sie. Die berühmte preußische Toleranz äußert sich als nachbarschaftliche Gleichgültigkeit. Lutze von nebenan redet auch gern mal über die »fleißigen Fidschis«.

Zuwanderer, die es heute ins Brandenburgische verschlägt und die nicht aus Süddeutschland kommen, hängen häufig dem islamischen Glauben an. Sie leben in Plattenbauten an Stadträndern oder in ausrangierten Kinderferienlagern im Wald wie im Asylbewerberheim Althüttendorf bei Joachimsthal. Dort haben die Flüchtlinge einen idyllischen See vor der Nase. In den nächsten Ort führt allerdings nur ein sechs Kilometer langer Waldweg. Sollte einer der Bewohner tatsächlich eine Arbeitserlaubnis ergattern, wird er dennoch keiner Arbeit nachgehen können. Er kommt aus dem abgelegenen Camp nicht weg. Dabei hatte schon der Große Kurfürst als Voraussetzung zur Integration das Arbeiten gefordert. Wer fünf Jahre in seinem Kurfürstentum gearbeitet habe, so der Regent, sei Brandenburger. Die Bewohner Althüttendorfs sind schon froh, wenn sie die Pfarrerin aus Joachimsthal zu Gesicht bekommen. Die engagierte Frau fährt mit ihrem »Barkas« (Kleinbus) in den Wald, um die von der Welt abgeschnittene Gruppe zu Gottesdiensten und Gemeindefesten zu bringen, vor allem aber zum Einkaufen und zum Arzt. Ansonsten sitzt die knapp der Beschneidung entgangene Somalierin oder die vor den Todesdrohungen islamistischer Fundamentalisten geflüchtete Afghanin befremdet im Doppelstock-Mehrbettzimmer eines Bungalows aus Pressspanplatte, in dem vor zwanzig Jahren kleine Sozialisten großgezogen worden waren.

Wo soll'n die sein? – Hier? Nee.

An dieser Stelle ist ein Wort zu den Brandenburger Glatzen angebracht, jenen Männern also, die – zurückgeblieben am mütterlichen Herd – sich mit einer Ganzkörperrasur gewaltbereit machen. Mir ist, seit ich in Brandenburg lebe, noch nie ein Neonazi begegnet. Nun habe ich entweder riesiges Glück gehabt oder nicht den richtigen Blick. Den meisten Brandenburgern scheint es ähnlich zu gehen. Fragt man Leute auf der Straße, wie es mit dem Naziaufkommen aussieht, hört man: »Sind die nicht alle in Meck-Pomm?« Manchmal werden Gespräche mit Fremden gleich so eröffnet: »Sie sind Journalistin? Also Rechte gibt's hier nicht. Früher ja. Aber heute … Nee. Die sind woanders.« Die Leute in Meck-Pomm oder in Sachsen sagen genau das Gleiche; die Neonazis sind immer gerade nicht dort, wo man selber ist. Aber es gibt sie. Brandenburg liegt statistisch gesehen bei der Zahl rechtsradikaler Überfälle auf Platz drei, hinter Sachsen und Berlin. Bekannt ist auch, dass sich Menschen mit rasierten Schädeln und Springerstiefeln gern im Dunst des Militärischen aufhalten, und davon gibt es, wie Sie nun wissen, in Brandenburg jede Menge.

In den Neunzigerjahren gerieten Neuruppin, Halbe, Schwedt, Cottbus, die Stadt Brandenburg, Fürstenwalde, Frankfurt/Oder, Henningsdorf, Königs Wusterhausen, Premnitz und sogar Potsdam wegen rechtsradikaler Anschläge auf Ausländer in die Schlagzeilen. Ganz Brandenburg wurde über Nacht zur »no-go-area«. Einen englischen Freund nigerianischer Abstammung hielten diese Nachrichten davon ab, mich zu besuchen. Er wollte mich lieber in Berlin treffen. Ich fuhr zu ihm. Das Erste, wovon er erzählte, waren Rechte, die ihn verbal am Bahnhof Zoo attackiert hatten. Die Rechten seien, so vermutete er, Brandenburger gewesen, die sich die Hauptstadt ansehen wollten. Ich bemerkte einen gewissen Überdruss, das mit ihm weiter zu diskutieren. Es war derselbe Überdruss, der in der Standardantwort der Einheimischen zu spüren ist: »Bei uns nicht. Woanders.«

Natürlich empfangen die skeptischen Brandenburger Fremde selten mit einem zärtlichen Redeschwall, ob er nun aus Bali, Los Angeles, Nim, aus Dessau oder nur vom anderen Ufer kommt. Der etwas bedächtiger arbeitende Geist benötigte auch eine etwas längere Umorientierungszeit, nachdem nach der Wende die alten Gewissheiten ins Schwimmen gerieten. Perspektivlosigkeit führt schneller auf Abwege. Und es ist mehr als offensichtlich, dass die Brandenburger Luft eine internationale Erfrischung dringend nötig hat. (Wird in einer brandenburgischen Kleinstadt ein multikulturelles Zentrum eröffnet, darf man nicht davon ausgehen, dass es sich um eine Begegnungsstätte verschiedener Kulturen handelt. Es könnten auch verschiedene »kulturelle« Vereine sein wie der Schießsportverein oder der Feuerwehrverein, die unter einem Dach versammelt werden.)

Aber hinter so manch unbedacht rassistischer Titulierung, die Lutze von nebenan im Mund führt, steckt nichts anderes als ein fehlgeleiteter Trotz. Der Trotz gilt den Verursachern jener Schlagzeilen, die Brandenburg zum neuen Todesstreifen machen; Journalisten, die im Mantel der politischen Korrektheit sensationslüstern einen beinharten Osten herbeischreiben. Da sitzen ein paar Jungs in knittrigen Mäntelchen beim Champagner im »Grill Royal« in Berlin, so die Vorstellung märkischer Kleinstadtbewohner, und wünschen sich ein bisschen Grusel in ihr gesättigtes Mittvierzigerleben. Wenigstens im Osten soll es hammerhart zugehen. Da soll es knallen. Also beschwört man in überregionalen Blättern die Heimstatt des authentisch Fiesen, des Barbaren, im benachbarten Brandenburg.

In den oben erwähnten Städten sieht man zwar öfter kahle Köpfe, aber solange die Rechten nicht aufmarschieren, sind sie auf den ersten Blick nicht zu erkennen. Nur wer sich in den Labels auskennt und weiß, was die Doppelacht auf dem Sweatshirt bedeutet, könnte auf die Idee kommen, dass der Weißweintrinker im Café, der ein dünnes Zigarillo raucht und Zärtlichkeiten mit seinem gepflegten Hund austauscht, gerade Befehle ins Handy tippt, die dem Anführer einer Schlägerei irgendwo im Ländlichen gelten, sei es in Brandenburg oder in Schleswig-Holstein.

»Zossen zeigt Gesicht«, sagen die Einwohner und »Neuruppin bleibt bunt« und gehen dafür auf die Straße. Bewaffnet mit Töpfen und anderem Schlaggerät aus der Küche erzeugen sie so viel öffentlichen Lärm, dass der Naziaufmarsch übertönt wird. Bürgerinitiativen verhindern, dass Rechte Gebäude kaufen, um sie zu sogenannten Jugendklubs umzugestalten. Die Confiserie Felicitas aus Hornow stellte einen nepalesischen Flüchtling in ihrer Schokoladenproduktion ein, was nicht nur dem Asylsuchenden half, sondern auch Berührungsängste der Niederlausitzer aus der Welt räumte. Viele Städte haben Aktionsbündnisse gegen Rechts ins Leben gerufen, die Erfolg zeigen: Schaffte es die DVU Ende der Neunzigerjahre noch in den Landtag, scheiterten bei der Wahl 2009 sowohl DVU als auch NPD deutlich an der Fünfprozenthürde. Und wenn auf Festen der Freiwilligen Feuerwehr die dorfbekannte Gruppe Rechter aufläuft, sind die Fäuste der einheimischen Bauern die wirksamste Botschaft. Die brandenburgischen Aktivisten der gleichgeschlechtlichen Liebe, die in Sachen Härte sicherlich mehr Erfahrung haben als die Jungs im »Grill Royal« und vor Kurzem noch als todesmutig galten, steuern mit ihren Gay Pride-Wagen schon lange regelmäßig Neuruppin oder Spremberg an und werben für Toleranz. Als ich in Neuruppin war, sah ich einen roten Oldtimer durch die Stadt fahren. Im Fond des offenen Wagens hielten Braut und Bräutigamdame Händchen.

Jeder nach seiner Fasson

Toleranz ist eine der schönsten preußischen Traditionen, aber schwierig zu üben. Friedrich II. gewährte allen Einwanderern absolute Religionsfreiheit. Jeder solle nach seiner »façon« selig werden, ließ er 1740 in seiner berühmten Randbemerkung zur Religion verlauten. Das sagte der kluge König nicht ausschließlich aus purer Menschenliebe. Er sagte das auch mit Blick auf die Neuankömmlinge, die das trockengelegte Oderbruch besiedeln sollten. »Ich bin ein König, ich brauche Untertanen« war die pragmatische Maxime hinter seiner Toleranz. Sie machte Brandenburg für kurze Zeit zum vielsprachigen Migrationsland.

Neben den ursprünglichen Wendendörfern an der Oder wurden Kolonistendörfer gegründet. Mehr als eintausend Familien aus allen Himmelsrichtungen ließ Friedrich II. im Oderbruch ansiedeln. Als ihm keine Namen für die Neugründungen mehr einfielen, setzte er einfach die Vorsilbe »Neu« vor die alten Dorfnamen. Eine »Kommission zur Herbeischaffung von Kolonisten« kümmerte sich um die Besiedelung. In Neu-Lewin beispielsweise wurden Polen und Mähren angesiedelt, was den einen oder anderen brandenburgischen Glatzkopf daran erinnern sollte, dass das, was er da so schön freirasiert hat, ein urslawischer Schädel ist. In Neu-Barnim richteten sich Pfälzer, Schwaben, Hessen, Braunschweiger und Niedersachsen ein. An dieser national orientierten Trennung der Leute zeigt sich, dass Ghettobildung kein Phänomen moderner Einwanderungsgesellschaften ist. Jahrhunderte übergreifend blieben die Probleme ähnlich. Auch die Suche nach fleißigen und arbeitsamen Ausländern unterscheidet sich dem Prinzip nach nicht von der heutigen Suche nach ausländischen Fachkräften. Damals galten Slawen und Mähren als tatkräftig, Holländer als handwerklich geschickt und Schweizer als mittellos. Sie übernahmen die Rolle der Tagelöhner und Gesellen. Da die Neusiedler die Region mit den fruchtbarsten Böden erwischt hatten, wurden bald alle gemeinsam reich, was den Assimilationsprozess beschleunigte. Die Koslowskis, die Matuseks, die Frankes und Berkhoffs wurden echte Brandenburger und benahmen sich so, wie sich Neureiche im Allgemeinen auch heute noch zu benehmen pflegen. »Krasser Luxus und das völlig mangelnde Verständnis für das, was wohltut und gefällt, laufen nebeneinander her. … Einzelnen, für schweres Geld erstandenen Glanz- und Prachtstücken wird die Pflicht des Repräsentierens auferlegt; die Personen aber entschlagen sich desselben. Denn es ist unbequem«, schreibt ein Zeitgenosse Friedrich des II.

Die lockere, überkonfessionelle Haltung des Preußenkönigs bezog sich übrigens auf alle Glaubensrichtungen mit Ausnahme des Judentums. Juden mussten Leibzölle zahlen, eine Regel, die gewöhnlich fürs Vieh galt. Und sie mussten kaputtes Porzellan kaufen. Dieser exzentrische Einfall nannte sich Porcellainexportationszwang. Er verknüpfte Profitdenken mit Diskriminierung. Der Porcellainexportationszwang verpflichtete jeden, der ein Haus erwerben oder Kaufmann werden wollte, minderwertiges Porzellan aus der Königlichen Porzellanmanufaktur für eine Summe von mehreren Jahresgehältern zu kaufen und ins Ausland zu exportieren. Lutheraner, Reformierte Protestanten und Katholiken unterlagen diesem Zwang nicht. Sie hatten im aufgeklärten Absolutismus des friderizianischen Preußens gleiche Rechte. Die jüdischen Mitbürger stürzten diese Unmengen an beschädigtem Porzellan zuweilen in den Ruin, bevor sie überhaupt mit dem Hausbau begonnen hatten.

Von Religionsfreiheit zur Energieautarkie

Ein Beispiel preußischer Religionsfreiheit ist Prenzlau am Uckersee. Das Zentrum der Uckermark kann sich damit rühmen, neben seinen vier mittelalterlichen Kirchen, darunter die berühmte St. Marien-Kirche, und einem Büßerinnenkloster der Magdalenen im 18. Jahrhundert auch die größte reformierte französische Gemeinde beherbergt zu haben. Nach dem Dreißigjährigen Krieg wurde die Uckermark, in der niemand mehr lebte, im Toleranzedikt des Großen Kurfürsten (Friedrich Wilhelm) von 1685 den Hugenotten zugewiesen. In der Uckermark sprach man fortan Französisch. Das verleiht dieser Gegend noch heute eine etwas preziöse und gelockerte Atmosphäre. Leider reichte der französische Einfluss nicht, um die örtliche Küche zu verbessern oder eine Weinkultur zu etablieren. Einzig mit dem Anbau von Tabak führten die französischen Einwanderer eine gewisse Exotik ins Brandenburgische ein.

Auch das Wasserstoff-Hybridkraftwerk am Stadtrand von Prenzlau nimmt sich heute noch recht exotisch aus. Es ist das erste Kraftwerk, das Windenergie speichern und in Kraftstoff verwandeln kann. In nicht allzu langer Zeit wird es das Zentrum der Uckermark zur Vorzeigestadt in Sachen erneuerbare Energien machen.

Hochzeitsflieger

Dass die freigeistig erzogenen Kinder selten vor dem kirchlichen Traualtar heiraten, hat die Phantasie der Standesämter erstaunlich beflügelt. Niemand muss mehr in einem Büro mit staubigem Veilchen ja sagen. Wenn Sie also Ihren ersehnten Finsterwalder Jungen oder die angebetete Wittstockerin ehelichen wollen, können Sie das in Schlössern, Burgen und Klöstern, auf Türmen und in Flugzeugen tun, auf der Plattenburg, im Schloss Hardenberg, dem Potsdamer Belvedere, im Kloster Chorin, im Schloss Lübbenau, im Rittersaal im Stadtschloss Vetschau, in der Dennewitzer Mühle, unter einem ausgestopften Riesenwildschwein ebenso wie unter dem preußischen Adler, mit Standesbeamten im Rokokokostüm oder in Flämingtracht. Aus den Staatsbeamten sind weltläufige, des Schauspielerns kundige Geschäftsreisende geworden. Und auf entlegenen, nur in den Sommermonaten von Fahrradtouristen besuchten Herrensitzen und Burgfrieden kommt Leben in die Bude: Schloss- und Burganlagen, Herrensitze und Gutshäuser wurden zum Zweck der Eheschließung landesweit entrümpelt und instand gesetzt. Das betrifft je nach Finanzlage der Kommunen oder der Schlösser GmbH manchmal nur das Hochzeitszimmer selbst. Dann muss das Brautpaar auf dem Weg in die Ehe über herabgefallene Dachziegel klettern. Aber es scheint dieser raue Charme zu sein, der die Moderne-Müden anzieht. Man hofft, dass sich etwas echter Geschichtsstaub im Brautkleid verfängt.

Baufälliger Landadel

Mit dieser Hoffnung haben die Hochzeitswilligen einen Teil der Schlösser und Landsitze vor dem Ruin gerettet. Seit den Neunzigerjahren wurden händeringend Investoren für die verwahrlosten Gemäuer gesucht. Manch ein Käufer wollte sich jedoch nur am Ausschlachten der Reste bereichern, und so standen die Häuser bald wieder leer. Nicht alle der unzähligen erhaltenswerten Barockbauten und klassizistischen Herrensitze sind prächtige Besitztümer. Der brandenburgische Landadel residierte auf den kärglichsten Gütern in ganz Deutschland und gibt in Unterhaltungsromanen aus den Zwanzigerjahren des letzten Jahrhunderts oft die Symbolfigur für Armut auf.

Nach dem Zweiten Weltkrieg kamen auf den Gütern zunächst Flüchtlingsfamilien unter, die die unbeheizbaren Mauern aber schnell wieder verließen. Dann schob man Kinder und alte Leute in die saalartigen Zimmer mit verfallendem Stuck ab. Die so entstandenen Kinderheime, die Alten- oder Pflegeheime blieben oft ohne Heizung. Sie hatten weder Fahrstühle noch behindertengerechte Toiletten. Bauliche Verbesserungen konnte sich die DDR nicht leisten. Das war zum Nachteil der Bewohner, die in eisigen Zimmern hausten, hatte aber den Vorteil, dass die Substanz der Gebäude erhalten blieb. Nur die Zeit trieb den Verfall voran. Erbarmte sich jemand der Löcher im Dach, der Risse im Boden, wurde er sofort als Reaktionär verschrien.

Die größeren und besser erhaltenen Schlösser dienten unter kommunistischer Herrschaft als Tagungsort der Gesellschaft für Deutsch-Sowjetische Freundschaft wie Schloss Bad Freienwalde (heute Kureinrichtung), als Gästehaus des Justizministeriums der DDR wie Schloss Wustrau, ehemals Wohnort des Husarengenerals Hans Joachim von Zieten, oder als Fachschule für Landwirtschaft wie das einstige Rittergut Genshagen. In der Prignitzer Plattenburg sind noch die Überreste des Betriebsferienheims zu sehen, das die Deutsche Reichsbahn hier unterhielt. Aufs edle Parkett von Schloss Neuhardenberg ließen Gewichtheber ihre schweren Scheiben krachen. Dieses vom preußischen Chefarchitekten Karl Friedrich Schinkel gestaltete Schloss diente der DDR als Trainingslager für Olympiakader. Es befand sich vierzig Jahre lang im sozialistischen Musterdorf Marxwalde. Mittlerweile ist es neben Schloss Meseberg, dem Gästehaus der Bundesregierung, ein Muster für Sanierungskunst und gehört zu den Vorzeigeschlössern der Region. Auch das Dorf darf wieder seinen alten Namen tragen. Am Dorfeingang stehen die üblichen Platten, dahinter weitet sich die Straße, wird zur preußischen Prachtallee, auf deren Mittelstreifen weiß die Schinkelkirche strahlt, als Vorbote der im märkischen Braun-Grün der Landschaft fast schmerzhaft grell sanierten Schlossmauern. Geharkte Wege führen auf das Refugium des ehemaligen Staatskanzlers Karl August von Hardenberg zu, nicht geradewegs, sondern im Bogen, als solle die Verbeugung des Menschen vor der Macht noch immer durch den Verlauf der Wege nachgezeichnet werden.

Schloss Lübbenau kaufte die Familie des Grafen W. F. zu Lynar zurück, einer der Hitlerattentäter. Das von Fürst Pückler und Karl Friedrich Schinkel entworfene Gebäude wurde so aufwendig und sorgsam restauriert, dass eine Hochzeit hier schon fast nicht mehr wahr zu sein scheint oder so wahr ist wie eine Hollywood-Hochzeit.

Höhenflüge

Das Hochzeitsflugzeug ist eine IL 62. Das Passagierflugzeug der Interflug steht in Originalausstattung auf einem Acker. Neben den Tragflächen wächst Wald. Mähdrescher kreisen in der Ferne, ein Habicht steigt auf. Wie ein großes, grasendes Tier steht das Flugzeug auf demselben Hügel, von dem aus Otto Lilienthal seine Flugversuche startete. Der Gollenberg bei Stölln bot die besten Windverhältnisse. Immer wieder sprang der Flugpionier mit einem schwanengleichen Apparat um den Bauch in die Tiefe. Nachdem sich die Einheimischen das eine Weile angesehen hatten, sollen sie zu dem lebenspraktischen Schluss gekommen sein: »Der soll nicht oben in der Luft pflügen, der soll unten arbeiten!« 1896 tat Lilienthal ihnen den Gefallen. Er verunglückte tödlich. Bevor die Fluggesellschaft Interflug nach der Wende auch für immer verunglückte, kam man dort auf den Gedanken, eine ausgemusterte russische Passagiermaschine auf Lilienthals Hügel zu landen. In einem gewagten Manöver steuerte ein Interflug-Pilot die Iljuschin im Oktober 1989 auf den Acker am Gollenberg. Jetzt bemüht sich ein Verein darum, das Erbe Lilienthals und das Erbe der Interflug miteinander in Einklang zu bringen, weshalb die Iljuschin heute den gar nicht russischen Namen »Lady Agnes« trägt. So hieß Lilienthals Frau.

Bis dass der Tod euch scheidet

Wo es Hochzeiten gibt, gibt es auch Todesfälle, und wo man sich atheistisch verheiratet, stirbt man nicht unbedingt christlich. So kommt es, dass der Beruf des freischaffenden Grabredners sehr verbreitet ist. Während das Religiöse in Sachsen oder Thüringen nach der Wende erneut aufflammte, von milder Hügellandschaft, erzgebirgischer Kerzengemütlichkeit und einer langen bürgerlichen Tradition wohlig beschleunigt, lässt sich der zähe und widerständige Geist der Brandenburger nicht so schnell wieder auf jenseitige Erlösungsversprechen ein. Für einen Großteil der verstorbenen brandenburgischen Bevölkerung entwirft die Grabrednerin eine säkularisierte Gedenkrede. Der Knackpunkt jeder Rede besteht darin, trotz Abwesenheit eines Jenseits Hoffnung und Trost zu verbreiten. Ohne Trost kommt auch der beinharte atheistische Hinterbliebene nicht aus. Nun ist neben dem Überirdischen auch die Redegewandtheit nicht unbedingt etwas, das den Brandenburgern in die Wiege gelegt wurde. Und so treiben die Trostreden manchmal merkwürdige Blüten, wie ich in einer kleinen Friedhofskapelle in Senftenberg hörte: »Nun ist dieses Leben vollendet. Und übrig sind zwei Zahlen, verbunden durch einen Strich.« Wer daraus Trost schöpft, hat gelernt, einiges auszuhalten.

Sauna und Tropen

am ende stehen / wieder nur wir selbst / noch da, mit einem guten, grossen / löffel in den händen

(Lutz Seiler)

Wenn Sie bis zu dieser Stelle im Buch gelangt sind, werden Sie sich vielleicht fragen, ob die Menschen dieses Landstrichs bei all ihrer Zähigkeit und Ausdauer nicht mal irgendwann abschlaffen. Und Sie haben recht. Nichts anderes verbirgt sich hinter ihrem unerschütterlichen Badebedürfnis. Wetterbedingt können die Brandenburger diesem Bedürfnis nur knapp ein Viertel des Jahres im Freien nachgehen. Für die übrige Zeit gibt es überdachte Gewässer. Die Indoorgewässer unterteilen sich in Thermalbäder und Spaßbäder. In beiden geht es ums Gehenlassen. Der Auftrieb des salzhaltigen Wassers und die Endlosrutschen ins Spaßbecken ermöglichen jene Leichtigkeit, jenes schwebende, selbstentrückte Gefühl, die im Alltag nicht so leicht zu haben sind. Wollen Sie die Einheimischen also von ihrer besten oder von ihrer enthemmtesten Seite erleben, dann besuchen Sie ein Bad.

Bevor Sie sich auf den Weg machen, müssen Sie sich zunächst einiges überlegen. Vor allem sollten Sie darüber nachdenken, was Sie während des Badens noch tun wollen. Sie könnten zum Beispiel Sole inhalieren. Sie könnten nach der Sauna vor einem offenen Kamin chillen und sich im Bademantel fühlen wie im coolsten Klub Berlins (Spreewaldtherme Burg). Sie könnten auch durch ein Gradierwerk laufen und danach in der Edelstein-Meditationsgrotte nach der Heilslehre von Hildegard von Bingen darüber meditieren (Bad Wilsnack Therme). Vielleicht wollen Sie sich nach dem Saunagang aber lieber im Schneeraum beschneien, vom Unterwassergeysir durchquirlen lassen und danach erotisch mit ihrem Partner im Heilerdenschlammbad suhlen (SaarowTherme). Oder Sie schwimmen saunend auf einem See (Fontane Therme Neuruppin). Zählen Sie sich zu den Hardcoresaunesen, dann werden Sie sich vielleicht am wohlsten dabei fühlen, in der Gruppe über minigolfartige Wege von der Salzsauna zur Heusauna zur Kristallsauna zum nächsten Aufguss zu ziehen (Kristall Saunatherme Ludwigsfelde). Sind Sie der weichere Typ, empfiehlt sich das Schweben in jodhaltigen Salzbädern, der Besuch der Gradiersauna oder einer Banjazeremonie (Stein-Therme Bad Belzig). Sie können ins Thalassobecken oder in Quelltöpfe steigen (Lausitztherme Wonnemar). Oder Sie tauchen in die Licht-Wasser-Orgel des »kleinen Meeres der Uckermark« ab (NaturThermeTemplin). Ob Sie das textilfrei oder textilunfrei machen werden, hängt ebenfalls von der Wahl Ihrer Therme ab (in Ludwigsfelde FKK).

Und nun sollten Sie noch ein Stück tiefer in sich gehen. Ergründen Sie, ob das Yin oder das Yang Ihrer Persönlichkeit angesprochen werden soll oder doch nur die Schönheit Ihrer Haut. Davon hängt ab, ob Sie am Schwimmen bei Mondlicht teilnehmen oder zu Sonnenaufgang ayurvedische Tänze tanzen, ob Sie zu High Noon die Wassergymnastik mitmachen oder zur Teestunde mit einer Schlammpackung vorm Samowar sitzen. »Aktiv in den Sommer« oder »Fit in den Winter«

kommen Sie auf jeden Fall. Und denken Sie darüber nach, mit wem Sie das tun. Sie können sich aussuchen, ob Sie mit Ihrem Baby in der Babysauna oder mit Ihrem Großvater in der Großvatersauna schwitzen wollen, oder ob Sie gleich mit der ganzen Familie am Familientag die Sauna für sechzig Leute stürmen möchten.

Nun sind Sie mit den Vorüberlegungen schon fast fertig. Bleiben nur noch ein paar Kleinigkeiten zu klären. Zum Beispiel, ob Sie beim Saunen gern einen vierhändigen oder nur einen zweibeinigen Aufguss hätten, mit Klangschalen oder ohne, ob Sie ihn asiatisch-ästhetisch mit Fächer von einem sehnigen Buddhisten oder brachial deutsch und nach dem Motto »Es muss brennen!« mit dem Handtuch von einem halb nackten, schwitzenden Bodybuilder haben wollen oder doch vom Kasachen in Filzstiefeln, der Ihnen zuerst eiskalten Wodka reicht und Sie dann mit dem Birkenzweig namens Wenik nicht wenig schlägt. Sie müssen jetzt nur noch entscheiden, ob Ihnen der Mandarine-Sekt-Kokosnussduft oder das Grapefruit-Minzbeere-Schokoladen-Öl besser gefällt, oder ob Sie lieber beim klassischen Eukalyptusaufguss bleiben und Ihnen nur Menthol-Kristalle oder Zitronenscheibchen dazu gereicht werden sollen. Hinterher können Sie einen Salztrunk von hintenherum und gebückt zu sich nehmen oder einen Sellerie-Mangold-Echinacea-Drink im Sitzen, Sie bekommen alles, und manchmal sogar ein einfaches Bier. Sie können für Ihr Eintrittsgeld auch bei Regen barfuß über Stock und Stein den Pfad der Sinne entlangwandeln oder im Bad der Sinne baden und das Gebade dann im LichtKlangRaum, im Sinnenraum oder in der Wasserklanginstallation ausklingen lassen, wichtig ist nur: Checken Sie rechtzeitig aus! Denn das war nur der eine Teil des brandenburgischen Kurprogramms.

Wer sich gesund gebadet hat, will ein bisschen Spaß haben, und zum Spaßhaben gehen die Brandenburger in ihre Spaß- und Erlebnisbäder wie das Kristallbad Lübbenau, das Marienbad Brandenburg, die TURM ErlebnisCity Oranienburg, das

Spaßbad Schwapp in Fürstenwalde, das Erlebnisbad Senftenberg oder die FlämingTherme Luckenwalde, die für Spaßgestresste sicherheitshalber auch ein Entspannungs- und Therapiebecken hat. Die Bespaßung findet statt mithilfe von Strömungskanälen, Bodenbrodlern, Luftblubbern, Wasserpilzen, Hangelseilen, Kletternetzen, Turborutschen, Großwasserrutschen, Breitwasserrutschen, Black-Hole-Wasserrutschen, Indoorrafting oder Outdoorhüpfing, und manchmal kann man auch schwimmen. Wer nicht allein, sondern in Begleitung von Pinguinen schwimmen möchte, dem seien die Spreewelten in Lübbenau empfohlen. Sie brauchen keine Angst zu haben, dass Ihnen ein Pinguin auf die Schulter kackt. Die schwimmenden Vögel, südamerikanische Humboldt-Pinguine, sind hinter Glas in ihrem eigenen salzwasserhaltigen Becken, sodass Sie und die Tiere sich gegenseitig unter oder über Wasser ungestört betrachten können.

Den größten, weil exotischen Spaß gibt es im Tropical Islands. Wetterunabhängig amüsieren Sie sich wie in den Tropen. Regenwald, Strände, Bambushütten und Lagunen unter dem Dach einer Cargo Halle wurden 2004 eingeweiht. Die Halle ist mit sechsundsechzigtausend Quadratmetern die größte freitragende Halle weltweit. Unter solchen Superlativen machen es die Brandenburger heutzutage nicht mehr (siehe Schiffshebewerk Niederfinow, Flughafen, Niederlausitzer Seenlandschaft). Die Halle ist so groß, dass man mit einem Fesselluftballon fünfundfünfzig Meter in die Höhe steigen und sich das Badespektakel aus der Hallenluft von oben ansehen kann.

Diese Luftreise ist die einzige Verbindung zur ursprünglichen Nutzungsidee. In den Neunzigerjahren sollte aus der stützenlosen Halle eine Zeppelingarage und Werfthalle für Luftschiffe werden, speziell für ein noch zu entwickelndes Schiff, das bis zu hundertsechzig Tonnen Lasten in die Luft heben sollte, auch das ein Superlativ. Die Cargo Lifter AG aus Wiesbaden nannte ihre Halle Aerium und verkündete, dass man zur Not auch den Eifelturm darin unterbringen könne, falls jemand das Bedürfnis habe, ihn nach Brandenburg zu schaffen. Man müsse ihn nur hinlegen. Solche gedanklichen Spielereien schienen in der euphorischen Nachwendezeit nicht gigantoman, sondern völlig realistisch. Schließlich wurde nicht nur Frankreich, sondern ganz Europa mit der deutschen Wiedervereinigung mitvereinigt, die Verfügbarkeit von Feldern und Fördermitteln schien grenzenlos zu sein und einem expansiven Denken nichts im Weg zu stehen. Die AG kassierte vierzig Millionen Euro Steuergelder vom Land Brandenburg, ging 2000 an die Börse und zwei Jahre später insolvent. Ein ähnliches Schicksal ereilte übrigens ein weiteres Großprojekt der Region. Auch die geplante Chipfabrik in Frankfurt/Oder in der Nachfolge eines Halbleiterwerks, für die schon ein arabischer Großinvestor gefunden war, scheiterte. Und der Eurospeedway Lausitz meldete zwei Jahre nach seiner Eröffnung ebenfalls Insolvenz an, hält sich seither aber mit wechselnden Betreibern wacker über Wasser.

Die Cargo Halle nördlich des Spreewalds kaufte der malaiische Konzern Tanjong. Die Aufsichtsräte kombinierten geschickt das Badebedürfnis der Brandenburger mit der Sehnsucht nach dem Süden, fingen den Urlaubsfliegern nach Mallorca oder Fuerteventura Kunden weg und beförderten Brandenburg ins Zeitalter von Postmoderne und Globalisierung: In einer Zeppelinwerft auf brandenburgischem Boden am Strand der Südsee zu liegen, im gechlorten Wasser einer Illusion von Lagune unter einem Leinwandhimmel zu baden, durch seltene tropische Gewächse zu wandeln, die inmitten von Kiefern und Apfelbäumen wachsen, in echten Safarizelten unter dem Dach eines riesigen Cargozeltes im »Regenwald-Camp« zu übernachten, das auf herbeigeschafftem märkischen Sand auf dem Boden der Werfthalle unter malaiischer Anleitung errichtet wurde und Dschungel vorgaukelt, sich malaiische Drinks an der balinesischen Lagune von deutschen Kellnern im Thai-Restaurant servieren zu lassen, erinnert nicht nur an die Truman-Show. Nach einer Weile in diesem Illusionskunstwerk beginnt man sich zu fragen, ob das nicht der wahrste Ausdruck der Welt ist, wie wir sie in den Neunzigerjahren erlebten: die Gleichzeitigkeit und die atemlose Vermischung von Stilen, Gebräuchen, Herkünften, von Mentalitäten und Wetterlagen. Dieser Effekt wird bloß durch die »echte« Sonne am Strand der Südsee durchkreuzt: nur, wenns in Brandenburg schön ist, wird man auch in den Tropen braun.

Die Sehnsucht nach Leichtigkeit und der Wunsch nach einem gesunden, besseren Leben sind schon einige Jahrhunderte alt. In der ältesten Kurstadt Bad Freienwalde wurden im 17. Jahrhundert heilsame Quellen entdeckt. Der Große Kurfürst (Wilhelm I.) ließ dort seine Gicht behandeln, nachdem sein Lieblingsalchimist Johannes Kunckel das Wasser auf Tauglichkeit geprüft hatte. Die Gattin Friedrich Willhems II., Friederike Luise, ebenfalls auf der Suche nach Entschlackung und Schönheit, verbrachte seit 1790 fast jeden Sommer in einer Villa in den bewaldeten Bergen des Oberbarnim. Später wohnte in derselben Villa Walther Rathenau, ehe er 1922 ermordet wurde. In Bad Liebenwerda, ebenfalls ein traditionsreiches Bad, soll Martin Luther nach dem aufsehenerregenden Anschlag der Thesen sein erhitztes Gemüt mit heilendem Moor und gesundem Wasser besänftigt haben. Mit kosmopolitschem Flair tat man sich allerdings hier wie da schon immer schwer. Theodor Fontane stellt in seinen *Wanderungen* fest, dass im preußischen Kurfürstenbad Freienwalde »die Mark selbst zum Besuche bei sich« einkehre. Das heißt: Aus dem Ausland kam keiner der Kurgäste.

Durch Bad Saarow wehte immerhin kurzzeitig ein Hauch der großen weiten Welt. Im Kurpark am Nordufer des Scharmützelsees fanden sogar internationale Schachturniere statt. In den Zwanzigerjahren erholte sich hier die Berliner Kunst- und Filmszene, Max Schmeling tanzte Swing, Ernst Lubitsch und Maxim Gorki flanierten. Durch den Anschluss ans Schienennetz war man dann innerhalb einer Stunde wieder in Berlin.

Buckow befindet sich am Schermützelsee, der einen flacheren Vokal hat als der Scharmützelsee, kleiner ist, nördlicher liegt und sich für Kneippkuren eignet. Seinen Spitznamen verdankt er einem alkoholhaltigen Getränk. Den Scherri zeichnet außerdem aus, dass Berthold Brecht durch die große Fensterfront seiner Eisernen Villa zu ihm hinaussah. Fünfundzwanzigtausend DDR-Mark soll Brecht für die Renovierung dieses kleinen Prachtbaus am Waldrand investiert haben. Das Gartenhaus, in dem der Dichter dachte und schrieb, ist allerdings aus braunem Billigholz, Marke Sozialismus, mit Teerpappe auf dem Dach. Auch im Bergschlösschen, einem Restaurant auf der anderen Seite von Buckow, hängt noch ein Hauch der alten Zeit. Am Tisch sitzen zwei Ehepaare, dem Aussehen nach Armee, Armee a. D. Die beiden Männer sprechen russisch und ausschließlich miteinander, die Frauen radebrechen auf Russisch und auf Deutsch. Die Einzige von allen, die sehr verständlich redet, ist die Tochter. Sie schwankt auf ihrem Stuhl vor und zurück, ein Kleinkind im Körper einer Frau, und sagt immerzu sehr laut: »Quatsch. So ein Quatsch. Alles Quatsch!«

P. S.: Nach Bad Belzig, seit 2009 staatlich anerkanntes Thermalsoleheilbad, kamen zu Beginn des vorigen Jahrhunderts die Lungenkranken. Im benachbarten Beelitz stehen noch die Gebäude einer Arbeiter-Lungen-Heilstätte, die einst für tausendzweihundert Patienten aus den Mietskasernen und Hinterhöfen Berlins ausgelegt war. Nach dem Zweiten Weltkrieg machte die Sowjetarmee aus dieser Anlage das größte Militärhospital außerhalb Russlands, in dem 1990 auch Erich Honecker, an Leberkrebs erkrankt, zeitweilig Zuflucht fand. Der größte Teil der Beelitz Heilstätten gehört heute zu den großen Ruinen im Land, die von der Natur langsam zurückerobert werden.

Lausitzer Karnickelsand

Überall tiefer Sand und nirgends ein auffallender oder angenehmer Gegenstand für die Augen.

(N. M. Karamsin)

Wenn die Leute sagen, sie fahren nach Brandenburg, dann meinen sie den nördlichen, also den märkischen Teil. Bücher über Brandenburg besingen meistens die Mark. Schon die Tatsache, dass der Spreewald ebenfalls zu diesem Bundesland gehört, sorgt für Erstaunen. Und dass auch südlich des Spreewalds noch etwas kommt, scheint selbst die Brandenburger manchmal zu überraschen. »Tagebaue? Die sind doch in Sachsen«, bekam ich zu hören, wenn ich von meinem Vorhaben sprach, in die Bergbaulandschaften zu fahren. Oder auch: »Was willste denn da? Ist doch alles nur Sand und Grube!« Mir wurde dringend geraten, einen Helm zu tragen und die ältesten Klamotten anzuziehen. Klettwitz, Bronkow, Jänschwalde, das ist schon der dunkle, staubige Rand, der Abyss von Brandenburg. Die Luft ist schlecht und die Landschaft verschandelt, Wölfe ziehen durch Gespensterdörfer. Da sind die Häuser noch grauer, und die Sonne hat einen Stich ins Braune. Arbeitergegend. Unland. Braunkohlewüste. Wo genau sich das befindet, weiß niemand so recht. Irgendwo »da unten« eben. »Bitterfeld« fällt manchem ein, weil Bitterfeld der richtige Begriff für dieses Image ist, nur liegt die Stadt gar nicht in Brandenburg.

Auch die Menschen, die in dieser Gegend leben (und es gibt sie), scheinen etwas orientierungslos. Meine Kusine wohnt in einem Einfamilienhaus in einem Dorf mit Schlösschen und Kirche (auch das gibt es dort) und einem »Haarsaloon«. »Hier wird scharf geschnitten!« warnt ein Schild im Schaufenster. Das Dorf liegt zwischen dem Tagebau Welzow und einem Quarz-Sandwerk. Als ich ihr erzählte, dass in einem anderen Tagebaugebiet, in Lakoma, noch immer gegen den Braunkohleabbau protestiert werde, sah sie mich an, als hätte ich ihr eine Neuigkeit über Kirgisien erzählt. Lakoma liegt bei Cottbus, und Cottbus ist von Welzow nicht einmal hundert Kilometer Luftlinie entfernt. Aber für meine Kusine war Lakoma eine andere Welt. Sie hatte genug damit zu tun, sich in ihrer eigenen zu orientieren. Meine Kusine ist nicht die Einzige mit solchen Problemen. Auch ein Bergbauingenieur, der seit Jahren im Welzower Tagebau arbeitet, verfuhr sich. Im Jeep brausten wir über die zerwühlten Sandflächen der Abraumhalden, ohne Anschluss an eine Straße zu finden, die seiner Meinung nach gestern noch da gewesen war.

Die Orientierungslosigkeit kommt nicht daher, dass die Menschen in dieser Gegend keine geografischen Kenntnisse oder kein Interesse an der eigenen Region hätten. Ihr Land ist ständig in Bewegung. Orte wechseln die Lage. Seen entstehen, wo vorher Gruben waren. Straßen werden verlegt, aus Hochkippen werden Rodelberge und Motorsportbahnen. Wälder werden verschoben oder wandern an Orte, die vorher Ackerflächen waren. Wo vor Kurzem noch die Container der Bergbaugesellschaften standen, schwanken heute Segelmaste im Wind. Wo vorher der Dorfkonsum war, steht jetzt ein Schild mit »Vorsicht! Lebensgefahr!«. Ein ganzes Dorf machte einem einzigen Abraumbagger Platz, um ein paar Kilometer weiter mit der Vorsilbe »neu« wieder zu erstehen. Kein Wunder, dass man da irgendwann den Überblick verliert.

Kein Wunder auch, dass die umsiedelnden Menschen die gleichen Nachbarn haben wollen. Die Häuser in den neuen Dörfern werden so angeordnet wie in den alten. Das Dorf zieht gewissermaßen als Ganzes um. Das gibt ein kleines Gefühl von Vertrautem. Die Bauweise folgt allerdings neuesten Standards. Die umgesiedelten Anwohner besitzen bessere und energieeffiziente Häuser und vor allem doppelt so teure, denn als Entschädigung müssen die Bergbaugesellschaften ihnen heute den doppelten Wert ihres Eigentums auszahlen. Manch ein Bauer, der sich seit Generationen mit ein paar Hektar unfruchtbarem Land abplagte, wurde über Nacht zum Besitzer einer schmucken Villa.

Jedenfalls habe ich keine Angst, an diesen südlichen Rand zu fahren, und ich weiß auch, welche Autobahn man nimmt: man zuckelt über die zweispurige, etwas holprige A 13, die weiter nach Dresden führt. Ich bin ein echtes Tagebau-Kind. Väterlicherseits. Für mich ist das alles immer noch wie Spielen im Sandkasten; Türmchen bauen und wieder plattmachen, Burgen versetzen, Gräben buddeln und fluten, nichts ist für die Ewigkeit. Der Gedanke, dass sich alles jederzeit ändern kann, ist nicht bedrohlich für mich, sondern faszinierend. Und ein wichtiges Spiel meiner Kindheit, das Eierkullern oder »Waleien«, kann man nicht nur im Sandkasten, sondern genauso gut auch auf der Kippe spielen. Man braucht nur eine plattgeklopfte, abschüssige Sandbahn, die auf der Kippe etwas größer ausfällt und etwas schmutziger macht.

Das Eierkullern wurde ursprünglich als Fruchtbarkeitszauber von den Sorben betrieben. Sie rollten zu Ostern die gekochten und bemalten Eier über Felder und Wiesen, in dem Glauben, die Saat gehe so besonders gut auf. Bei den Sorben mag das geklappt haben; sie haben aus dem Eierbemalen eine hohe Kunst entwickelt, die man während der Ostertage in der Niederlausitz überall bewundern kann. Für mich war es ein Spiel, bei dem es darum ging, mit dem eigenen gefärbten Osterei möglichst viele der gegnerischen, auf der Bahn platzierten Eier zu treffen. Eine Art Billard am Hang. Gewonnen hatte meistens die, die am Ende ein Ei übrig behielt, das noch als solches zu erkennen war.

Meine Oma lebte in Rauno, einem Dorf mit Apfelbäumen, einer Kneipe, einem Weinberg, mit Ziegen und einem Garten, in dem sie Gladiolen zog. Wenn sie in den Garten ging, um die Blumen zu gießen, roch die Luft nach Kohle. Sie zog sich eine dunkle Schürze an. So war der Kohlenstaub, der sich auf der Kleidung absetzte, sobald sie aus der Tür trat, nicht so schnell zu sehen. Wenn ich im Senftenberger See badete, kam ich mit einer schwarzen Halskrause aus dem Wasser. Meine Oma ging nie baden. Sie musste dreimal täglich die Fensterbretter abwischen, die, kaum hatte sie den Lappen weggelegt, erneut schwarz beflogen waren. Auch die Blüten der Gladiolen sahen merkwürdig geschwächt aus. Die Blätter trugen dunkle Schleier.

Rauno lag in einer Gegend, in der Tausende Pflanzenarten mehrere Millionen Jahre lang daran gearbeitet hatten, vier große Braunkohleflöze entstehen zu lassen. Das oberste Flöz, dicht an der Erdoberfläche, war bereits Ende des 19. Jahrhunderts abgebaut worden.

Das zweite Lausitzer Flöz liegt hundertzwanzig Meter in der Tiefe. Seit den Sechzigerjahren arbeiten sich die Bagger an der Endmoräne entlang; Geschiebemergel, den das skandinavische Eis zurückließ, nachdem es in einer Dicke von zweitausend Metern hier stehen geblieben war. Sind der Geschiebemergel und der locker darauf liegende Sand abgeräumt von Schaufelradbaggern, deren Schaufelräder schon mal siebzehn Meter Durchmesser haben, landet beides auf einem Transportband. Das Transportband rast über eine Trasse, die den Tagebau umrundet. Die Trasse endet dort, wo der Tagebau vor

Jahrzehnten begann. Hier ist die Kohle bereits abgebaut. In die aufgerissenen Schluchten wird der neue Abraum eingefüllt. Das geschieht nach Plan. Nicht auf jeder Kippe entsteht der gleiche Boden. Der Abraum wird unterschiedlich gemischt, abhängig von dem, was später wachsen soll. Geschiebemergel aus tieferen Schichten kann beispielsweise bei der Neuverschüttung näher an der Erdoberfläche aufgetragen werden, um günstige Bedingungen für einen Mischwald zu schaffen. Für den Wolkenberg, ein Weinberg, der 2015 den ersten Ertrag bringen soll, musste ebenfalls eine spezielle Bodenmischung her. Die Kippe wurde in einer Höhe und mit einer Schräglage aufgeschüttet, die für den Anbau des Kernlings oder des Cabernet Dorsa geeignet sind. Auch alte Rebstöcke wie die Traube Madelaine, die es auf dem ursprünglichen Weinberg gab, werden wieder gepflanzt. Das junge Grün der Reben hebt sich irreal von den Elefantenhäuten des Hinterlands ab; dort, wo die Schüttung des Abraums noch als gefaltete graue Wand aufragt.

Von der freigelegten Kohle werden heute sechzig Millionen Tonnen pro Jahr abgebaut. Zu DDR-Zeiten waren es zweihundert Millionen Tonnen. Die geringere Menge und schärfere Umweltbestimmungen haben den Kohlestaubgehalt der Luft verringert. Ich konnte sogar, als ich tief unten vor der schwarzen Kohlewand stand, noch die Sonne sehen. Das Flöz zieht sich wie eine dunkle Faser durch das Graubraun der Erde. Die Faser ist fünfzehn bis zwanzig Meter dick, die Qualität der Kohle unterschiedlich. Die schwefelärmste, also die beste Kohle lagert oben. Sie wird zu Briketts verarbeitet. Dann kommt ein Streifen nutzlosen Kohlensands, der gleich wieder als Abraum verschüttet wird. Ganz unten lagert schwefelbelastete, minderwertige Kohle, die auf Güterzügen in die Kraftwerke gefahren wird, beispielsweise in jenes in »Schwarze Pumpe«.

Der Bergbauingenieur hob ein Stück Kohlefaser auf. Es sah aus wie poröse, halb verbrannte Baumrinde. Ich musste husten. Wenige Meter neben uns gruben sich Kohlebagger in die Wand, hinterließen halbkreisförmige Ausschabungen. Über uns am Himmel raste der Sand über die sechshundert Meter lange Förderbrücke eines Abraumbaggers. Das stählerne Ungetüm bewegte sich auf Rädern und Gleisen, kam aber, weil es am Tag zuvor geregnet hatte, nur langsam voran. Unter den Gleisen war der Boden schwammig geworden und gab dem massiven Gewicht nach. Immer wieder mussten Faschinen, zu Bündeln geschnürte junge Kiefernbäume, als Polster unter das Gleisbett geschoben werden. Auf sieben Kubikmeter Abraum kommt eine Tonne Kohle, erklärte mir der Bergbauingenieur, ein Spremberger, der die Kohle und den Tagebau liebt, der leidenschaftlich mit mir immer tiefer in das braune Flimmern des Lichts vordringen wollte. Er war mit dem Bergbau groß geworden, er hatte ihn im Wandel der Zeiten erlebt. Mit den Schweden, die sich zur Jahrtausendwende in vier Tagebaue eingekauft haben, hat er so seine Probleme. »Die wollen immer Händchen halten und alles ausdiskutieren«, sagte er. »Im Tagebau kannst du aber nicht immer bloß diskutieren, da musste auch mal sagen, wo's langgeht.« Flache Hierarchie, das schwedische Prinzip für demokratisches Management, führt bei den achthundert, an straffe Leitung gewöhnten Tagebauern regelmäßig zu Missverständnissen. Der Energieriese Vattenfall hat wiederum ganz andere Probleme. Es ist nicht leicht, das Image vom sauberen Energieproduzenten mit der »schmutzigen Braunkohle« in Einklang zu bringen.

Das Dorf meiner Oma lag in einer Gegend, die noch heute von funkionablen Bergarbeiterwohnungen in sandfarbenen, hoch aufgebockten Häusern mit spitzen Ziergiebeln und kurz geschürzten Dächern dominiert wird. In die hölzernen Fensterläden sind zur Verschönerung kleine Herzen geschnitzt. Rauno lag in einer Gegend, in der noch heute Schiebermützen und Kordhosen getragen werden und in der die brandenburgische Mundart eine südliche Einfärbung hat; sie klingt so, als drücke die Zunge beim Sprechen etwas stärker als sonst auf die Vokale und mache sie weicher.

Die Mundart ist noch da, die Gegend ist noch da, nur das Dorf wurde abgeräumt. Als ich zehn Jahre alt war, rückten die Bagger näher. Meine Oma musste Haus und Garten beinahe entschädigungslos aufgeben und umsiedeln. Sie lebte fortan in einem Neubaughetto im nahe gelegenen Senftenberg. Niemand kümmerte sich um den Zusammenhalt von Nachbarn, niemand bot mentale Unterstützung zur Verarbeitung der Entwurzelung an, das Thema Entwurzelung kam in der Psyche eines sozialistischen Menschen offiziell nicht vor. Nur manchmal sprach meine Oma sehnsüchtig von ihrem Garten und den Gladiolen. Ihr Mann wurde dann unwirsch. Er ging in die Küche. Er setzte sich ans Fenster hinter die Zimmerpflanzen, sah hinaus auf den Neubaublock gegenüber und rauchte eine Zigarre.

Auf den Landkarten ist Rauno heute ein Punkt inmitten einer Rekultivierungslandschaft. Jeder der hellgrauen Punkte zeigt ein verschwundenes Dorf an. Die Gegend um den Punkt Rauno ist mit jungem Wald aufgeforstet. In diesen Wäldern wird jetzt immer öfter Wolfslosung gesichtet. Im brandenburgischen Teil der Lausitz soll es drei Wolfsrudel und ein Wolfspärchen geben. Auch die Tiere sind an das Verlagern der Lebensräume gewöhnt. Sie haben sich dieser Landschaft angepasst, in der sich alles ständig verschiebt. Vor hundertfünfzig Jahren hatte man die Wölfe systematisch ausgerottet. Seit den Neunzigerjahren kehren sie, aus dem Osten kommend, zurück. Die Anzahl der Welpen, die jährlich am Rand der Tagebaue zur Welt gebracht werden, ist größer als die Anzahl an Welpen, die überfahren und illegal erschossen werden oder verhungern. Wildschützer verfolgen den Nachwuchs über Monitoring, Wolfsbeauftragte werten den Zuwachs statistisch aus. Dank der Wölfe konnte sich Brandenburg den hoffnungsfrohen Titel »Wolfserwartungsland« geben. Mithilfe dieser Wortschöpfung können nun Förderrichtlinien erstellt werden, nach denen Schafzüchter zum Schutz ihrer Tiere beim Kauf von Elektrozäunen und Flatterbändern finanzielle Unterstützung erhalten. Erste touristische Angebote für Wolfsafaris gibt es ebenfalls. Dann tapert eine kleine Gruppe Naturliebhaber durch den nächtlichen Forst, angeführt von Menschen mit zum Zopf gebundenem Langhaar und Karohemd, damit beschäftigt, geschnürte Pfotenabdrücke zu vermessen und an wochenaltem Wolfskot zu riechen in der Hoffnung, wenigstens den Schatten eines Isegrimms zu erspähen. Bisher vergeblich. Denn auch ein Wolf macht sich nicht gern zum Wolf und bleibt gegenüber allen Versuchen, sein Leben managen zu lassen, misstrauisch. Erst wenn er es auf einen Aufkleber fürs Autoheck geschafft hat, wird er sich vielleicht geschmeichelt fühlen und sein Misstrauen für den guten Zweck des Tourismus vorübergehend ablegen.

Rauno hätte – wie Rosendorf – in einem See landen können. Ich hätte mir das gewünscht: das Geburtshaus meines Vaters am Grunde eines Beckens, in dem sich das saure Wasser sammelt, das in den stillgelegten Tagebauen aus dem schwefelhaltigen Boden austritt und klar ist wie Gebirgsseewasser. Langsam steigt der Grundwasserspiegel, langsam reicht das Wasser aus, um die Verbindungskanäle zwischen den neuen Seen zu füllen, langsam verbessert sich der Ph-Wert in Richtung »neutral«. Langsam wachsen auch die Birken und Kiefern, denen man heute noch den Reißbrettentwurf ansieht, nach dem sie gepflanzt wurden, am Ufer mit Unterholz zu. Die Sandstrände sind schon fertig. Das ist für den Lausitzer »Karnickelsand« die einfachste Übung; seine gelbweiß leuchtende Farbe ist dem Sandstrand der Ostsee nicht unähnlich. So hätte ich mir das gewünscht: bunte Luftmatratzen und Segelboote, die über das Dach des Elternhauses gleiten, ein Taucher, der ein paar Muscheln vom Schornstein pflückt, und schillernde Fische in den Fensterrahmen des Kinderzimmers. Und die Gladiolen wachsen zur Wasseroberfläche, wo sie wie Seerosen blühen.

Am Ufer einiger Seen gibt es kleine Marinas. Erste Camper haben ihre Wohnwagen mit Vorzelt aufgebaut. Das Holz der Stege riecht noch nach Schreinerei. Ein paar Badegäste liegen im Sand. Es stört sie nicht, beim Schwimmen rote Augen zu bekommen, und wenn der Boden unterm Handtuch plötzlich absackt, ziehen sie weiter zum nächsten Strand. Der Boden an den aufgeschütteten Ufern hat sich noch nicht ausreichend verdichtet. Rutschungen entstehen, die die Strände vorübergehend zu Sperrgebieten machen. Aber seit der Internationalen Bauausstellung, die von 2000 bis 2010 hier stattfand, liegt der Tagebausee im Trend.

Architekten und Landschaftsgestalter können sich an einer Leere beweisen, die viel Spielraum lässt. Auf den weiten Flächen eines Niemandslands, in dem nichts mehr zerstört, alles nur besser werden kann, weil die Zerstörung der Vergangenheit angehört, sind der Gestaltung kaum Grenzen gesetzt. Und man kann sich gut fühlen dabei. Vor der Hässlichkeit zerfurchter Erde wirkt jede Kunstanstrengung schön. Am noch wasserlosen Kanal, der einmal zwei Seen verbinden wird, ragt ein brauner Aussichtsturm auf. Seine Form spielt auf einen rostigen Nagel an. Eine Seebrücke, die aus einem ausrangierten und aufgemöbelten Tagebauabsetzer entstand, führt am Rand der ehemaligen Tagebaugrube Meuro hinein in einen künftigen See. Noch endet die Brücke über einer Wüste aus Unkraut, Gras und Sand. Wasser ist nur in der Ferne zu sehen. Aber es gibt schon die Seeterrassen am Kippenrand mit Café und Bühne, es gibt Konzerte und Klappstühle, auf denen man mit einem Caipi in der Sonne sitzen und sich die Zukunft ausmalen kann. In dieser Zukunft wohnen Wasserbegeisterte in schwimmenden Häusern, und Segler gleiten durch einen Kanaltunnel von sieben Metern Höhe unter der Schwarzen Elster hindurch, vom Senftenberger in den Geierswalder See.

Der Bergbauingenieur steuerte den Jeep an einer Wasseraufbereitungsanlage vorbei. Sand lag aufgeschüttet zu weißgrauen Rippen, mehrere Quadratkilometer, die zur Übergabe an die Landwirtschaft vorbereitet waren. Im nächsten Frühjahr würden Pflanzen zur Entsäuerung in diesen Boden eingebracht werden. Dann werde gepflügt, erklärte der Bergbauingenieur, und neu gepflanzt und wieder werde ein Jahr vergehen. Und mit der Zeit würden auf diesen Rippen Sonnenblumen oder Getreide wachsen.

Schließlich fanden wir sogar den Anschluss an die neu verlegte Straße. Jenseits der Straße lagert noch mehr Lausitzer Flöz. Eine endlose, überwucherte Fläche. Der Antrag, dort ebenfalls die Kohle abzubauen, läuft. Noch sei nicht klar, ob dem Antrag stattgegeben werde, die Politik ändere ständig ihre Meinung, so der Ingenieur. Sicher sei nur, dass der Tagebau das genehmigte Gebiet noch mindestens zehn Jahre lang durchwandern werde. »Schließlich will ich hier noch 'n bissel murkeln«, sagte er, als wir in der »Kaue« die Helme zurück an die Haken hängten. Er hatte dieses begeisterte Glitzern im Blick und ich staubbraune Hände.

Spreewald

Im gigantischen Niemandsland der Braunkohle liegt ein kultivierter Urwald. Hier ist alles grün und klein; die Häuser, die sich in die Wiesen hineindrücken, die Wasserarme, die sich, an den Häusern vorbei, unter Straßen und Stegen in die Felder schieben, die Bäume, die dickstämmig und flach Halt auf dem sumpfigen Boden suchen. Auch der Blick wird immer an der nächsten Biegung wieder eingefangen vom urwüchsigen Ufergebüsch. Das UNESCO Biosphärenreservat umfasst nicht mehr als vierhundertachtzig Quadratkilometer. Aber sein Grün steht so kontrastreich vorm Kohlebraun der Umgebung, der Staub wird vom Blätterdunst so vollständig geschluckt, dass der Spreewald wie ein gewaltiger Dschungel wirkt.

Im Süden öffnet sich zunächst der Oberspreewald. Wobei »öffnen« eine nicht ganz korrekte Beschreibung ist. Der Spreewald schließt sich immer. Er schließt sich dicht um die Menschen. Er liegt so eng an, dass man an keiner Stelle weit sieht. Wer in ihn eingetaucht ist, dem kommt er – von innen betrachtet – endlos vor. In den Verzweigungen von Wegen und Wassern verliert man Anfang und Ende schnell aus dem Blick. Die Wege führen durch Feuchtgründe, an schmalen Fließen, an Baumgruppen aus Weiden und Birken vorbei. Heuschober stehen auf den Wiesen. Das gemähte Gras ist dick aufgeschichtet. Wie schwere Reifröcke hängen die Graslasten zum Trocknen über dem Boden, von der feuchten Erde weit genug entfernt. Ein Stab ragt aus der Spitze des Schobers wie der Oberkörper einer dünnen Gestalt. Bauernhöfe tauchen hinter Buschwerk auf, verschwinden wieder. Sie sind verlebt, manchmal völlig zugewachsen. Noch vor wenigen Jahren waren viele der Höfe nur mit dem Kahn zu erreichen. Ähnlich wie hier muss es in weiten Teilen Brandenburgs ausgesehen haben, ehe die Brüche und Lüche trockengelegt wurden: Nicht als großer Strom, sondern als beständig alles durchsickerndes Element bestimmte das Wasser das Leben. Es stieg in den Wiesen auf, benetzte die Hufe der Tiere, zog ins Holz der Häuser und ins Gemüt der Menschen, es gab mit seinen Hoch- und Niedrigwasserständen, mit seinem Erstarren und Aufbrechen, seinem Verschlicken und Aufklaren den Rhythmus des Lebens vor. Noch heute bestimmt das Wasser das Schuhwerk der Spreewälder: Holzpantinen und Gummistiefel.

Burg liegt am südlichen Ende, dem wilderen Teil des Spreewalds. Der Ort ist »zersiedelt«. Zwischen dem hundertjährigen Hotelrestaurant »Bleske«, in dem es gute Spreewälder Hausmannskost gibt, bis zum Kauper Hafen durchziehen ihn Wassergräben, von denen selbst die schmalsten von Kähnen befahren werden. Die Flößer haben Mühe, um die Biegungen zu staken. Die Ufer sind bestückt mit Kahnfährhäfen, Cafés und Paddelbootverleihen. Kajaks liegen kieloben im Gras. Wer sich mit dem Paddelboot vom Kai abstößt, berührt bei etwas Schwung das Ufer gegenüber, so schmal sind die Betten der Fließe. An ihren Abzweigungen führen hölzerne

Wegweiser durchs Labyrinth, vorbei an Blockbohlenhäusern, unter denen das Wasser bei Hochwasser hindurchschießen kann, an Blumenrabatten und Terrassen, weiter hinaus in die Feuchtwiesen, wo braune Kühe am Ufer grasen. Schauen die Tiere hinunter ins Boot, treibt ihr Atem den Paddlern direkt ins Gesicht.

Die Fließe winden sich an Töpfereien und Gaststätten mit dem Flair alter Ausflugsrestaurants vorbei. Die Fassaden sind charmant verwittert, die Fenster entgingen der schall- und luftdichten Nachwendesanierung. Unter alten Eichenbäumen stehen eiserne Gartenstühle, die Aussicht geht aufs mückenschwirrende Wasser und den Hochwald, ein unbesiedelter, streng geschützter Streifen, in dem sich der Blick endlich weiten kann: hinein in eine durchsonnte Waldlandschaft, die Kronen der Erlen sehr weit oben.

Weiter nördlich weiten sich die Fließe. Die Großkähne in Lübbenau fassen bis zu fünfzig Gäste. Auf dem Markt sind Trauben von Touristen. Unterm Zeltdach der Stände gibt es Gurken aus Holzfässern zu kaufen oder das neueste Erfolgsprodukt: eine einzelne Spreewalder Gurke in einer schlanken Blechdose. Die Dose ist cool in schwarz gehalten und trägt das Abbild einer neongrünen Frucht. Mit der Dosengurke will die geschützte Marke des Spreewalds in die globale Welt einziehen. Auf Flughäfen in Schönefeld oder Berlin-Tegel wird sie bereits im Duty-free angeboten.

Ende der Neunzigerjahre kamen täglich bis zu dreitausend Busse in Lübbenau oder Lübben an. Mit Lautsprecherdurchsagen wurden die Leute zu ihren Kähnen gelotst. Diese flachen Einbäume oder »Dubowniks« wurden ursprünglich aus Eichenholz gefertigt und dienten dem Transport von Vieh oder Heu. Man benutzte sie als Gefährt, um die Kinder zur Schule zu bringen, um zum Einkaufen oder zum Arzt zu fahren. Bis vor Kurzem gab es noch eine Briefträgerin, die die Post mit dem Kahn ausfuhr. Für die Touristen wurden die Kähne mit Sitzbänken und Tischen ausgestattet.

Der Nachwende-Ansturm auf den Spreewald hat sich mittlerweile gelegt. Aber noch immer sind die Lokale gut gefüllt. Auf drei- oder fünfstündigen Touren werden die Touristen durch die Fließe gestakt, vorbei an Anlegestellen, an denen Frauen in sorbischer Tracht Schmalzstullen und Schnäpse aus dem Bauchladen verkaufen (Kümmerling und Kleiner Feigling). Auf den Treppen, die vom Lübbenauer Marktplatz ins Wasser führen, machen Radwanderer Picknick. Vor Schloss und Orangerie blüht der Rhododendron, Paddler gleiten vorbei. Am Freilandmuseum von Lehde fotografieren sich Bustouristen gegenseitig im Kahn, bis der Flößer ungeduldig wird. Das Flößen ist die Hauptbeschäftigung vieler Spreewälder im Sommer. Nicht alle »Spreewald-Gondoliere« tragen die Tracht aus schwarzer Hose und offener Weste, unter der sich ein weißes Hemd bauscht. Manche lehnen sich auch in Jeans und Karohemd ins »Rudel«. Diese traditionelle, vier Meter lange Stange ist aus Eschenholz, das sich wegen seiner Stabilität und Biegsamkeit besonders gut zum Flößen eignet.

Der Unterspreewald ist jünger als der Oberspreewald. Er beschließt das Biosphärenreservat im Norden. Seine »Hauptstadt« Schlepzig ist ein kleiner Ort mit Fachwerkhäusern und einer Ölmühle. Mit einem Netz aus Fließen und Strömen umwebt ihn die Spree. Als ich hier paddelte, begegnete ich nur zwei Mal einem Boot, und zwar immer demselben; ein Pärchen paddelte lachend auf dem Hin- und stumm und mückenzerstochen auf dem Rückweg an mir vorbei. Für die Spreewälder sind die Mücken kein Thema. Sie machen sich nur selten die Mühe, die Insekten vom Gesicht zu wischen. Genervten Touristen geben sie gern fachkundig Auskunft: Mücken sind im Grunde wie das Wetter. Es gibt Hochs und Tiefs. Herrscht ein Tief, sind die Mücken gerade geschlüpft. Aber auch wenn sie dann stechfreudig sind, zielt ja nur die Hälfte der Blutsauger auf den Menschen; die Männchen bevorzugen Pflanzensaft. Während eines Hochs gibt es ebenfalls Mücken. Da die Stechphase vorüber ist, summen sie dann allerdings nur. Nach Meinung der Spreewälder dauert ein Tief übrigens nie länger als zwei Wochen und ist immer gerade vorbei, wenn ein Tourist danach fragt.

In der sonnigen Stille des Junimorgens war kein Laut zu hören, keine Mücke surrte, kein Wind ging. Der Strom trug mein Boot geräuschlos mit sich. Äste hingen ins Wasser hinab, Flechten – von der Strömung gestriegelt – leuchteten grün. Rechts und links vom Fließ zweigten Wasserläufe ins Sumpfland ab. Das Ufer war auf gleicher Höhe mit der Wasseroberfläche. Ich paddelte an Mooren entlang, in denen Sonnentau und rote Moosbeeren wachsen, erdig sumpfiger Geruch löste sich mit der Würze vom Sonnenlicht beschienener Kiefernnadeln ab, ich kam an Waldweiden mit Rindern und Schafen vorbei, an Schilfgürteln und Seerosenbuchten. Vor Luftwurzeln stand eine Libelle. Kormorane flogen über meinen Kopf. Sie kamen von den nahe gelegenen Fischteichen. Die Teiche wurden in den Achtzigerjahren angelegt. Die kleineren dienen der Satzfischproduktion; der Aufzucht von Jungfischen, bevor sie in einem der größeren Teiche ausgesetzt werden. Im Oktober werden die Teiche zur Abfischung geleert. Zander, Welse, Hechte und Karpfen, die Fische auf brandenburgischen Speisekarten, werden hier gezüchtet. Der erste Genießer ist allerdings der Kormoran. Diese Vögel verschlingen jährlich dreißig Tonnen Fisch. Der seltene Drosselrohrsänger lebt ebenfalls an den Teichen, hat aber weitaus weniger Hunger.

Hinter der nächsten Biegung geriet ich an eine Schleuse. Der ganze Spreewald, so scheint es aus der Perspektive der Paddler, ist voller Schleusen; kleine handbetriebene Becken, die die ungleichen Fließhöhen überwindbar machen. Schleusen bedeuten Hindernisse. Sie kosten Zeit. Sie stellen eine echte Herausforderung dar. Denn wo gewöhnlich ein Knopfdruck genügt, um die Schleusung per Fernsteuerung anzufordern, schleust sich im Spreewald jeder Bootsführer selbst. Treffen ein Paddler und eine Schleuse zum ersten Mal aufeinander, dauert diese Begegnung länger. Denn zunächst muss der Sportler die Gebrauchsanweisung auf der weißen Tafel lesen. Für das Bedienen der meterlangen Eisenstangen zum Öffnen der Tore benötigt er Muskelkraft, die durch das Paddeln meist schon etwas nachgelassen hat. Und das Schlimmste: Die Frau sitzt lächelnd im Boot und sieht zu.

Ich hatte Glück. An der Schleuse warteten Kinder. Die Langeweile des Sonntags war ihren Gesichtern anzusehen. Sie grinsten zu mir runter, als ich mich am Rand des Beckens festhielt. Sie hatten jetzt Spaß, es gab etwas zu tun. Fast spielerisch trieben sie gemeinsam die Eisenstange vor sich her und sahen zu, wie das Wasser hinter mir einschoss. So sieht Kindheit im Spreewald aus: Man hängt an einer der Schleusen ab, wartet auf Touristen und verdient sich ein Taschengeld. Das war zu DDR-Zeiten schon so, bevor diese Idee nach der Wende von jungen Arbeitslosen aufgegriffen wurde, und jetzt teilen sich die Kinder und die Arbeitslosen die Schleusen untereinander auf. In den Sommermonaten müssen sich die Paddler selten selber mühen.

Schleusen und Kinder, Libellen und Mücken blieben hinter mir zurück. Auf einmal war ich wieder draußen. Vor mir Getreidefelder und Kiefern, die vertraute Eintönigkeit bis zum Horizont. Nur der Bockskleeschafskäse, der Meerrettich und das Geheimrezept in der Jackentasche erinnerten noch daran, dass ich soeben in einem Urwald gewesen war. Im Rezept geht es um getrocknete Gurkenschalen, die sich – in warmem Wasser eingeweicht – zur Heilung von Frostbeulen verwenden lassen.

P. S.: Wer aus dem Spreewald wieder herausfindet, weiß übrigens auch, was das Topfschlagen mit dem Hahn zu tun hat. Dieses berühmte Spiel von Kindergeburtstagsfeiern geht auf eine sorbische Erntedanktradition zurück. Der Hahn, sorbisch »kokot«, kräht hier nicht nur auf dem Mist. Er muss als Opfertier für gutes Wetter sorgen. Den Sorben galt er als Vogel

Donars, des Donner- und Gewittergottes. Sein abgeschlagener Kopf wurde zum Schutz vor Feuer und Blitz am Haus befestigt. Eine weniger rabiate Variante sieht die Nutzung eines eisernen Hahns als Wetterfahne vor. Wer in der Niederlausitz die Ernte einbringt, nennt das »kokot machen« – im Gedenken an den Hahn. Wer zur Erntedankfeier einen vom Wagen geworfenen Erntekranz fängt, hat kein Getreidegebinde gefangen, sondern ebenfalls »den Hahn«. Und für das berühmte Topfschlagen wurde in der Erntezeit eine flache Grube ausgehoben. Ein lebender Hahn wurde in die Grube gesetzt und bekam einen Steinguttopf übergestülpt. Ein Dorfjunge durfte nun mit verbundenen Augen und dreimal um sich selbst gedreht nach Hahn und Topf suchen. Zu diesem Zweck bekam er einen Dreschflegel in die Hand, mit dem er auf den Boden eindrosch, und wenn er Glück hatte, den Topf dabei zerschmetterte. Zum Preis bekam er den Hahn, der – selbst, wenn er noch krähen konnte – ein schweres Trauma hatte.

Kartoffel, Hering und Gurke

In Werder... erhielt (ich) so schlechtes Abendessen und so säuerlichen Wein, daß ich meine Lippen verdrießlich zusammenkniff und mich nüchtern in ein kaltes Bett legte.

(Ernst Moritz Arndt)

Hartnäckig hält sich das Gerücht, in Brandenburg verstehe man sich nicht aufs Essen. Das ist falsch. Wir Brandenburger essen gern. Wir essen auch gern viel. Wir verstehen darunter nur ein bisschen was anderes als andere. Und so, wie es uns die Toleranz gebietet, nicht über die Verschwendung jener Esser zu schimpfen, die das Essen völlig zweckentfremden, indem sie sich an der Schönheit der Zubereitung, an der Vielfalt der Zutaten oder der Zuwendung der Köchin erfreuen, erwarten wir, dass man auch unsere Ansichten toleriert: Wir essen, um satt zu werden. Wir essen, weil das zu den Grundinstinkten von Lebewesen gehört. Wir romantisieren das Essen nicht. Wir betrachten es weder als soziales Ereignis, noch als Entdeckungsreise, sondern als das, was es ist: eine Nahrungsaufnahme. Das war für unsere Vorfahren so und für die Vorfahren unserer Vorfahren auch. Damit unterscheiden wir uns nicht von anderen Bewohnern der nördlichen Tiefebene. Gegessen hat man im Reich der Wikinger immer schon eher nach dem Motto: »Wie? Heute kein Nachschlag?« als nach dem Motto: »Welches hervorragende Gewürz haben Sie denn dem sautierten Gemüse im dritten Gang untergehoben?«

Was den Gaumen berührt, wird mit Bier oder einem Schnäpschen zügig runtergespült, und nicht wie im geschmacksbetonteren Süden erst im Mund noch in Wein eingelegt. Es kommt nicht so sehr auf das Gericht selbst an, sondern auf die Größe der Portion. Aus wenig machen wir viel, und wie wir uns das mit der Feinschmeckerei vorstellen, wird in einer Kochanweisung aus der Niederlausitz deutlich: »Kartoffeln schmecken am besten, wenn man mit ihnen die Sau mästet und dann die Sau verspeist.«

Ob Schweinebauch mit Kartoffelbrei und sumpfbrauner Soße oder Eisbergsalat, der vom Dressing nur so überflutet wird; eine der geläufigsten Antworten auf die Frage, ob es geschmeckt habe, lautet: »Der Hunger treibt's rein«. (Mit der Einschränkung, dass in Brandenburg selten Salatteller bestellt werden.) Schließlich waren die Vorfahren einmal arm, und auch wenn heute niemand mehr so arm ist, pflegen wir doch die Angst, nicht satt zu werden.

Die Gastwirte pflegen diese Angst auch, nur aus der anderen Richtung. Bevor sie die Kartoffeln servieren, zählen sie geschwind ab, wie viele auf den Teller dürfen. Das hat schließlich schon die Ur-Ur-Urgroßmutter der Urgroßmutter so gemacht, auch wenn es zu ihren Zeiten die Kartoffel noch gar nicht gab. Die Sparsamkeit dieser Ur-Vorfahrin zielte mehr aufs Mehl, was die wichtigste Zutat in einer Vielzahl von Speisen war. Es gab Mehlsuppe oder Mehlbrei (Roggenmehl mit Speck), oder Mehl in Form von Brot als Brotsuppe. Zu besonderen Anlässen konnte man sogar eine Biersuppe daraus machen, dann wurde das Mehl mit Bier, Malzbier und kochender Milch gemischt.

Auch mit Hirse ließ sich einiges anfangen. Milchhirse machte, wer Milch hatte, Krauthirse machten alle. Kraut ging immer. Kraut gab es genug. Der Weißkohl wurde in große Bottiche gefüllt. Die Dorfbewohner kletterten barfuß hinterher und traten solange auf den Kohl ein, bis er zu Sauerkraut geworden war. Gerüchten zufolge soll das Kraut noch heute in einigen Dörfern mit den Füßen gestampft werden. Die Prignitzer haben daraus klugerweise gleich eine Spezialität gemacht, die sich gut vermarkten lässt. Sie erfanden den Knieperkohl, auch Sur'n Hansen genannt, und erklärten ihn zum Prignitzer »Nationalgericht«. Der Knieper besteht aus verschiedenen Kohlsorten, vor allem dem Markstammkohl, die vermischt und sauer eingelegt werden. Nach etwa sechswöchiger Gärung ist der Knieper fertig. Man isst das Kraut vor allem im Winter und am besten mit Speck, Eisbein oder Kohlwurst. Für die Touristen gibt es dieses Gericht ganzjährig in der »Knieperstadt« Pritzwalk, und wer vom Kniepern im Unterleib nicht genug bekommen kann, kann auf Kniepertour gehen oder ganze Knieperabende verbringen.

Diese alten Rezepte werden heute in edel gebundenen Büchern abgedruckt, die die Gastwirte gern an ihre Theke stellen. Sie sollen die Gäste daran erinnern, dass sie sich in einer Gegend befinden, die von großer Not gezeichnet ist. Damit möchte man ein allgemeines Aufbegehren verhindern. Denn sobald das bestellte Gericht serviert wird, wird offenkundig, dass die Kartoffeln abgezählt sind. Auch die Kasslerscheibe ist überschaubar und zur Hälfte unter einer goldbraunen Soße versteckt, die, um Zeit und Geld zu sparen, aus einem Pulver angerührt wurde. Das Gemüse ist quadratisch vorgeschnitten, man brauchte es nur der Tiefkühltruhe zu entnehmen. Allein die Preise haben sich die Herrscher übers Kulinarische von Bayern abgeschaut. Schließlich kann man im Leben immer noch etwas dazulernen.

Was ich sagen will: Sollten Sie unsere Auffassung nicht teilen, sind Sie noch immer gut beraten, wenn Sie Rainald Grebes Anweisung Folge leisten: »Nimm dir Essen mit, wir fahren nach Brandenburg.« Sollten Ihre Vorräte doch einmal aufgebracht sein und Sie in die Verlegenheit kommen, eine gastronomische Einrichtung aufsuchen zu müssen, bestellen Sie immer das einfachste Gericht auf der Speisekarte. Bestellen Sie das, bei dem man am wenigsten falsch machen kann. Nehmen Sie also auf keinen Fall den Seeteufel im Tomaten-Estragon-Sud an Kräutergnocchi oder Rehragout mit Papaya-Chutney auf Röstkastanien. Da ist ein Koch am Werk, der vom Hörensagen um den schlechten Ruf der brandenburgischen Küche weiß und verlernt hat, an sich zu glauben. Er hat es sich stattdessen zum Ziel gesetzt, diesen Ruf mit aller Gewalt zu verbessern (Betonung auf Gewalt). Oder es ist ein Koch am Werk, der zwar seine Nase kurz in internationale Frischluft gesteckt hat und in der Schweiz das hohe Handwerk des Kochens erlernte, dem aber ein traditionsbewusster Restaurantbesitzer das Budget dermaßen zurechtstutzte, dass er auf Zutaten aus Billigläden zurückgreifen muss.

Kartoffelsuppe mit Bockwurst wäre eine kluge Entscheidung oder Knacker mit Senf. Mit Schnitzel lässt sich nicht viel falsch machen. Auch die Bratkartoffeln können unter Umständen hausgemacht sein. Mit der Zubereitung von Blutwurst und Pellkartoffeln oder Schmorgurken hat man hierzulande ebenfalls Erfahrung.

Ich bin an diese überschaubare Speisekarte gewöhnt. Ich wuchs damit auf, nur die Wahl zwischen Schweinebraten und Klopsen zu haben. Aber als ich neulich im ländlichen Norden die einzige Dorfgaststätte aufsuchte, die in einem Umkreis von hundert Kilometern sonntags geöffnet hatte, war selbst ich überrascht. Im Gastraum saß niemand. Die Sparlampen warfen ein graues Licht. Die Holzbestuhlung war sachlich. Eine Frau in blaugeblümter Schürze sah kurz durch den schmalen Spalt der Küchentür und verschwand. Eine Weile geschah nichts. Ich betrachtete den Staubring auf der Kerze. Sie war noch nie angezündet worden. Als die Frau wieder auftauchte, hatte sie die blaue gegen eine weiße Schürze eingetauscht. Sie kam mit einem Blatt Papier an meinen Tisch. »Was wollen Sie?« Ich bat um die Speisekarte. »Ich kann Ihnen Schweinelendchen anbieten«, sagte sie. »Mit Rahmchampignons.« Als ich fragte, was es sonst noch gebe, fing sie an zu überlegen. Zögernd sagte sie: »Ich könnte Ihnen ein Schnitzel machen. Mit Rahmchampignons.« Kein Krautsalat? Nicht einmal eine Soljanka? »Also wissen Sie«, sagte sie, »ich bin den ganzen Tag allein hier. Ich teile mir die Arbeit mit einer Kollegin. Sie war gestern dran. Ich bin heute dran. Da kann man nicht so viel anbieten.« Beim Verlassen des Lokals rief sie mir hinterher: »Das nächste Mal rufen Sie vorher an. Dann habe ich mehr da.« Hier herrschte noch immer der Mangel.

Als ich einem Bekannten davon erzählte, der sich in der Prignitz ein Haus gekauft hatte, sagte er mit glühender Begeisterung: »Die Landschaft, die Straßen, die Leute, das ist alles noch wie in den Vierzigerjahren!« Auch ihm fiel sofort eine Geschichte ein. Im Allgemeinen habe ich festgestellt, dass es, kommt die Rede auf Brandenburg, bei Nichteinheimischen immer zuerst um abenteuerliche Restaurantbesuche geht.

In einem Lokal sei Gemüsesuppe im Angebot gewesen, erzählte er. Erfreut über diese Abwechslung auf der Speisekarte, habe er die Suppe sofort bestellt. Nach längerem Warten wurde serviert: Kürbissuppe. Da Kürbissuppe nicht im engeren Sinne zu den Gemüsesuppen gehöre, habe er die Kellnerin gefragt, warum sie ihn nicht auf den Unterschied hingewiesen habe. »Wenn ich's den Leuten sagen würde, würd's ja keiner mehr bestellen«, sagte sie. Er war so perplex, dass er zu fragen vergaß, warum sie die Suppe, wenn sie keiner bestellte, überhaupt im Angebot hatte.

Sollten Quark und Kartoffeln auf der Speisekarte stehen, haben Sie Glück. »Pellkartoffeln und Quark« gehört neben dem Sauerkraut zu den Leibspeisen dieses Landstriches. Zur Verfeinerung können Sie um eine große Portion Leinöl, rohe Zwiebeln oder ein Schälchen Leberwurst bitten. Das Wichtigste aber ist die Kartoffel. Ohne die Kartoffel können wir Brandenburger nicht leben. Sie ist Grundnahrungsmittel und Labsal. Sie ist billig, wächst in ausreichenden Mengen und macht satt, weshalb sie beruhigend auf unsere brandenburgische Seele wirkt. Aber die Kartoffel ist nicht nur ein Nahrungsmittel. Sie hat auch Symbolkraft. Als Grabschmuck drücken Erdäpfel Liebe und Verehrung aus. Wie anders ließen sich die runzligen Kartoffeln deuten, die regelmäßig auf den Grabplatten von Friedrich dem Großen und seinen Windhunden im Park Sanssouci liegen? Keine Blume, keine Kerze ziert die Gräber. So schlicht wie die eingemeißelten Namen der Hunde zeigt sich das Gedenken.

Auf dem Teller sind die Kartoffeln nie bloße Beilage. Wenn es nach uns ginge, wäre die schlechte Angewohnheit, zwei Kartoffelhälftchen zur Zier am Tellerrand zu positionieren, längst ausgestorben. Wir wollen einen ordentlichen Haufen! Kartoffeln sind schließlich die Hauptspeise. Folgender Dialog mit der Kellnerin eines Landgasthofs illustriert dieses verbreitete Missverständnis über die Rolle der Kartoffel zwischen Einheimischen und Gästen sehr schön:

Frage des ortsfremden Gastes beim Blick in die Speisekarte: »Was würden Sie empfehlen?« Die Antwort: »Bratkartoffeln.« Abwarten des Gastes. Als die Kellnerin auch nach längerem Warten nichts ergänzt, folgt ein banges Nachhaken: »Bratkartoffeln also. Und was dazu?« Äußerste Verwunderung bei der Kellnerin. »Dazu?« Und verachtungsvoll: »Na alles. Dazu könn' Se alles haben.«

Selbst in einem griechischen Restaurant werden Sie, liegt es in Brandenburg, immer ein großes Sortiment an Kartoffeln finden. Dienen gewöhnlich Reis oder gefüllte Weinblätter als Beilage, werden hier Knoblauchkartoffeln, Folienkartoffeln oder Kartoffelsalat serviert.

Allein die Vielfalt der Sorten kündet von der Bedeutung der Kartoffel. Die Auswahl ist eine hochkomplexe Frage. Um nicht völlig zu verzweifeln, fängt man am besten bei der groben Unterteilung an. Es gibt festkochende und mehligkochende Kartoffeln. Ob sich die eine oder die andere besser für Pellkartoffeln und Quark eignet, reißt mitunter mitten in den Familien einen tiefen Graben. Die einen mögen die Kartoffel gern vornehm schneiden und sie – mit einer Messerspitze Leberwurst oder Butter versehen – in den Quark versenken, sodass die Kartoffelscheibe, bis sie im Mund verschwindet, ein schöner Anblick bleibt. Das sind die Festkochvertreter. Die anderen mögen ihre Kartoffeln lieber mit der Gabel in den Quark hinein zerdrücken, das Ganze schön vermengen, sodass Leinöl, Quark, Leberwurst und die Kartoffel schon auf dem Teller eine harmonische Einheit bilden. Das sind die Mehligkochvertreter. Eine kompromissbereite Familie erkennt man daran, dass sie sich für die vorwiegend festkochende Kartoffel entschieden hat, deren Schale zwar zerfällt, ihr gelbes Innere aber großenteils erhalten bleibt. Sie lässt sich schneiden und zermatschen. Wichtig ist, die Kartoffeln im Salzwasser mit Schale zu kochen und sie erst nach dem Kochen abzupellen. Friedrich II. aß am liebsten »Pommes Macaire«, wofür die Kartoffel in der Schale gekocht und anschließend das Innere, mit Butter und Gewürzen vermengt, gebraten wurde. Ob er festkochende oder mehlige Kartoffeln bevorzugte, ist leider nicht bekannt.

Eine Alternative zum Quark sind Hering in Sahne- oder (die gesundheitsbewusstere Variante) Joghurtsoße. Auch Leinöl wird gern an Heringe mit Pellkartoffeln gegeben. Der Hering, ein allgemein unterschätzter Fisch, lief hier nie Gefahr, als Arme-Leute-Essen verschrien zu werden. Die Leute waren alle arm, und so blieb auch die Fischwelt von so unschönen sozialen Zuschreibungen verschont. Man kann den Hering als Salat oder Brathering essen oder als Häckerle. Die Heringsstückchen, die mit Äpfel, Gurken, Eiern, Kapern und Zwiebeln vermischt werden, sind so beliebt, dass sie ein fester Bestandteil der Buffets runder Geburtstagsfeiern sind (oder spätestens zum Katerfrühstück danach serviert werden). Wer den Hering vor dem Schlafengehen isst und sich danach Getreide unters Kopfkissen legt, wird im Traum die Zukunft erfahren. Das glaubten jedenfalls die Sorben. Es gibt noch andere, weniger schicksalsmächtige heimische Fische wie Zander, Hecht, Aal und Karpfen, und in einigen Lokalitäten trauen sich die Köche sogar, den Fischgeschmack nicht mit einer Mehlpanade zu verschleiern.

Kasslerrippchen, Bockwurstsalat, Graupensuppe, Fleckensuppe (Magen, Niere, Leber, Herz), Kohlrabi, Sellerie und Rüben möchte ich der Vollständigkeit halber noch als regionale Grundnahrungsmittel erwähnen, und es mag auch in den Tiefen dieses Landes schon ein Mensch geboren sein, der daraus etwas Anspruchsvolles macht. Da ich ihn als gebürtige Brandenburgerin bisher nicht gefunden habe, stehen Ihre Chancen, ihn in der kurzen Zeit Ihres Urlaubs kennenzulernen, allerdings denkbar schlecht.

Selbst an Feiertagen bleiben wir unserem einfachen Geschmacksempfinden treu. Zu Heiligabend gibt es Bockwurst und Kartoffelsalat. (Dass ich als Kind in den Genuss eines Menüs aus Fleischbrühe mit Ei, gefolgt von Ragout fin und Obstsalat kam, ist meiner sächsischen Mutter zu verdanken und wurde von mir streng geheim gehalten, um von meinen Klassenkameraden nicht gnadenlos verachtet zu werden). In der Lausitz aß man zu Heiligabend Fisch mit Rogen. Je mehr Rogen im Fisch, umso reicher würde man werden, so die Hoffnung. Bis zur Hochzeit war jedenfalls so viel Geld zusammengekommen, dass die ganze Dorfgemeinschaft mit Rindfleisch und Meerrettichsoße gefüttert werden konnte.

Warum sich der Kartoffelpuffer nicht als Dessert durchgesetzt hat, kommt mir bei all der Begeisterung für die Kartoffel irgendwie unlogisch vor. Dafür gibt es die Plinse. Bei dieser Mehl-Eier-Speise, die manchmal auch mit Buttermilch zubereitet und mit Apfelmus, Marmelade oder Leinöl verziert wird, kommt eine schwache Ahnung jener sagenhaft guten sächsischen Backkunst auf, die in den südlicheren Gefilden dieses Landes einmal beherrscht wurde. Im Spreewald macht man gelegentlich auch Hollundersuppe, eine Art Kaltschale aus Nelken, Zucker, Zimt, Milch, Mehl und Hollundersaft. Den Kaffee zum Dessert gibt's ausschließlich als »Tasse oder Kännchen«. Und er wird nicht mit diesen geschäumten neumodischen Milchvarianten, sondern mit der guten dicken Kondensmilch getrunken.

Am liebsten aber trinkt man Bier. Ob »Rex Pils« oder »Potsdamer Stange«, ein Bio-Bier, das aus einer Brauerei am Templiner See stammt und in der Gegend um Potsdam verkauft wird; im Biergenuss liegen wir Brandenburger mit den übrigen Deutschen gleich auf. Es gibt unzählige kleine Brauereien, die ihre eigenen Spezialitäten brauen. Maibock und Weihnachtsbier haben sie alle. Um den »Schwarzen Abt« aus der Klosterbrauerei Neuzelle tobte sogar der sogenannte Bierkrieg. Es ging darum, ob der beigemischte Zucker, der dem dunklen Abt seine typische Süße verleiht, das Getränk nicht verunreinige, weswegen ihm die Bezeichnung Bier abgesprochen werden sollte. Aber der zuständige Richter war ein Schwarzbiertrinker. Er gab der Klage nicht statt.

Es gibt Menschen, die das Biertrinken gern mit dem Obstessen verbinden. Für sie werden Kirsch-, Apfel- und Johannisbeerbiere oder Bierbowle hergestellt, die den Anschein gesunder Ernährung erwecken.

Beim Wein fällt einem in Brandenburg ebenfalls zunächst der Obstwein ein. Allerdings ist auch der Genuss von alkoholhaltigem Rebensaft nichts Unbekanntes. Das liegt nicht ausschließlich an den Italien- und Frankreichausflügen der Brandenburger in der Nachwendezeit. Schon im Mittelalter bauten die Zisterziensermönche auf Brandenburger Sandboden verschiedene Rebsorten an. Heute hat sich vor allem der Dornfelder einen Ruf als Brandenburger Hauswein erworben. Er fehlt in keinem Laden und auf beinahe keiner Speisekarte und kann in der kostengünstigen Abfüllung als Nachfolger des Rosenthaler Kadarkas bezeichnet werden. Es gibt sogar einen heimischen Dornfelder. Der stammt vom Werderaner Wachtelberg, einem Anbaugebiet in Werder, das auch für seine Weißweine sehr gerühmt wird. Ich habe Flaschen mit Werderaner Riesling oder Regent vom Wachtelberg schon in vielen Regio-Läden stehen sehen. Getrunken hat diesen Wein in meiner Gegenwart noch niemand. Ich kann also nicht sagen, ob das Resultat so ähnlich wäre, wie es die Genießer der Senftenberger Weine früher in einem Trinkspruch beschrieben: »Trinkst du Senftenberger Wein und Most, verzieht sich dein Gesicht von West nach Ost.« Die Weinbauern dieser nördlichsten zugelassenen Qualitätsreblage der Welt loben ihn als typisch märkisch: trocken, aber nicht herb. Er sei mild und habe wenig Säure, weil er auf Sandboden gewachsen sei.

Beliebt ist auch das Gurkenwasser. Es kommt aus dem Spreewald, der von Gurkenfeldern gewissermaßen umrahmt wird. Der Likör aus Gurkensaft wird wegen seiner giftig grünen Farbe und dem kosmetischen Geruch gern in Andenkenfläschchen angeboten. Als Souvenir erfüllt das Gurkenwasser die Wünsche beider Teile des Touristen-Ehepaars: Er kann sich das Schnäpschen zu den anderen Flaschen seiner Schrankwandsammlung stellen. Sie kann es aufschrauben und als Gesichtspeeling verwenden. (Zur Not kann sie es auch aufschrauben, austrinken und – mit etwas kosmetischem Gurkenwasser aufgefüllt – zurück in seine Sammlung stellen.)

Die Gurke ist die Zitrusfrucht Brandenburgs. Ihre gelb leuchtenden Blüten, ihr Duft und ihr Aroma helfen, die Sehnsucht zu schüren. So wie Italien den Menschen einst mithilfe des Gesangs von den blühenden Zitronenbäumen nähergebracht wurde, sollen die Herzen für die südbrandenburgische Landschaft durch das Besingen der Gurke erschlossen werden. Um sich darauf vorzubereiten, wurde die Gurke bereits vielfältig im allgemeinen Sprachgebrauch untergebracht. Beispielsweise sagt hier niemand mehr: »Du bist ja ein Witzbold.« Sondern man sagt: »Du bist ja ’ne Gurke!«

Jedenfalls steht die Gurke für die touristische Vermarktung einer ganzen Region. Mentalität und Landschaft müssen in sie hineinpassen. Bayern hat es so ähnlich gemacht und ist im Ausland längst auf eine Lederhose und eine Maß zusammengeschnurrt. So wird auch der Spreewald in der ausländischen Perspektive bald Dimension und Form einer Gurke annehmen. (Was dem Empfinden der Touristen an den überfüllten Anlegestellen der Spreewaldkähne gut entspricht.) Dass die Einlegegurken neben dem Meerrettich eines der wichtigsten Exportprodukte ist, spielt da nur eine untergeordnete Rolle.

Die Gleichsetzung von Gurke und Zitrusfrucht ist aber leider falsch. Denn die eine ist der anderen haushoch überlegen. »Südfrucht vergeht, saure Gurke besteht« heißt ein Spruch aus der Zeit der letzten Jahrhundertwende, als viele der importierten Südfrüchte auf den langen Transportwegen verfaulten. Die Gurke war pflegeleicht. Eingelegt ließ sie sich lange haltbar machen. Schon im 18. Jahrhundert wurden die Gurken in mannshohen Gurkenfässern per Kahn spreeabwärts bis nach Berlin geschippert. Zu DDR-Zeiten wurde derselbe Spruch übrigens dankbar aufgegriffen, um sich über den Mangel an frischem Obst in den Kaufhallen hinwegzutrösten; saure Gurken im Glas waren leichter zu bekommen als Orangen.

Schuld an der Berühmtheit der Gurke sind wieder die Immigranten. Zwar bauten schon die ursprünglichen Siedler der Lausitz, die Slawen, Gurken an. Allerdings wurden die kleinen stachelhäutigen Grünlinge erst zum Verkaufsschlager, als die Holländer im 16. Jahrhundert in die Niederlausitz kamen. Ursprünglich hatte man sie geholt, um Tuchmachereien zu gründen. Aber entweder gab es schon genügend Kleidung, oder das Tuch der Holländer sah in der Niederlausitz nicht mehr so schön aus. Jedenfalls hatten die Neuankömmlinge mit ihren Klamotten kein Glück und begannen, sich der Gurke zuzuwenden. Sie veredelten sie, indem sie ihr verschiedenste Kräuter beimischten. Die berühmte Spreewaldgurke ist also zu Teilen eine niederländische Erfindung.

P.S.: Um Sie nicht völlig geschmacksverwirrt aus diesem Kapitel und dem Buch zu entlassen, habe ich einige Lokalitäten für Sie aufgelistet, in denen Sie speisen können, ohne sich zunächst abhärten zu müssen. Diese kulinarische »Hall of Fame« beansprucht keine Vollständigkeit. Die Hotels oder Restaurants sind nach einer einzigen, egoistischen Fragestellung ausgewählt: Wohin kehre ich gern zurück?

Weinberg 19, Templin. Bistro, Ladengeschäft. Hausgemachte Kuchen, Pasta, Sandwiches, ausgesuchte Weine, Terrasse mit Seeblick.

Café-Atelier, Burg. Café in einem alten sorbischen Bauernhaus, in dem Künstler bei geöffneten Atelier-Zeiten selbst gebackene Kuchen anbieten (nur unregelmäßig geöffnet).

Schlosshotel Rühstädt, Rühstädt. Großzügiges, elegantes Hotel mit wunderschönem englischen Garten, gutes Frühstücksbuffet.

Up-Hus-Idyll, Neuruppin. Hotel und Restaurant. Ausgesuchte Küche, ungewöhnliche Zimmer.

Weinhaus am Neuen Markt, Neuruppin. Gutes Weinsortiment, französisches Flair.

Wiesencafé Karolinenhof, Flatow. Käseverkauf und Café. Die Spätzle, der Käsekuchen, sogar der Cappuccino (aus der Siebträgermaschine) sind aus Ziegenkäse gemacht.

Hotel Seeschlösschen, Wustrau. Hotel und Restaurant. Terrasse am See, gutes Essen, (leider trotz der vier Sterne keine Siebträger-Espressomaschine)

Kranhaus, Wittenberge. Restaurant. Ausgefallene Gerichte für den verwöhnten Gaumen. Mit Blick auf die Elbe.

Inspektorenhaus, Brandenburg. Restaurant. Ausgezeichnete Küche.

Kleines Haus, Linum. Die hohe Kunst des Einfachen. Leckere Gerichte und Kuchen mit Produkten von heimischen Bauernhöfen.

Fährhaus, Caputh. Wunderbare hausgemachte Küche und Kuchen, Seeterrasse, die freundlichste Bedienung der Region, schon zu DDR-Zeiten ein privater Familienbetrieb.

café olive, Werder. Ligurische Spezialitäten und hausgebackener Kuchen, der Cappuccino ist aus mild-würzigen Espressobohnen.

Café Drachenhaus im Park Sanssouci, Potsdam. Heimisches Essen. Einmalige Architektur.

Café Guam, Potsdam. Die weltbesten Käsekuchen und: nur Käsekuchen.

Bruhnis Gnocchis, Potsdam-Babelsberg. Kleines Kiezlokal mit hausgemachten Spezialitäten , hauptsächlich: Gnocchi.

Krongut Bornstedt, Potsdam. Deftiges Essen und Büffelbier im Brauhaus. Feinkost und ausgewählte Weine in der Weinhandlung im italienischen Landhausstil.

In Vino, Potsdam. Verkauf von französischen Weinen und exquisitem Käse. Ausnehmend freundliche Weinberatung.

Eismanufaktur, Potsdam. Das beste Eis in Brandenburg. Selbst gemacht und ungewöhnlich.

Glossar Brandenburgisch-Deutsch

Muss-Preuße

Bewohner Jüterbogs, Bad Belzigs und der Niederlausitz, auf die alles, was in diesem Buch über den kargen, nüchternen, disziplinierten und sparsamen Lebensstil gesagt wird, nicht zutrifft. Die Muss-Preußen wurden erst nach dem Ende des Ancien Régimes nach Brandenburg zwangsintegriert. Ihre Sparsamkeit besteht darin, sich hundert strenge Jahre gespart zu haben.

Wahlbrandenburger

Auch auf diese Spezies treffen die meisten meiner Behauptungen nicht zu. Sie sind entweder

1. naturliebende Berliner, die die Anbindung an die Großstadt nicht aufgeben wollen, weshalb sie regelmäßig Staus an der Berlin-brandenburgischen Grenze verursachen.

Oder 2. Schwaben und Rheinländer, die es aufgrund des Regierungsumzugs oder anderer widriger Umstände nach Potsdam verschlagen hat und die jetzt im atheistisch geprägten Landstrich auf der Suche nach einem katholischen Heimatgefühl umherirren.

Pendel-Migrant

Dieser Menschentypus versucht zwar, sich so gut wie möglich ins Vorhandene einzufügen, das gelingt ihm aber schon wegen der kurzen Aufenthaltsdauer im Brandenburgischen nicht so recht. Es handelt sich um Ärztinnen, Grafiker, Doktoren der Slawistik oder Philosophinnen, meist aus Polen, immer häufiger auch aus der Ukraine oder Moldawien, die in ihrer Heimat Jahresurlaub nehmen, um in Beelitz Spargel zu stechen oder in Lübben Gewürzgurken zu ernten. Früher nannte man sie auf den Dörfern Wanderarbeiter.

Brandenburg-Flüchtling

Eingeborene Brandenburger, auf die die einschlägigen Behauptungen zum Lebensstil zutreffen könnten, würden sie in Brandenburg leben. In Ermangelung eines heimischen Arbeitsplatzes haben sie in der Schweiz, Bayern oder in Österreich die Rolle der Pendel-Migranten übernommen. Dort bringen sie wiederum die typischen Eigenschaften der Einheimischen durcheinander.

Canis Lupus

Umgangssprachlich: Wolf. Bestgeschützter Einwanderer Brandenburgs. Leider missbraucht, um eines der landläufigsten Vorurteile gegenüber der Mark Brandenburg zu stützen: sie sei eine Wildnis. Dabei sind es sächsische Wölfe. Die Tiere fanden sich zunächst auf einem sächsischen Truppenübungsplatz ein und überquerten dann als Familie die Grenze nach Brandenburg. Das brandenburgische Umweltministerium stellte daraufhin sofort einen Wolfsmanagementplan auf; auch um zu beweisen, dass man sich hier auf das Managen von Wildnis versteht.

Großtrappe

Absolute Ausnahmeerscheinung. Der Star. Innerhalb Deutschlands gibt es diesen Vogel ausschließlich in Brandenburg, weil er ein bisschen so ist wie die Brandenburger: schwer, kann aber fliegen.

Weißstorch

Gefährdete Storchart, die sich gern auf Feuchtwiesen tummelt. Die meisten Horste gibt es in Rühstädt in der Prignitz und in Linum.

Die Vögel staksen auch gern hinter Mähdreschern übers Feld und ziehen Menschen in der zweiten Lebenshälfte an, die ihre Vorruhestandsrente in Spektive und andere Vergrößerungsausrüstung investieren.

Ritter Kahlbutz

Berühmte, gut erhaltene Leiche. Es handelt sich um einen Edelmann aus dem 17. Jahrhundert, der einen Schäfer erschlagen haben soll, nachdem dieser ihm die Vergewaltigung seiner Frau nicht gestattet hatte. Er verweigerte dem Ritter das sogenannte »Recht der ersten Nacht«. Vor Gericht soll Kahlbutz gesagt haben: »Wenn ich doch der Mörder bin gewesen, dann wolle Gott, soll mein Leichnam nie verwesen.« Die eigentliche Strafe: Nackt liegt er jetzt in einer Gruft in Kampehl und muss sich tagein, tagaus eine grantige Wärterin anhören, die in leiernder Endlosschleife den Schlange stehenden Touristen sein Leben erzählt.

Luch

Wichtigste landschaftliche Erscheinung Brandenburgs. Bezeichnet eine ausgedehnte, vermoorte Niederung. Bekannt sind das Rhinluch, das Havelländische, das Wustrauer, das Rote, das Lange und das Kremmener Luch, aber auch der Spreewald. Die Versumpfung im Luch bildet sich aufgrund eines hohen Grundwasserspiegels, überschüssiges Wasser bleibt in Tümpeln stehen, anders als im

Bruch

Kein Fall für den Orthopäden, sondern eine Moor- und Sumpflandschaft, die von Fließgewässern gespeist und mit langem U gesprochen wird. Typisch für die Bruchlandschaft sind Flussbegradigungen, Deiche und Hochwasserkatastrophen. Beispiel: Oderbruch.

Die Schweiz

Irreführende Landschaftsbezeichnung. In der Buckschen, der Märkischen, der Calauer oder der Ruppiner Schweiz gibt es weder Alpen noch Alphörner, sondern Sanddünen, Seen und Kiefern, und der berühmteste Schweizer Immigrant Brandenburgs, der Fernsehmoderator Dieter Moor, hat damit auch nichts zu tun. Der wohnt in der Uckermark.

Die verbotene Stadt

China hatte immer nur eine. In Brandenburg gab es zwei: Die Residenzen russischer Generäle und KGB-Offiziere. Die verbotenen Städte waren von Mauern umgeben, und wer sich zu nah heranwagte, riskierte sein Leben. Aus der verbotenen KGB-Stadt hinter dem Park Cecilienhof in Potsdam ist heute ein teures Villenviertel geworden. In der verbotenen Stadt in Wünsdorf gibt es touristische Führungen.

Schrottgorod

Liebevoller Spitzname der Brandenburger für ihre sozialistische Planstadt an der Oder, die auch unter dem Namen Eisenhüttenstadt bekannt ist. Anstelle von Kirchtürmen stehen hier die Türme der Hochöfen. Die Wortkombination deutet auf die Sprachgewandtheit der Brandenburger hin, die vor allem im Russischen zu finden ist; *gorod* bedeutet Stadt …

Wilhelm

Männlicher Vorname aller wichtigen Herrscher im Brandenburgischen seit dem ersten Kurfürsten der Hohenzollern 1415. Gern ergänzt um den Namen Friedrich. Wer sich als Kenner der brandenburgisch-preußischen Machtabfolge erweisen möchte, braucht sich nur diese beiden Namen zu merken. Verwechslungen sind kein Problem, wahrscheinlich kamen die Herren selbst gelegentlich durcheinander.

P. S. Die Damen gestatteten sich eine größere Vielfalt. Wobei der Name Louise oder auch Luise besonders beliebt gewesen ist. Abgesehen von der Lieblingsschwester Friedrich des Großen, die Wilhelmine hieß, war die einzige andere berühmte Wilhelmine Brandenburgs eine Mätresse und zwar von … Friedrich Wilhelm! Klar.

S. K. D.

Wichtige royale Abkürzung. Sollten Sie bei einem Potsdambesuch auf einen Kurfürsten treffen und möchten das gern allen Ihren Freunden simsen, müssen Sie nicht die Langform »Seine Kurfürstliche Durchlaucht« verwenden. Bsp. Skd:lol!

Hamwanich

Aus dem Gesamtostdeutschen übernommene, wichtigste und tief empfundende Form, sein Bedauern auszudrücken. Wenn Sie damit umgehen können, haben Sie die Taufe zum Brandenburger bestanden. Meine Empfehlung: Machen Sie es so elegant wie mein Vater. In einer von Brandenburgs zahlreichen Dorfgaststätten erhielt er auf seine Frage nach grünem Tee die Auskunft: »Hamwanich«. Worauf er sagte: »Na, wenn Sie das nicht haben, dann nehme ich das auch nicht.«

Ichkommarum

Hier handelt es sich nicht um den Versuch eines Alkoholikers, eine grammatikalische Lösung für die Trennung seines Ichs vom Alkohol zu finden. Es ist die schlichte Ankündigung, auf ein Bier oder ein Schwätzchen vorbeizukommen.

Ich jeh bei Brijitten

Im Grunde ähnlich wie oben, nur spezifischer. Hier erfährt der Adressat der Äußerung, bei wem der Sprecher mal eben kurz rumkommt. Hochdeutsch: Ich gehe zur Brigitte.

Jenaupe!

Bedeutet »genau«, wenn man es mit Nachdruck sagen möchte.

Samma

Ausruf der Entrüstung. Kann auch als Anlauf zu einer Nachfrage benutzt werden. Hochdeutsch: Sag doch einmal.

Du alter Dämlack!

Leicht veraltete Version der vulgärsprachlichen Formulierung, Du Idiot! Weitere Variationen sind: Du Flitzpiepe! Du Dumpfbacke! Du Dösbattel! Wobei Letztere stark sachsen-anhaltinische Anklänge aufweist.

Lesesteine

Keine Kulturerscheinung. Man setzt sich auf diese Steine nicht etwa, um ein Buch zu lesen, sondern man liest sie auf. Das arme Land besaß nichts als Feldsteine, davon aber so viele, dass die Bauern sie aufsammelten und als Baumaterialien verkauften. Noch meine Eltern sammelten sie, um sich zu Zeiten der Mangelwirtschaft einen Kamin bauen zu können.

Kalbende Felder

Der reichen Einbildungskraft der Landbevölkerung zu verdankende Formulierung, die ausdrücken will, dass aus den Tiefen der Felder wieder neue Lesesteine an die Oberfläche gelangt waren.

Häcksler, Häxler, Hexler oder Hecksler

Wie immer Sie das Ding schreiben, schaffen Sie sich einen an! In Brandenburg ist der Häxler das, was für die Schweden der Rasenmäher und für die Amerikaner der SUV ist; ohne den Häxler gehören Sie nicht dazu. Er zerkleinert Ihnen alles: Ihr jährliches Herbstlaub, störende Äste, einen Balken aus der Scheunendecke. Unter Umständen kann er auch unerwünschte Biografien klein machen.

Kratzputz

Von Westdeutschen gern als Spritzbeton vervornehmt. Dabei wird hier nicht gespritzt, sondern gekratzt; aus dem mit Splittern vermischten Beton kratzt man die Splitter nach dem Verputzen wieder raus. Kommt meistens in den Farben grau oder gelbbraun vor. Dieser architektonische Höhepunkt aus DDR-Zeiten wurde an vielen Einfamilienhäusern gern mit gelben, halb transparenten Vordächern aus gewellter Plaste kombiniert, die auf der Außentreppe Ankömmlinge vor dem Regen schützen.

Abbaggern

Keine Angst, niemand lässt Sie sitzen. Hier ist nicht das Gegenteil von anbaggern gemeint. Hier geht es um: ausmerzen, einstampfen, plattmachen. Hundert Meter hohe Schaufelradbagger reißen Dörfer mitsamt der Kirche ab, um an die darunterliegende Braunkohle zu gelangen. In der Lausitz wurden in den letzten Jahrzehnten Hunderte Dörfer abgebaggert.

Gurkenflieger

Nicht zu verwechseln mit dem Rosinenbomber. Bei diesem »Flieger« handelt es sich um einen Traktor, der mit bis zu fünfzehn Meter langen Flügeln ausgerüstet ist. Die Flügel schweben dreißig Zentimeter über der Lausitzer Erde, auf der Gewürzgurken wachsen. Diese werden von bäuchlings auf den Tragflächen liegenden Menschen, zumeist aus Osteuropa, geerntet, während das Fahrzeug langsam übers Feld streift und die Saisonarbeiter geschwollene Hände und steife Kreuze bekommen.

Nachlese

Günter de Bruyn, »Mein Brandenburg.« Fotos von Barbara Klemm, S.Fischer, 2006

Theodor Fontane, »Wanderungen durch die Mark Brandenburg«, dtv, 2006

Marina Heilmeyer (Hrsg.), »Erdbeeren für Prinzessinnen«, aus der Reihe: Potsdamer Pomologische Geschichten, vacat Verlag, 2008

Beatrix Langner, »Mark Brandenburg«, Hoffmann und Campe, 2011

Moritz von Uslar, »Deutschboden. Eine teilnehmende Beobachtung«, Kiepenheuer & Witsch, 2010

Peter Walther (Hrsg.), »Märkische Dichterlandschaft«, DVA, 1998

Bereits erschienen:

Gebrauchsanweisung für...

Amerika
von Paul Watzlawick

Amsterdam
von Siggi Weidemann

Argentinien
von Christian Thiele

Barcelona
von Merten Worthmann

Bayern
von Bruno Jonas

Berlin
von Jakob Hein

die Bretagne
von Jochen Schmidt

Brüssel und Flandern
von Siggi Weidemann

Budapest und Ungarn
von Viktor Iro

Burgenland
von Andreas Weinek und Martin Weinek

China
von Kai Strittmatter

Deutschland
von Wolfgang Koydl

Dresden
von Christine von Brühl

Düsseldorf
von Harald Hordych

die Eifel
von Jacques Berndorf

das Elsaß
von Rainer Stephan

England
von Heinz Ohff

Finnland
von Roman Schatz

Frankfurt am Main
von Constanze Kleis

Frankreich
von Johannes Willms

Freiburg und den Schwarzwald
von Jens Schäfer

den Gardasee
von Rainer Stephan

Genua und die Italienische Riviera
von Dorette Deutsch

Griechenland
von Martin Pristl

Hamburg
von Stefan Beuse

Indien
von Ilija Trojanow

Irland
von Ralf Sotscheck

Island
von Kristof Magnusson

01/0004/08/L

Istanbul
von Kai Strittmatter
Italien
von Henning Klüver
Japan
von Andreas Neuenkirchen
Kalifornien
von Heinrich Wefing
Katalonien
von Michael Ebmeyer
Kathmandu und Nepal
von Christian Kracht und Eckhart Nickel
Köln
von Reinhold Neven Du Mont
Leipzig
von Bernd-Lutz Lange
London
von Ronald Reng
Mallorca
von Wolfram Bickerich
Mecklenburg-Vorpommern und die Ostseebäder
von Ariane Grundies
Moskau
von Matthias Schepp
München
von Thomas Grasberger
das Münchner Oktoberfest
von Bruno Jonas
Münster und das Münsterland
von Jürgen Kehrer
Neapel und die Amalfi-Küste
von Maria Carmen Morese
New York
von Verena Lueken
Niederbayern
von Teja Fiedler
Nizza und die Côte d'Azur
von Jens Rosteck
Norwegen
von Ebba D. Drolshagen
Österreich
von Heinrich Steinfest
Paris
von Edmund White
Peking und Shanghai
von Adrian Geiges
Polen
von Radek Knapp
Portugal
von Eckhart Nickel

01/0005/08/R

Potsdam und Brandenburg
von Antje Rávic Strubel

Rom
von Birgit Schönau

das Ruhrgebiet
von Peter Erik Hillenbach

Salzburg und das Salzburger Land
von Adrian Seidelbast

Sardinien
von Henning Klüver

Schottland
von Heinz Ohff

Schwaben
von Anton Hunger

Schweden
von Antje Rávic Strubel

die Schweiz
von Thomas Küng

Sizilien
von Constanze Neumann

Spanien
von Paul Ingendaay

Südafrika
von Elke Naters und Sven Lager

Südfrankreich
von Birgit Vanderbeke

Südtirol
von Reinhold Messner

Sylt
von Silke von Bremen

Thailand
von Martin Schacht

Tibet
von Uli Franz

die Toskana
von Barbara Bronnen

Tschechien und Prag
von Jiří Gruša

die Türkei
von Iris Alanyali

Umbrien
von Patricia Clough

die USA
von Adriano Sack

den Vatikan
von Rainer Stephan

Venedig mit Palladio und den Brenta-Villen
von Dorette Deutsch

Vietnam, Laos und Kambodscha
von Benjamin Prüfer

Washington
von Tom Buhrow und Sabine Stamer

Wien
von Monika Czernin

01/0006/08/L

PIPER

Ariane Grundies

Gebrauchsanweisung für Mecklenburg-Vorpommern und die Ostseebäder

208 Seiten. Gebunden

Schon während ihrer Kindheit wollte Ariane Grundies auf Hiddensee leben, in einem der weiß leuchtenden Reetdachhäuser – am liebsten als Sanddornpflückerin oder Bernsteinjägerin. Und bis heute sehnt sie sich zurück. Nach Mecklenburg-Vorpommerns sprödem Charme und nach Ostsee satt. Nach Herrenhäusern und Schlössern, nach Schwerin und Wismar mit ihren prachtvollen gotischen Backsteinbauten. Nach Kranichen, die über leuchtend gelbe Rapsfelder fliegen. Nach uralten Kastanienalleen, Plaudereien auf Plattdeutsch und den jährlich stattfindenden Saunameisterschaften. Nach Bratheringen und der Ruhe beim Angeln. Und nach dem Wind auf Rügen, der über den Pommesstand beim Kreidefelsen weht.

01/1852/01/L

Jakob Hein
Gebrauchsanweisung für Berlin

192 Seiten. Gebunden

Man kann Berlin an seinem Duft erkennen! Und zwar jedes einzelne Viertel. Glauben Sie nicht? Jakob Hein beweist es Ihnen, denn er erkennt jeden Kiez an seinem Aroma. Mit allen Sinnen führt er uns durch die Stadt, die es einmal zweimal gab und die mehr als nur eine »Mitte« hat, denn für jeden Berliner ist sein Viertel das Zentrum der Welt. Für uns kostet Jakob Hein Currywurst, Döner und Buletten, besucht die literarischen Klubs und die Kneipen des Szeneviertels Prenzlauer Berg. Er lauscht der Berliner Schnauze und wirft einsichtsreiche Blicke über die Hecken der Wilmersdorfer Laubenpieper und auf die rauchenden Grills im Tiergarten. Das ist die Berliner Luft!

01/1710/02/R